행사
길잡이
이제 행사가
보인다

행사 길잡이, 이제 행사가 보인다

발행일	2018년 3월 21일

지은이	이 근 순		
펴낸이	손 형 국		
펴낸곳	(주)북랩		
편집인	선일영	편집	권혁신, 오경진, 최승헌, 최예은
디자인	이현수, 김민하, 한수희, 김윤주, 허지혜	제작	박기성, 황동현, 구성우, 정성배
마케팅	김회란, 박진관, 유한호		
출판등록	2004. 12. 1(제2012-000051호)		
주소	서울시 금천구 가산디지털 1로 168, 우림라이온스밸리 B동 B113, 114호		
홈페이지	www.book.co.kr		
전화번호	(02)2026-5777	팩스	(02)2026-5747

ISBN	979-11-6299-018-6 03680 (종이책) 979-11-6299-019-3 05680 (전자책)

이 도서의 국립중앙도서관 출판예정도서목록(CIP)은 서지정보유통지원시스템 홈페이지(http://seoji.nl.go.kr)와
국가자료공동목록시스템(http://www.nl.go.kr/kolisnet)에서 이용하실 수 있습니다.
(CIP제어번호: CIP2018008201)

행사 길잡이

이제 행사가 보인다

대형 국제 컨퍼런스를 성공적으로 완수한
공공기관 책임자의 다양한 행사 노하우

이근순 지음

한국 MICE 협회가 인정하고
한국 PCO 협회가 추천한 행사 길라잡이

북랩 book Lab

아는만큼 보이고, 아는만큼 쉽다.

이 책은 행사를 기획하고 준비하는 행사 주최사와 행사 주관사의 행사 준비원들에게 참고가 되도록 구성했다. 따라서 행사를 전문으로 기획하고 대행하는 기관에서 볼 때는 부족한 면이 많을 수도 있다. 하지만 행사 경험이 적은 이들을 염두에 두고 쓴 책이기에 이해하기 바란다. 이 책은 행사를 어떻게 구상하고 기획하고 준비해야 하는지 이론과 경험을 토대로 작성했다. 가독성과 이해를 돕기 위해 실제 사진과 양식을 그대로 실어서 즉시 활용하는 데 도움을 주고자 했다.

행사엔 언제나 굴곡(난관)이 있다!

행사를 여러 번 기획하고 준비하고 진행해봤지만, 매번 어렵고 힘들다. 행사 원식을 정하고 이에 맞춰 잘 준비해야 하나, 준비와 실행 과정에서 수많은 굴곡들이 발생하기 때문이다. 행사를 준비하는 책임자는 이런 굴곡들을 슬기롭게 헤쳐 나아가야 한다. 그러나 완벽하게 준비했음에도 불구하고 참가자 모두를 만족시키는 데는 한계가 있다.

그때, 왜 그랬을까?

행사에 참석하는 내·외빈 또는 참가자들은 간혹 '왜 이렇게 했지?', '도대체 이게 뭐지?' 하는 의문을 갖는 경우가 종종 있다. 행사 준비팀은 참가자들이 가질 만한 의문들을 미리 찾아 보완하고, 필요시엔 왜 그렇게 했는지 논리정연하게 설명할 수 있어야 한다. 그리고 그 의문들은 설명자료, 사회자의 멘트, 안내자의 설명 등으로 풀어주어야 한다.

공연 시의 실수를 관객은 알아채지 못해도, 연출자는 알아야 한다.

성공이라고 평가받는 연극, 연주회, 행사도 많은 실수와 미흡한 부분이 많다. 배우들의 작은 실수에 대해 관객은 인지하지 못하더라도, 배우나 연출자는 안다고 한다. 행사 결과가 성공적으로 평가받는다 해도, 무엇이 부족하고 실수였는지 찾아 원인을 분석하고 교훈으로 삼아야 한다. 이런 것들은 행사 후 최종결과 보고서 또는 행사 백서에 기록으로 남겨, 다른 이들이 행사를 준비하는 데 도움을 받아 유사한 실수를 하지 않도록 해야 할 것이다.

행사는 최소화, 의전은 간소화!

이 책을 쓴 이유가 행사를 크고 화려하게, 그리고 의전은 확실하게 하자는 의미 때문은 아니다. 행사의 규모는 목적에 부합해야 하며, 의전은 상대방을 배려하는 마음으로 격에 맞게 해야 한다. 행사와 의전에 대한 이해가 있으면 준비하는 데 노력이 덜 들고 훨씬 쉽다. 지나치게 큰 행사 기획과 과한 의전은 낭비를 떠나 조직문화를 해치는 원인이 될 수도 있다. 많은 이들이 행사 준비로 인해 무의미하게 동원되거나 행사 준비팀이 힘들어하지 않으면 좋겠다. 그렇다고 행사를 축소하거나 하지 말라는 것은 아니다. 행사 개최는 큰 의미가 있고 조직, 기업과 국가에 많은 도움이 되기 때문에 필요한 행사를 발굴하여 적기에 개최하는 것은 필요하다.

주위의 훌륭한 인프라를 적극 활용하면 준비가 훨씬 쉽다.

우리나라는 세계에서 가장 행사를 성공적으로 치르는 국가로 정평이 나 있다. 이는 능력 있는 국제 회의 전문기관이자 행사 기획 및 행사 대행 전문기관(PCO, Professional Convention Organizers)이 서울은 물론 지방까지 많이 있기 때문이다. 이런 인프라는 정부(문화체육관광부), 한국관광공사, 지방자치단체, 한국 MICE협회, 한국PCO협회 등이 국제 행사 유치, 행사 지원, 후원을 적극적으로 함에 따라 구축된 것이라 할 수 있다. 따라서 행사 주관사는 이런 훌륭한 인프라를 적극 활용하면 행사 준비와 진행을 보다 효율적이고 효과적으로 할 수 있다.

전임자의 실패에서 배운다.

맨 앞장에 기술한 '행사 굴곡과 왜 그랬을까?'는 행사를 준비하면서 실제로 겪은 사례로, 일부 내용은 당사자들의 입장을 고려하여 가감한 부분이 있으나 그래도 불편할 수 있다. 그때 당사자들의 허물을 이야기하려는 것이 아님을 분명히 밝히고 싶다. 그분들도 당시 상황에서 최선을 다하고자 했을 것이기 때문이다. 또한 책을 작성하면서 20권의 도서 및 자료를 참고했는데, 앞서 좋은 자료를 만들어주신 분들께 감사 인사를 드리고 싶다.

나는 2010년부터 2013년까지 나름대로 비중 있는 행사를 맡아 준비하고 진행한 경험이 있다. 매번 힘들고 어려웠지만 다행히 '성공했다 그리고 정말 고생했다'는 이야기를 들었다. 힘듦과 보람이 많았기에 앞으로 동료들과 후배들은 덜 힘들고 보다 성공적인 행사를 만들어보라는 마음에 약 4년에 걸쳐 이 책을 썼다. 주요 사례는 행사 준비팀장을 맡았던 <2011 KEPCO 연구개발 성과 발표회>, <2011 원전안전 결의대회>, <한수원 중앙연구원 개원식>, <2012 서울 원자력 인더스트리 서밋> 등이다.

행사를 기획하고 진행하는 일은 항상 새롭다. 아무리 잘 준비한다 해도 행사의 기획·준비·진행 과정에서 굴곡은 있게 마련이다. 과정에서 발생하는 수많은 변수들에 대한 모든 대처 방안을 가지고 행사를 치른다는 것은 사실상 불가능하기 때문이다. 행사를 준비하는 책임자가 이런 굴곡들을 슬기롭게 헤쳐나가기 위한 원칙을 공유하고 정확하게 지키는 것은 굴곡을 완만하게 만드는 지름길일 것이다. 이 책은 행사 진행 과정에서 지켜야할 원칙과 함께 사례들을 제시함으로써 이 땅의 모든 행사 준비팀이 지금도 겪고 있을 고충이 조금이나마 줄어들었으면 하는 마음으로 출간했다.

추천 글

(사)한국MICE협회 회장 김응수

마이스 산업이 우리나라 융복합 산업의 플랫폼으로서 매우 중요한 자리매김을 하고 있는 시점에서, 이 책은 마이스 행사 주최자의 관점에서 준비해야 할 내용을 세밀하게 다루고 있어 소중한 지침서가 될 것이다. 특히 대형 국제 컨퍼런스를 성공적으로 완수한 공공기관 실무 책임자로서의 경험을 바탕으로 기획사, 대행사, 협력사와의 파트너십을 어떻게 만들어가야 하는지에 대한 해답도 잘 제시되어 있다.

시행착오를 줄이고 성공적인 마이스 행사를 기획하고자 한다면 『이제 행사가 보인다』는 꼭 읽어봐야 할 책이라 추천하고 싶다.

㈜피알하우스 대표 손혜경

이 책은 대규모 국제 컨퍼런스를 성공적으로 치르기 위해 협조적 조직관계가 얼마나 중요한지를 필자의 경험을 통해 소개하고 있다. 함께 일하는 서로 다른 조직의 사람들, 그들의 전문성을 인정하고 믿어줬던 실무 책임자의 협조적 리더십은 마이스 행사를 기획하는 실무자들에게 좋은 지침서가 될 것이다. 『이제 행사가 보인다』는 함께 일했던 그들만이 알고 있는 걸 함께하지 않아서 모르는 사람들과, 그 이유를 꼭 알아야만 하는 사람들에게 더 없이 반가운 책이다.

(사)한국PCO협회 회장 김분희

'알면 쉬운데, 모르면 어렵다'라는 말이 있다. 행사 기획 및 행사 대행사인 PCO는 행사 주최기관으로부터 의뢰받아 발주자와 함께 성공적인 행사를 만들기 위해 노력한다. 그러나 대부분의 의뢰기관의 행사 담당자는 행사 준비와 진행을 어떻게 해야 할지 잘 모르는 경우가 많다. 이는 무지나 잘못에서 비롯된 것이 아니라, 대부분 행사 전담조직에 발탁되어 처음 해보는 일이기 때문이다.

그렇기 때문에 행사 담당자들은 스스로 행사 업무를 수행하는 데 많은 어려움을 겪고, 시각차로 인하여 PCO와도 불필요한 마찰을 만들기도 한다. 이 책은 이런 측면에서 행사를 어떻게 분지하고 진행해야 하는지를 잘 설명해주고 있다. 특히 행사에 관한 지식은 물론 경험사례를 상세히 수록하여 행사 담당자들에게 많은 도움을 줄 것이라 확신한다. 또한 PCO에 처음 입문한 신입 직원들의 교본으로도 활용 가치가 클 것으로 판단한다. 행사 담당자와 PCO 직원들이 아는만큼 많이 보길 기대해본다.

대전마케팅공사 대표 최철규

지난 이십 여년간 한국의 MICE산업은 급성장하며 중요성도 날로 커지고 있으나, 막상 국제행사의 준비와 진행을 어떻게 해야 하는지에 대해 우리의 현실에 맞게 설명해 주는 가이드북을 찾기는 쉽지 않다. 이 책은 국제행사 실무자에게 가장 필요한 행사진행의 상세한 과정 하나하나를 공공기관 행사 책임자로서 저자의 경험을 바탕으로 풀어내고 있다. 국제행사 실무자의 책임이 주는 무게감은 그 업무를 해본 사람이 아니면 이해할 수 없을 것이다. 현장에서의 다양한 경험이 녹아있는 이 책은 MICE 분야에 몸담고 있는 사람이라면 누구든지 마주치게 되는 고비 하나하나에 좋은 참고가 될 것이라 믿는다.

목차

여는 글　　　　　　　　　　　　　　　005
추천 글　　　　　　　　　　　　　　　008

제1부　행사 굴곡과 왜 그랬을까

1. 행사 준비와 진행상의 굴곡　　　　　014
2. 행사 준비, 왜 그랬을까?　　　　　　036

제2부　행사 이해

1. 행사란?　　　　　　　　　　　　　052
2. 행사의 종류　　　　　　　　　　　053
3. 행사에서 주최와 주관의 의미　　　　054
4. 의전이란?　　　　　　　　　　　　055
5. 행사의 구성　　　　　　　　　　　057
6. 행사의 성공요인　　　　　　　　　058

제3부　행사 기획

1. 행사의 구상과 기획　　　　　　　　062
2. 행사 전담조직 구성 및 운영　　　　068
3. 시행 계획　　　　　　　　　　　　072
4. 항목별 세부 계획　　　　　　　　　073

제4부 행사 준비

1. 기본 인프라 구축 076
2. 프로그램 082
3. 회의 091
4. 행사 장소 선정 및 일시 결정 094
5. 행사 관리 100
6. 행사 참가자 초청 및 편의 제공 106
7. 영접 및 의전 120
8. 홍보 133
9. 연설문 작성 146
10. 인쇄 및 제작물 150
11. 진행요원 154
12. 행사장 구축 164
13. 축하 공연 170
14. 행사 준비현황 보고 및 시나리오 172
15. 행사용품 준비 178

제5부 행사 진행

1. 행사 대행사(PCO) 능력과 역할 활용 184
2. 사전 점검 185
3. 진행요원 배치 191
4. 등록 및 안내 193
5. 행사 진행 196
6. 홍보 지원 203
7. 환송 207

제6부 마무리 및 사후관리

1. 감사 인사 210
2. 행사 결과 정리 214
3. 설치 및 홍보물 철거 218
4. 홈페이지 폐쇄 220
5. 뒤풀이 221
6. 사후관리 222

참고자료 목록 224

부록 1 행사 기준 및 사례 225
부록 2 국제 행사 일반 293
부록 3 MICE 산업 현황 327

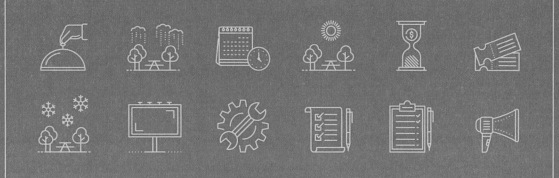

제1부

행사 굴곡과 왜 그랬을까

1. 행사 준비와 진행상의 굴곡

2. 행사 준비, 왜 그랬을까?

1. 행사 준비와 진행상의 굴곡

① 굴곡(장애) 발생 원인

굴곡(屈曲)의 사전적 의미는 '사람이 살아가면서 잘되거나 잘 안 되거나 일이 번갈아 나타나는 변동'이다. 행사를 준비하고 진행하다 보면 예기치 않은 어려움이나 난관을 직면하게 된다. 그렇다면 이런 굴곡은 왜 나타나는 것일까? 원인은 외부 환경적 요인, 상급자나 상급부서의 지시 혹은 요청, 잘못된 계획 수립, 그리고 준비 사무국의 실수 등에 의해 발생한다.

첫째, 외부 환경적 요인은 이해관계 집단의 집회, 행사 방해, 테러, 예측을 초과하는 기상 변화, 그리고 국가나 지역에서 발생한 좋지 못한 사고 등이다. 둘째, 상급자나 상급부서 지시 혹은 요청에 의한 것은 행사 프로그램 변경, 주요 귀빈 추가 또는 변경, 행사 축소 또는 확대 등이다. 셋째, 잘못된 계획 수립은 돌발 상황을 고려하지 못한 계획, 처음부터 잘못된 프로그램, 참석자 예측 실패 등이다. 넷째, 준비 사무국의 실수는 행사 진행 미숙, 귀빈 참석자 파악 실수, 의전 및 영접 실수 등이 있을 수 있다.

② 굴곡 극복

행사가 굴곡 없이 잘 준비되고 진행되기 위해서는 기본계획과 상세계획 수립이 무엇보다 중요하다. 다음으로는 준비 사무국의 행사에 대한 명확한 이해와 행사 원칙 준수이다. 상급자는 순간적인 판단으로 지시를 하는 경우도 많다. 이럴 경우 행사 책임자는 무조건 지시를 따르기보다, 행사를 성공시키기 위한 조건을 이해시키고 가능한 범위에서만 지시 사항을 이행하는 것이 좋다. 무리한 요청을 행사에 억지로 반영하다 보면, 오히려 행사를 엉망으로 만들 수도 있다.

행사 계획을 이행하는 데 문제가 없는지는 상세한 시나리오 작성과 리허설을 하면서 찾을 수 있고, 발견한 문제점은 사전에 해결할 수 있을 것이다. 시나리오 작성과 리허설은 가능한 한 많은 관계인들이 참석하여 함께 만들고 확인하면 실수를 줄일 수 있다. 또한 예상되는 환경변화와 상급자들의 요구사항이 무엇인지 목록을 만들고, 이에 대비하는 것이 굴곡을 이겨내는 방법일 것이다. 기상악화, 시위, 응급환자 발생 등에 대한 **비상 대비는 별도의 전문기관이나 전문가를 활용하여 위험을 줄인다.**

③ 굴곡 사례

1) 연산 순대를 준비하라!

아주 까다롭고 무서운(?) 사장님이 참석하는 1박 2일 큰 행사를 준비하고 있는데, 원장님이 "이 팀장, 한마음 행사장(만찬)에 연산 순대를 준비하게."라고 내게 지시를 하였다. 원장은 몇 달 전부터 이번 행사에 대해 많은 관심을 갖고 세밀한 것까지 직접 살피고 있었다. 사장님을 비롯하여 그룹사 사장단, 그리고 연구원 내부에서도 500명의 직원들이 참석하는 비교적 큰 규모의 만찬이었다. 행사 준비팀장이었던 나는 원장님의 지시에 나도 모르게 "그건 안 되는데요." 하고 대답했다. 원장은 "준비하라는데 왜 안 된다는 거야?" 하셨다. 그래서 나는 "원장님! 제 고향이 순대로 유명한 병천인데, 병천 순대는 준비가 됩니다." 했다. 그러자 "이 친구, 자기 동네 순대 팔아줄라고 하네. 연산 순대가 필요하니 그것으로 준비하게." 라고 말씀하셨다. "원장님! 그런데 왜 연산 순대를 준비하라 하시는지요?" "사장님께서 연산 순대를 좋아하신대." 사장을 잘 모시겠다는 원장의 깊은 뜻은 이해할 수 있었다. "그래도 연산 순대는 안 되겠습니다." "이 팀장은 원장이 시키는데 왜 자꾸 안 된다고 하는 거야?" "원장님! 연산 순대는 가내수공업이라 한번에 20~30인분밖에 만들지 못합니다. 그러나 병천 순대는 공장에서 대량 생산하기 때문에 수천 명분의 순대도 가능합니다." "그럼, 사장님이 앉으시는 헤드테이블에만 연산 순대를 놓으면 되잖아." "그것도 안 됩니다." "왜 또 안 된다고 하는 거야?" "사장님께서는 자신의 식탁과 다른 메뉴를 부하직원들 식탁에 올리는 것을 무척 싫어하십니다." "원장님, 어떻게 할까요?"

이것이 원장과 내가 주고받은 대화이다. 결국 연산 순대도 병천 순대도 식탁에 올리지 않기로 했다. 사장에 대한 배려도 충분히 이해가 가나, **행사팀장은 상급자가 미처 생각지 못한 또 다른 상황까지 고려하고 살펴서 상대를 대응해야 한다.**

2) 막걸리는 사기잔(沙器盞)에 마셔야 제 맛이지!

행사 만찬주로 막걸리가 선정되었다. 술이 있으면 필히 술잔이 필요할 것이다. 만찬 준비가 한창인데 행사 주관장인 원장이 지시하셨다. "이 팀장, 막걸리를 마시려면 사기잔이 있어야겠지. 사기잔을 준비하게." 이에 나는 "그건 안 됩니다." "자네는 준비하라는데 왜 안 된다고 하나?" "원장님! 만찬장에는 귀빈만이 아니라 일반 직원들도 많이 참석합니다. 그리고 술을 마시면 실수가 있을 수 있습니다." "무슨 실수를 한단 말이야?" "사기잔은 식탁에서 떨어지면 깨지게 되고, 깨지는 소리가 매우 큽니다. 그뿐 아닙니다. 또한 깨진 사기조각에 사람들을 다치게 할 수도 있습니다. 그래서 안 된다는 겁니다." "그럼 어떻게 하지? 종이컵이나 유리컵으로 할 수는 없지 않겠나?" "원장님! 저도 막걸리 좋아합니다. 막걸리에 사기잔이 제일 좋지만, 다음은 양은 잔(洋銀盞)이 아니겠습니까? 제가 그것으로 준비하겠습니다." "그래, 그게 좋겠군." 그래서 나는 시장에 직원을 보내 양은 잔을 사오게 하여 양은 잔과 종이컵을 함께 놓았다. **행사팀장은 지시를 거절할 경우 대안을 제시해야 한다.**

3) 행사에서 동영상이 빠질 수 있나!

행사를 2주 정도 남겨두고 동영상을 만들라는 지시가 갑자기 떨어졌다. 행사에는 동영상을 제작하여 상영하는 것이 일반적이다. 행사 준비팀에서는 어떻게 해야 할지 고민에 빠졌다. 우선 시간과 예산이 문제였다. 예산이 없기 때문에 외부 전문 업체를 활용할 수도 없는 상황이었다.

행사 준비팀에서 아이디어 회의를 했으나 어렵겠다는 결론만 나왔다. 그래서 연구원 내 정보통신팀원과 최근에 입사한 젊은 연구원들을 모아 동영상 제작에 대한 아이디어 회의를 다시 개최했다. 그때 신입 연구원 한 명이 현 상황에서 완전한 동영상 제작이 어렵다면, 새로운 프레젠테이션 기법인 'Prezi'를 활용하여 동영상 흉내를 내자는 제안을 했다. Prezi 기법은 실질적인 동영상은 아니지만 사진이나 그림이 정해진 순서대로 넘어가도록 하는 것이다. 신문을 펼치면 헤드라인이 있고, 더 확대하면 세부내용이 나오고, 더 확대하면 보다 구체적인 기사를 독자나 시청자가 볼 수 있도록 만들자는 것이었다. 행사 준비팀은 정보통신팀과 아이디어 제안자와 함께 **신 프레젠테이션 기법인 Prezi를 이용한 〈미래 희망신문〉**이라는 동영상 콘셉트를 확정하고 자료수집과 편집 작업을 수행했다. 콘셉트에 따라 시나리오를 작성하고 제작자와 협의를 거쳐 동영상과 같은 영상물 제작을 완성했다. 산뜻한 동영상은 아니었지만, 사장을 비롯한 참석자들에게 신선함을 주기에 충분했다. 이번 동영상은 〈미래 희망신문〉이라는 주제와 제작이 간단한 PPT 기법, 그리고 주제와 맞는 시나리오(내용과 사진)라는 측면에서 의미가 있었다.

궁하면 통한다는 사실을 실감하는 계기가 되었다. 젊은 직원의 산뜻한 아이디어로 난관을 극복하게 되었다.

4) 행사 진행 순서를 즉시 바꿔라.

여러 행사를 각각 다른 장소에서 순차적으로 진행하는 경우는 시간 관리에 더 많은 신경을 써야 한다. 각각의 장소에 따라 참석하는 사람이 다르기 때문에 앞의 일정이 지연되면 다음 일정 참석자는 많은 시간을 지루하게 기다려야 하기 때문이다.

2011 연구개발 성과 발표회는, 1부 행사는 대회실에서 주요 간부들만 참석한 가운데 CEO께 업무성과 및 계획 보고, 2부 행사는 인근 전시장에서 전시 보고, 3부 행사는 전 직원이 참석한 강당에서 동영상, 초청강사 특강, 다짐 퍼포먼스, 마지막 4부 행사는 만찬을 겸한 한마음 행사로 구성되었다. 그러나 업무 보고와 전시 보고가 사장단의 많은 관심과 질의로 인해 30분 이상 지연되고 있었다. 이에 행사 주관장인 원장은 ○○○ 팀장을 통해 강당에서 대기 중인 행사팀장인 내게 이전 행사가 지연되고 있으니 강당 행사의 순서를 변경하라는 지시를 내렸다. 어렵게 모셔온 초청강사가 너무 오래 기다리니 특강을 맨 앞으로 변경하라는 것이었다. 나는 지금에 와서 프로그램 변경은 있을 수 없다고 했고, 이를 원장께 보고하라고 했다. 잠시 후 다른 팀장이 와서 원장의 강한 지시니 그렇게 하라고 했다. 참으로 황당한 일이었다. 행사 진행을 위해 사회, 조명, 음악, 퍼포먼스, 안내요원, 사진기사 등이 시나리오에 맞게 대기하고 있어 자칫하면 큰 오류를 범할 수 있다. 원장 지시를 전달한 팀장은 원장 지시인데 왜 그렇게 하지 않느냐고 내게 따졌다.

그래서 나는 강당을 나와 원장께 가서 프로그램 변경에 대해 이유를 물었다. 그러자 초청강사가 너무 기다린다는 것이 가장 큰 사유이고, 그게 전부였다. 나는 원장께 프로그램 변경은 많은 스텝들이 동시에 이해하고 바뀐 대로 움직여주어야 하는데 이는 굉장히 어려운 일이며, 초청강사는 만찬까지 참석하는 일정이라 앞에서 기다리나 뒤에서 기다리나 같다고 말씀드리고, 기존 프로그램대로 진행할 것을 강력히 주장했다. 결국 원장은 행사의 성공을 위해 불가피함을 이해하고 그대로 하라고 하였다.

갑작스런 프로그램 변경은 곳곳에서 대기 중인 진행 요원들에게 혼란을 주어 적기에 조명, 음악, 에어샷 등의 퍼포먼스가 이루어지지 않을 수 있다. 따라서 **무리한 지시를 무조건 따르기보다는, 지시 이행에 따른 부작용을 잘 설명하는 것이 중요하다.**

5) VIP Head Table Serving 어떻게 하지?

만찬 행사를 준비하면서 메뉴를 정하는 것도 어렵지만, 테이블 서빙 방식도 고민거리다. 만찬에서 가장 보편적으로 하는 것은 뷔페인데, VIP들이 일반 참석자들과 긴 줄을 서서 음식을 담는 것이 좋은 방법인지 모르겠는 데다, 음식을 먹는 취향과 속도가 달라 음식을 서로 다른 시간에 가지러 가면 모처럼 VIP간 대화하는 데 어려움도 있기 때문이다.

2011년 연구개발 성과 발표회 만찬에서도 이에 대한 고민이 컸다. 참석자가 500여 명인 대규모이기 때문에 뷔페 음식이 가장 좋다는 결론을 내렸지만, 사장단석은 어떻게 할 것인가가 문제였다. 그렇다고 VIP석만 별도의 서빙 요원을 두기도 모양새가 좋지 못하고 일반 직원들에게 좋지 못한 인상을 줄 수도 있기 때문이다. 또한 직원들이 뷔페 음식을 담기 위해 줄을 길게 늘어서면 행사를 원활히 진행하는 데 문제가 있을 것으로 판단했다. 그래서 행사 준비팀은 오랜 토의 끝에 헤드테이블을 포함한 모든 테이블에 누구에게나 보편적이고 식어도 괜찮을 만한 음식, 예를 들면 김치, 김밥, 치킨, 족발, 샌드위치, 음료 등을 행사 직전에 미리 테이블에 차려놓도록 했다. 다만 헤드테이블엔 귀빈이 착석한 후에 따뜻한 국물만 추가로 서빙하도록 하여, 초기에 음식을 즐기면서 인사말, 건배제의 등 간단한 행사를 진행하는 데 무리가 없도록 했다. 약식 행사 후 테이블별 정담을 잠시 나눌 시간을 주고, 공연시에는 자연스럽게 뷔페 음식을 취향대로 선택하여 즐기도록 했다.

공식 행사, 참석자 간 사교, 식사, 공연관람 등 모두가 서로 방해되지 않고 순조롭게 이루

어지도록 한다는 목표를 이룬 것이다.

6) 행사 일은 다가오는데 우선협상이 안 되네.

　행사가 갑자기 정해지고 행사 준비팀이 늦게 구성될 경우 행사 준비에 어려움이 많다. 행사 준비팀의 늦은 출발로 인해 행사 대행사 선정도 함께 늦어질 수 있다. 더구나 행사 대행 용역비가 크지 않고 역무가 많은 경우, 경험과 권위 있는 유명 행사 대행사(PCO)는 입찰에 응하지 않을 수 있다. 정부와 공공기관의 경우 아주 특별한 경우를 제외하고는 행사 대행사를 수의로 계약할 수 없고 공개 경쟁 입찰을 해야 한다. 행사 주관사는 행사 대행사 입찰 공고를 통해 응찰한 업체를 대상으로 신용도, 실적, 가격 등에 대한 평가와 응찰 기관을 대상으로 발표를 통한 능력평가 과정을 거쳐 우선협상 대상자를 결정한다.

　어느 행사를 준비하면서 행사 10여일 전에 우선협상 대상자가 결정되었다. 행사 준비팀장 자격으로 발표심사에 참여하여 어느 정도 능력을 파악한 상태인데, 우선협상 대상자와 협상이 잘 안 된다는 계약 담당 실무자의 보고를 받았다. 협상이 안 되는 이유를 물어보니, 큰 공기업 주관 행사를 처음으로 해보려고 낮은 가격으로 많은 서비스를 제공하고자 응찰했는데, 계약 과정에서 응찰 금액의 2%를 감액한다면 하지 않겠다는 것이었다. 2%를 감액해야 100만 원 남짓한 작은 금액이라 의아하게 생각되었다. 일반적으로 낙찰 시 2% 감액은 아주 적은 수치로 인식하고 있다. 우선협상이 잘 안 되면 다음 순위와 협상을 해야 하는데, 그러면 행정소요가 또다시 2~3일 지연되고, 그 협상도 잘될지 알 수 없는 상황이었다. 행사 준비팀장인 나는 절박한 심정으로 업체 책임자를 만났다. 한전 주관 행사를 해보고 싶어 많은 것을 감수하고 응찰했는데, 작은 금액이지만 낙찰 금액을 깎는 것은 도저히 자존심이 허락하지 않는다는 것이었다. 그래서 원하는 것이 무엇이냐 물으니, 감액을 하지 않거나 용역 역무를 줄여달라는 것이었다. 그러나 이는 행사 준비팀장으로서 할 수 있는 범위가 아니었다.

　그래서 나는 이들이 원하는 것은 자존심이라고 확신하고, 이에 대한 협상 전략을 구상하기로 했다. "나는 입찰 서류를 보고 귀사의 발표를 보면서 아주 능력 있는 업체라는 것을 알았다, 나는 능력과 자존심이 큰 귀사와 우리의 행사를 성공시키고 싶다. 그러니 조금씩 감수하고 함께하자." 그러면서 "공식적인 역무는 줄일 수 없으나 우리가 더 많은 자료를 제공하고 동영상 제작 등에 우리들도 적극 동참하여 실질적인 일을 줄여주고, 업체가 생각하는 불필요한 일은 가능한 시키지 않겠다." 나는 이렇게 업체 책임자에게 호소했다. 책임자는 자사 대표와 전화로 상의하고 결과를 알려주겠다고 했다.

결과적으로 우선협상 대상자와 계약을 체결하고 행복한 행사 준비를 할 수 있었고, 상호 신뢰 속에 누구 봐도 성공적인 행사를 만들었다. **공산품 가격을 깎아도 서비스 가격은 깎지 마라. 서비스 가격을 줄이면 서비스 품질을 떨어뜨린다'라는 말을 나는 믿는다. 업체를 믿고 그들의 자존심을 지켜주니 그들은 우리에게 더 많은 헌신과 서비스를 했다.**

7) 공연팀은 모두 내부직원으로 변경하라!

본 행사와 함께 연회 또는 만찬으로 마무리하는 행사가 많이 있다. 이런 행사에서 연회 또는 만찬을 단순히 먹는 자리로 국한한다면, 조금은 무미건조할 수 있어 노래, 춤, 장기 등 공연을 가미한다.

연구원에서 매년 개최되는 연구개발 성과 발표회는 한 해 동안의 연구 성과를 조명하고 공로자를 선정하여 포상하고, 또 연구원들이 편하게 대화하면서 즐기는 축제이기도 하다. 그럼에도 불구하고 안타까운 현실은, 행사가 연구원들이 주인공이 되지 못하고 외부 귀빈들을 위한 잔치가 되는 경우가 많다는 것이다.

잔치를 위한 공연 기획에 열중하고 있는데, 갑자기 행사 주관장께서 공연팀은 모두 내부 직원으로 하라는 특명이 떨어졌다. 이는 직원들의 동참을 유도하고 불필요한 경비를 줄이기 위함이라고 했다. 행사 대행사를 통해 공연을 기획하고 외부에서 공연팀을 구성하면 훨씬 쉬운 일인데, 갑자기 머리가 아파졌다.

그래서 행사 준비팀에서는 공연을 준비할 시간이 절대적으로 부족하니 연구원 내 음악 동아리를 적극 활용하자는 데 의견을 같이 했다. 이런 의견으로 찾은 연구원 내 음악 동아리는 색소폰, 전기 기타였다. 그러나 이것만으로는 너무 부족하다는 생각에 본사 연구개발 정책부서 직원 중 가창력이 있는 여직원을 섭외하여 동의를 받고, 연구원 내에서는 최근에 입사한 직원 8명으로 구성된 스마트폰 연주를 포함하기로 했다. 그리고 수 개월 전 전사 음악보컬 콘테스트 1위 팀을 초청하는 것으로 마무리했다. 물론 전문성이 요구되는 무인 불빛쇼(Ligth of Harmony)는 행사 대행사에서 제공했다. 이로써 무인 불빛쇼(대행사), 색소폰 합주(연구원), 스마트폰 합주(연구원), 독창(본사), 전기 기타 독주(연구원), 보컬밴드(부산 본부) 순으로 공연 기획이 완성되었다.

공연 참가범위, 프로그램 구성, 공연 순서는 환상적인 무대를 연출하는 데 충분했다. 따라서 공연은 참석자 모두가 즐긴 축제였다.

8) 사장님이 놀랄 만한 깜짝 이벤트를 준비하라!

연구개발을 무엇보다 중시하는 무서운(?) CEO가 참석하는 연구개발 성과 발표회이다 보니, 사장님께서 깜짝 놀랄 만한 이벤트를 준비하라는 특명이 또 떨어졌다. 수시로 기술혁신을 강조하고 바쁜 일정에도 불구하고 매분기 연구원을 방문하여 연구개발을 직접 챙기는 사장이었다. 그랬기에 원장으로서는 긴장도 되고 잘 보이고 싶은 마음도 컸을 것이다. 얼마 전 회사의 기술임원(CTO)의 지시로 전 직원을 상대로 '하나의 기술로 천 명을 먹여 살리는 아이디어(1기당천, 一技當千)' 공모가 있었다.

행사 준비팀은 반복되는 검토와 숙의 끝에 1기당천 아이디어 공모에서 찾아보기로 했고, 그 결과 1기당천 전사 공모에서 1위로 채택된 공중풍력을 활용하기로 했다. 공중풍력은 지상보다 더 높은 공중에는 바람 양도 세기도 크다는 것을 활용하여, 큰 건물 사이나 높은 공중에 비행선과 풍력날개를 설치하여 전기를 생산하는 원리이다. 그러나 강당에서 공중풍력 발전장치를 제작하여 시연한다는 것은 쉬운 일이 아니었다. 이를 위해 아이디어와 설계 능력이 있는 연구원들로 전담 TF를 구성하고 책임자를 지정했다. 이 이벤트는 '미래를 향한 도전과 다짐' 행사로 승화시켜 공중풍력 부양체와 전력 계통 연계를 모사(模寫)하는 것으로 기획(안)을 만들고 행사 주관장의 승인을 받았다.

20여 일간의 노력 끝에 100% 완벽하지는 않지만 비행선, 이동체, 원치, 철탑모형, 전선 구성체, 표어용 LED 사인보드를 제작하는 데 성공했으나, 강당에서 실제 시연하는 데는 수차례 실패를 거듭했다. 공중풍력 비행선이 제때에 잘 올라가지 않고, 버튼을 누르면 날개가 돌면서 철탑을 통해 전기가 송전되어 가정에 전달되는 과정 구현이 쉽지 않았다. 하지만 전문가들의 도움과 연구원들의 노력으로 멋진 퍼포먼스를 만들어냈다.

궁하면 통한다는 말이 있다. **절실하니 누군가 답을 주기도 한다.** 참으로 흥미롭고 보람찬 이벤트로 영원히 기억될 것이다.

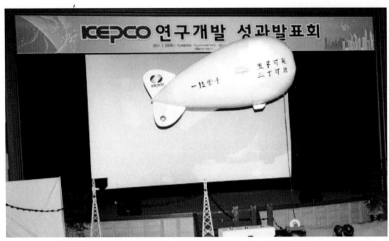

<2011 KEPCO 연구개발 성과 발표회 시 공중풍력 시연 장면>

9) CEO 방명록 어떻게 할까?

CEO가 모처럼 사업소를 방문하면 사업소장은 방명록을 준비하여 서명을 요청하곤 한다. CEO 외에 방명록에 서명할 외빈이 많을 경우는 향후 방명록은 행사 결과 보고서와 함께 보관하게 되는데, 서명된 방명록은 잘 관리되지 않는 것이 일반적이다.

나는 이번 행사를 위한 방문에서는 방명록을 보다 특별하게 어떻게 준비할까 하는 고민에 빠졌다. 일회용 서명이 아니라, 일정 기간 보관과 게시를 하면서 직원들이 다짐을 되새기게 하면 어떨까 하는 생각이 들었다. 그래서 다른 외빈들에 대한 방명록은 준비하지 않고, 참가자 대표인 CEO만 서명을 받되 기억에 남고 의미 있게 준비하기로 했다. 마침 『전력연구원 50년사』를 준비하면서 부서 단위로 전 직원 사진을 촬영한 것이 있어, 상단에는 회사의 비전과 지향점(Way)을 표기하고, 중간에는 전 직원들의 모습이 담긴 사진과 함께 비전과 회사의 지향점 달성에 앞장서겠다는 문구를 새겼다. 하단에는 CEO가 직원들에게 당부글을 직접 기재하도록 했다. 서명판은 종이가 아닌 흰색 아크릴판으로 제작하여 서명과 향후 보관이 용이하도록 했다. 행사 후에는 직원들이 많이 다니는 복도와 원장실에 걸어 기억을 되살리도록 했다.

<2011 KEPCO 연구개발 성과 발표회 시 CEO 서명판>

10) 행사장을 축제 분위기로 만들라!

행사의 성격에 따라 행사장 분위기를 달리해야 한다. 기념식, 업무보고회 등과 같이 딱딱한 행사와 유공직원 격려 모임, 축하연회 등과 같은 축제 행사는 행사장 구축, 참가자 복장, 행사 진행 분위기 등에서 확연히 다르다. 그리고 여러 행사가 장소를 달리하면서 진행하는 복합 행사의 경우는 행사장마다 특색이 있어야 하고 분위기 반전도 필요하다.

2011년 연구개발 성과 발표회 행사 점검을 위해 본사에서 기술임원(CTO)이 방문했다. CTO는 메인 행사가 있을 대강당을 점검하면서 "원장, 연구원들의 축제인데 강당 분위기가 너무 딱딱한 거 아냐? 화려한 현수막도 달고 풍선도 달아서 축제 분위기를 내지."라고 말씀하셨다. 원장께서 "아, 예." 하고 말끝을 흐리자, 행사 준비팀장인 내가 나섰다. "전무님, 이곳은 업무보고를 하고 연구원들이 잘하겠다고 다짐하는 장소입니다." "그래서, 그래도 분위기가 너무 딱딱하잖아?" 이에 나는 "전무님의 생각은 이해합니다. 그러나 이곳 강당은 좀 엄숙할 필요가 있고, 축제장인 만찬장과의 차별성 그리고 분위기 반전이 필요하리라 봅니다." 이후 CTO는 "그럼 어떻게 하겠다는 것이야?"라고 물으셨다. 그래서 나는 "예, 한마음 행사장을 축제 분위기로 만들 것입니다."라고 대답했다. 이후 CTO께서는 만찬장 조성 현황을 보고 나서 "알았다, 잘되었네."라고 하셨다.

언제 어디서나 상황에 맞는 분위기가 있다. 각 행사장별로 어떤 분위기가 좋은지 검토해야 한다.

11) 한마음 행사장 전력이 부족하네.

축제장에는 많은 조명과 음향기기로 인하여 전력량이 많이 필요하다. 행사를 전문으로 하지 않는 구내식당, 현관, 운동장 등은 전력의 설계 용량이 작아 별도의 전력 확보가 필수적이다. 이번 행사는 최근에 신축한 제2연구동 1층 현관에서 진행하는데 전력량이 절대적으로 부족했다. 행사 준비팀에서는 전력이 부족하다는 사실조차 알지 못했다. 행사 대행사에서 시설 설치 업체와 공사를 하면서 전력이 많이 부족하니 대책을 세워달라고 했다. 시간도 없는데 어디서 전력을 끌어와야 할지 막막했다. 시설팀 전기 담당자와 상의하니, 연구원 인입 주변압기에서 끌어오지 않으면 방법이 없다고 했다. 그래서 변압기에서 전력을 끌어오려고 하니 별도의 전기용량에 맞는 굵은 전선이 필요하다는 사실도 알게 되었다. 용량에 맞는 전선을 구매하던가 전선업체로부터 임대해야 하는데, 둘 다 엄청난 비용이 수반된다고 했다.

행사 계획에 따라 시설물들이 들어오고 있는데 그들을 가동할 전원이 없는 상황이 된 것이다. 이에 행사 준비팀은 행사 대행사, 시설팀과 함께 여러 대안을 검토한 끝에, 발전차를 반나절 임대하는 것이 가장 경제적이고 안정적이라는 결론을 내렸다.

전력회사에 다니면서도 행사용 전력에 대해 큰 고민을 하다니, 웃긴 일이 아닐 수 없다. 갑자기 굴러온 발전차 덕분에 밝은 조명과 화려한 불빛은 500여 명에게 즐거운 축제가 되게 해주었다.

12) 창의적이고 색다른 공연을 구상해 봐.

행사는 기존의 관행보다는 창의적인 이벤트가 가미되면 참석자들의 만족도가 더욱 높다. 특히 메인 행사 후 공연은 행사 마무리와 마지막 인상을 주기 때문에, 유종의 미를 거두기 위해서는 **참석자들이 놀랄 만한 독특하거나 독보적인 공연을 삽입하는 것이 중요하다.**

2011년 연구개발 성과 발표회 후 만찬을 겸한 한마음 행사는 참석자들과 연구원들의 축제의 장으로 기획되었다. 행사 주관 기관장인 원장은 행사 준비팀에 창의적이고 색다른 공연을 구상해보라고 지시했다. 연구원들이 주로 할 수 있는 합창, 악기연주, 독창, 그룹 사운드 등으로는 참석자들을 흥분시키기에 부족하다는 것이다. 그렇다고 예산을 많이 들여 행사 대행사를 통해 외부 공연팀을 초청할 수도 없었다. 행사 준비팀은 행사 대행사와 머리를 맞대고 고민해 보았지만, 마땅한 공연거리를 찾지 못했다.

우리는 입사 1, 2년차 신입 연구원들에게 아이디어를 구해보기로 했다. 그들과 아이디어 회의를 하는데 한 친구가 **"스마트폰으로 합주를 하면 어떨까요?"** 했다. 구세대인 우리들은 도대체 스마트폰으로 연주를 한다니 무슨 이야기인가 했다. 일반 휴대폰과 달리 스마트폰에는 여러 가지 새롭고 흥미로운 기능들이 있는데, 그 기능 중에는 다양한 악기별로 연주 기능이 있고, 조금만 연습하면 어느 정도 소리를 낼 수 있다는 것이었다. 나는 이런 아이디어에 깜짝 놀랐다. 스마트폰 합주를 시행하기로 하고 연주단 구성과 연습은 아이디어를 낸 신입 연구원에게 부탁했다.

스마트폰 연주단은 소프트웨어 개발센터 신입 연구원 8명으로 구성하고 자체적으로 연습을 하도록 했다. 한마음 행사 공연 중간에 삽입된 스마트폰 연주는 LG전자 부회장 출신 CEO를 비롯하여 참석자 모두를 깜짝 놀라게 했다. **스마트폰으로 연주되는 기타, 피아노, 바이올린, 색소폰, 드럼 등 다양한 악기 소리들의 합주가 마이크를 타고 공연장을 울렸다.** 참석자들의 환호 소리를 들으며 나는 울컥했다. 기존의 틀에서 벗어나 젊은 친구들의 아이디어를 활용하고 그들 스스로 실현하도록 한 멋진 추억이었다.

<2011 KEPCO 연구개발 성과 발표회 스마트폰 연주 장면>

13) 장거리 수송버스 탑승자들에게 어떤 간식을 주지?

일반적으로 다수 인원이 2시간 이상 버스나 열차 이동시 간식을 준비하여 제공한다.

2012년 서울 원자력 인더스트리 서밋 프로그램에는 참석 외국인들을 대상으로 한 산업체 견학과 문화 탐방이 있었다. 방문지가 부산, 창원, 경주, 대전 등 장거리로 여러 곳이기 때문에 서울에서 새벽 6시 30분에 수송버스가 출발했다.

참석자들은 60여 개국에서 온 귀빈들로, 모두가 만족할 만한 간식거리를 찾는 데 어려움이 컸다. 간식 종류도 그렇고 포장도 고민거리였다. 검정 비닐봉투에 간식을 넣을 수도 없는 노릇이었다. 행사 준비팀에서 간식을 준비하면서 누군가 간식 후보를 추천하면 나온 반응들은, 떡은 한국적으로 좋으나 대부분 고령인데 먹다가 목이 막힐 수 있다, 초코파이는 손에 묻어난다, 우리나라 과자는 맛이 없다, 우유에 대해 알러지 반응이 있는 사람이 있다. 오렌지는 껍질을 벗기기 힘들다, 주스도 사람마다 식성이 달라 안 된다 등, 추천되는 간식마다 문제점만 나열하여 간식을 고를 수가 없었다. 주로 거론된 간식으로는 떡, 사과, 오렌지, 귤, 초코파이, 빵, 우유, 주스, 생수, 김밥, 샌드위치, 과자, 사탕, 초콜릿, 핫브레이크, 도시락 등 웬만한 음식 류는 다 거론되었다. 이에 대해 서너 시간을 토의해도 결론이 나지 않았다. 며칠 후 동일한 회의를 해도 마찬가지였다. 행사 담당부장인 나는 출발일은 다가오는데 답답하기만 했다.

그날도 몇 시간에 걸쳐 간식에 대한 토의를 하는데 준비 사무국에서 가장 막내이자 1년차 신입사원의 말 한마디가 모든 것을 해결해 주었다. **"간식은 의무적으로 주는 것이 아니고 기호식품이니 정성껏 준비하면 알아서 먹을 겁니다. 물론 입맛에 맞지 않으면 할 수 없고요."** 그렇다. 아주 쉬운 것을 너무 오래도록 고민했다는 생각을 했다. 결국 간식은 한국적인 떡, 초코파이, 귤, 과자류, 우유 그리고 생수 등으로 정하고 예쁘고 품위 있게 포장하여 탑승버스에서 개인별로 지급했다.

나는 그들이 간식에 대해 어떤 반응을 할지, 먹었는지, 남겼는지 하루 종일 궁금했다. 행사를 마치고 나는 산업체 견학을 진행한 진행요원과 자원봉사자들에게 간식에 대해 물었다. 견학에 동참한 귀빈들은 대부분 60세를 넘은 고령임에도 거의 모두가 지급받은 간식을 모두 맛있게 비웠다는 소리를 들었다. **신선한 신입사원의 '돌직구'와 한국 간식의 선택은 탁월했다.**

14) 오늘이 화이트데이군!

어느덧 시간이 흘러 행사일까지 9일밖에 남지 않았지만 아직도 결정되지 않은 일들은 100여 가지나 되었다. 이 때문에 행사 사무국 실무자들도 답답했겠지만, 행사 준비의 많은 부분을 맡은 행사 대행사(PCO)의 걱정도 이만저만이 아니긴 마찬가지였다. 의사결정 지연은 상급 책임자의 '모든 항목에 대해 까다롭게 검토하고 모두 본인이 결정하겠다'는 생각에서 비롯되었다. 행사 준비 사무국에서 행사 담당부장을 맡은 나는 미결사항에 대한 독단적 결정을 하기로 맘을 먹었다. 계속 결정이 미루어지면 행사에 차질이 있을 것으로 판단했기 때문이다. 상급 책임자는 해외 초청인시 영접, 키멤버 사진 리셉션, 워킹그룹 운영, 합의문 도출 등의 업무에 신경 쓰느라 만날 시간도 별로 없었기 때문에 더욱이 그렇게 할 수밖에 없었다.

D-9일인 3월 14일, 나는 팀원들을 이끌고 PCO 사무실을 방문하여 행사 전반을 점검하고 미결사항에 대해 논의하기로 하고 오후 2시부터 회의를 시작했다. 오후 2시부터 약 4시간 가까이 준비사항을 점검하고 미결사항 90%를 독단으로 결정한 후 차질 없이 준비해 줄 것을 당부했다. 회의를 마치고 나니 PCO 분야별 책임자와 담당자들은 안도의 한숨을 쉬며 얼굴이 한결 밝아졌다. 나 또한 홀가분한 마음이었다.

모두가 만족스럽게 회의를 마치고, 나는 PCO 직원 10여 명, 그리고 우리 행사 준비팀 직원 5명과 함께 저녁식사를 하기로 하고 밖으로 나갔다. 저녁식사 장소로 걸어가고 있는데 명쾌한 음악소리와 함께 편의점과 제과점에 수북이 쌓여 있는 사탕 묶음들을 볼 수가 있었다. 도대체 오늘이 무슨 날이냐고 물었다. 그러자 화이트데이라고 했다. 나는 인원수대로 사탕 묶음을 사서 식당에 들어갔다. "오다 보니 화이트데이라 하네요. 그동안 여러분들 참으로 고생 많았습니다. 오늘 마무리도 잘되었으니, 행사 성공을 위해 마지막까지 잘 부탁합니다."라고 말하고, 사탕 묶음들을 참석자들에 나누어 주었다. PCO는 업무 특성상 여직원 비율이 많았기에 감동의 탄성이 터져 나왔음은 물론이었다.

그날의 화이트데이 사탕은 PCO 직원들이 더욱 힘을 내고 열정을 다하는 데 큰 힘이 되었다는 것을 나중에 들었다. 5개월간의 준비를 하면서 10여 일을 남겨두고 많이 지쳐 있었는데, 이를 해결해 준 사건이 아닐 수 없었다.

15) 이 예산으로 어떻게 홈페이지와 동영상을 제작하지?

행사 준비팀은 행사 기본 계획이 수립된 후에 발족한다. 기본 계획은 행사 준비팀 구성과 운영을 포함하여 수립한다. 기본 계획을 수립한 사람이 행사 준비팀에 참여하는 경우도 있지만, 새로운 사람들로 채워지는 경우도 있다.

나는 국제 행사 담당부장으로 인사발령을 받고 행사 기본 계획과 그동안의 준비사항 일체를 인수받았다. 기본 계획에서 행사 산출예산을 보고 나는 깜짝 놀랐다. 많은 국내외 귀빈들이 참석하는 중요한 행사인데 홈페이지 제작 예산은 500만 원, 동영상 제작 예산은 2,000만 원이었다. 물론 홈페이지는 100만 원 이하로 제작할 수도 있고, 동영상도 500만 원으로 제작할 수도 있다. 그런데 품질과 서비스 범위가 문제이다.

홈페이지가 단순히 행사 알림 기능만 한다면 간단하게 적은 시간으로 만들 수 있을 것이다. 그러나 이번 행사에서 추구하는 홈페이지는 한글 이외 영문 홈페이지도 제작해야 하고, 홈페이지를 활용한 호텔 예약, 참가자 등록, 산업체 견학과 식단에 대한 의견 수렴, 그리고 행사에 걸맞은 해상도, 디자인, 플래시 기능, 양방향 서비스 등 높은 홈페이지 품질이 요구된다.

동영상도 마찬가지다. 동영상의 높은 품격을 위해 많은 사진과 영상 촬영, 컴퓨터 그래픽 사용, 영문 제작에 따른 영어 아나운서 활용 등 고려사항이 매우 많다. 나는 우리가 준비하는 국제 행사의 성격, 품격을 고려한 홈페이지와 동영상 제작비용을 다각도로 알아보았다. 그러면서도 예산 추가를 최소화해야 했다. 그 결과 홈페이지 제작 예산은 2,000만 원, 동영상 제작 예산은 최소 5,000만 원은 되어야 한다는 결론을 얻었다. 이를 위해 우리 회사와 그룹사가 보유하고 있는 영상과 사진 그리고 자료를 최대한 활용하기로 했다.

행사비 증가는 행사 주관사만의 문제가 아니라 20여 개의 공동 참여기관도 설득해야 하는 문제다. 당초 예산을 설계한 직원들은 이에 대한 지식과 경험이 부족하여 그냥 아는 친구들에게 질의하여 산출한 듯했다. 나는 우선 행사 예산 증액을 위해 예산 부서를 방문하여 설득하고, 감사 부서도 방문하여 이렇게 할 수밖에 없음을 오랫동안 설득하여 동의를 받을 수 있었다. 이후 20여 개 공동 참여사의 책임자들에게 일일이 메일과 전화로 불가피성을 설명하고 협조를 부탁했다. 실무자 간 어느 정도 합의를 본 다음 행사 조직위원회에서 예산 변경을 승인받았다.

이런 노력으로 홈페이지와 동영상은 참석자들에게 감동과 만족함을 주고, 우리는 많은 칭찬을 받았다. 특히 동영상에 대해 많은 언론에서 아주 훌륭했다는 평가를 받고 뿌듯함을 느꼈다. **예산은 합리적으로 산출하고 제대로 써야 한다는 사실을 되새기게 했다.**

16) 국무총리 영문 축사 제대로 준비해 주세요.

우리가 준비한 국제 행사 축사자는 한국을 대표하여 국무총리가 하기로 했다. 정상회의 기획단은 나와 준비 사무국장에게 "국무총리 축사 잘 써주세요. 특히 영문으로 작성되어야 하니 많은 신경을 써주세요." 하고 여러 번 주문했다.

우리는 많은 시간과 노력을 투자하여 먼저 한글판을 완성한 다음 기획단에 보냈다. 기획단에서 일부 문구를 제외하고는 좋다는 연락이 왔다. 이후 우리는 행사 준비를 위해 일시적으로 채용한 미국 시민권이 있는 한국인을 활용하여 영문화 작업에 들어갔고, 회사 내에서 일하는 원어민의 자문도 받았다. 오랜 시간 수백 번의 수정을 거친 완성본을 기획단에 보내 검토를 요청했다.

얼마 후 기획단에서 연락이 왔다. "연설문을 신경 써서 작성하라고 했는데 이렇게 작성하면 어떻게 하느냐?"는 것이었다. 얼마나 많은 시간과 노력을 했는데 이게 무슨 말인가? 나보다 신경을 더 많이 쓰고 검토를 수없이 한 사무국장은 무척이나 당황스러워했다. 우리 국장은 정부 담당과장에게 전화를 걸어 도대체 어디가 잘못되었나 항변했지만, 다시 작성하라는 답변만 들었다. 몇 시간 후 정부 담당과장이 내게 전화를 했다. "이 부장님, 내가 총리 축사에 신경을 많이 쓰라고 했는데 왜 그렇게 썼어요?" 이에 나는 "죄송합니다. 저희가 열심히 준비했는데 부족했던 모양입니다. 어떻게 해야 할지 알려주시면 반영하여 새로 작성하겠습니다."라고 했다. "원고가 너무 전문적이고 딱딱합니다. 외교적 수사로 써야 하는데 이것도 부족하고요. 참석자들 중에 원자력 기술을 모르는 분들도 많으니 아주 쉽게 작성해야 합니다. 내가 주무관을 통해 외교부 연설문을 작성했던 인력풀(번역 가능한 명단)을 보내줄 테니 그들과 다시 협의해보세요."라고 했다.

나는 추천받은 인물들을 대상으로 국무총리 축사를 영문화 해 줄 수 있는지 문의했다. 그들 중 모 대학 어느 교수님이 도와주겠다고 했다. "한글 원고를 메일로 보내주면 메일로 회신하겠다."고 했다. 그래서 "그동안 저희들이 작성한 영문도 같이 보내줄까요?" 했더니

"그냥 한글 연설문만 주세요." 했다. 그래서 그 교수님께 한글 연설문을 보내드렸다. 몇 시간 후 메일이 회신되었다. 글자 수가 몇 글자이니 금액은 얼마이고, 언제까지 작성하여 메일로 보내주겠다는 것이었다. 나는 그 메일을 받고 깜짝 놀랐다. 금액도 100만 원 이하였고, 영문화된 연설문을 주겠다는 기한도 그리 오래 걸리지 않는 것이었다. 그동안 우리가 괜한 시간과 노력, 예산을 낭비했구나 하는 생각이 들었다.

그렇게 하여 가장 신경 쓰였던 국무총리 축사를 마무리할 수 있었다. 그리고 **원자력 전문가가 초안하고 원자력 전문가가 검토하고 결정하면 일반인들은 가슴에 와 닿지 않을 수 있다는 또 하나 교훈**을 얻었다. 교훈을 주신 정부 기획단 과장님과 영문화해주신 교수님께 다시 한번 감사를 드린다.

17) 어이쿠, 사회자가 왜 그랬지?

2011년 어느 행사를 참관하러 갔다. 행사는 창립 20주년 기념식으로 강당에서 개최되는 지극히 단순한 행사였다. 행사를 참관하는데 사회자의 진행이 계속 신경 쓰이게 했다. 실수를 연발하고, 실수가 거듭될수록 더욱 긴장하는 것 같았다. 심지어는 '다시, 히히, 어이쿠 등' 불필요한 단어를 내뱉었다.

행사가 끝난 후에 아는 직원들에게 이유를 물으니, 준비된 사회자가 있었는데 행사를 며칠 앞두고 행사 주관장이 바뀠다는 것이다. 아마도 행사 주관장은 외부에서 많은 손님들이 참석하는 것을 의식하여 외모(?) 중심으로 변경한 것 같았다. 경험이 없고 긴장을 많이 하는 젊은 직원을 사회자로 바꾼 것인데, 이는 큰 실수를 빚어내고 말았다.

사회자는 용모보다는 경험, 당당함, 자신감 그리고 목소리가 훨씬 중요하다는 것을 간과한 것이다. 사회자의 역할은 행사에서 차지하는 비중이 매우 크다. 따라서 적임자를 추천받아 필요 시 오디션을 보고, 주어진 시나리오를 갖고 여러 번 리허설을 하도록 해야 한다. 또한 공연 진행과 같이 사회자가 행사장 중앙에서 진행하는 행사와 달리 기념식, 준공식 등은 **사회자가 주로 행사장에서 목소리를 통해 행사를 진행한다는 것을 잊어서는 안 된다.**

18) 기념비가 넘어졌어.

행사 또는 특정일을 기념하여 기념비를 세우고 제막식을 하는 경우가 종종 있다. 어느 행사장에 초대되어 기념비 제막식을 참관하게 되었다. 제막식은 행사 주관장과 상급자, 그리고 초청귀빈으로 전임 CEO 3명이 포함된 6명이 참석하는 행사였다. 사회자의 구령에 맞춰 제막식 가림 천에 부착된 끈을 당겼는데, **아뿔싸, 가림 천만 탈락되어야 하는데 기념비가 앞으로 넘어지는 게 아닌가?**

참석자 모두가 놀랐지만 행사 주관장의 상급자인 CEO가 가장 크게 놀라, 넘어지는 기념비를 뛰어가서 손으로 받쳤다. 참으로 안타까운 일이 아닐 수 없었다. 나는 이유를 파악해 보았다. 기념비는 며칠 전에 완성하여 자리에 안착시켜야 시멘트가 제대로 굳는데, 여러 가지 이유로 행사 전날 기념비를 자리에 안착시켰다. 그런데 엎친 데 덮친 격으로 밤에 비가 온 것이다. 행사 주관장은 높은 귀빈들이 다수 방문한다니까 너무 잘해보려고 수시로 점검하고 변경했다. 그러다 보니 너무 늦게 설치한 것이 가장 큰 원인이었다. 또한 기념비 모양이 가로 형이 아닌 세로 형으로 제작되다 보니, 쉽게 넘어지는 데 기여했다고 본다. **모든 설치물은 완성되어야 하는 시기가 있다.** 설치를 미루다가 늦으면 예상치 못한 일이 벌어진다는 사실을 주지해야 할 것이다.

19) 사장님 방문하시는데 기념식수는 해야 되는 거 아냐?

나는 2011년 8월, 안전결의대회 및 중앙연구원 개원식 행사 준비팀장을 맡았다. 모든 기업이나 단체가 행사에서 가장 신경 쓰이는 사람은 아마도 기관 내 최고위 상급자일 것이다. 우리 원장도 마찬가지로 사장님의 방문에 신경을 많이 쓰고 있음을 여러 면에서 발견할 수 있었다. 이것은 당연하다고 생각한다.

행사 준비 중인 어느 날 원장께서 "이 팀장! 행사에 사장님이 오시는데 사장님 명의의 기념식수를 준비하게."라고 하셨다. 이에 나는 "그건 안 됩니다. 사장님이 자신의 사업장에 오시는데, 올 때마다 기념식수를 하는 것은 아닙니다. 물론 사옥 준공식 등과 같이 특별한 경우라면 몰라도, 그리고 정부를 비롯하여 외빈들이 많이 참석하는데, 이건 아닌 듯합니다." 원장님은 자신의 입장을 알아주지 못한다는 생각과 사장님에 대한 배려 행사를 못 하는 것을 많이 안타까워했다.

나는 정부 정책에 따라 2011년 6월 회사를 바꿔야 했다. 새로운 회사에서 주변 환경을 살피는데, 사장님 명의의 기념식수가 3개나 있다는 것이 이상하다고 느껴졌다. 즉 CEO가 방문할 때마다 거의 기념식수를 한 모양이었다. 나는 원장님께 수정제안을 했다. '정부에서 차관님이 오시는데 정부 고위직은 우리 연구원을 처음 방문하시니, 차관님과 사장님 두 분만 기념식수 행사를 하자는 것'이었다. 이렇게 하여 원장님의 뜻도 수용하고 정부 방문 인사에 대한 배려도 할 수가 있었다. 물론 표지석에는 '차관 방문 기념' 표시만 있고, CEO는 기념식수 행사를 차관과 함께 한 것이다.

기념식수, 기념비 제막 등 부대 행사는 그 목적, 시기, 대상 등을 잘 고려해야 한다. **무분별하게 기념식수를 남발하게 되면, 일정 시간 후에 그분들이 자리에서 떠났을 때 제거해야 하는 경우도 발생하기 때문이다.**

20) 큰일이다, 행사일에 날이 너무 더워서.

보통 8월 말이면 무더위가 한풀 꺾이기 마련인데, 그해 행사일엔 삼복더위보다도 훨씬 무더웠다. 만찬을 겸한 한마음 행사는 대운동장에서 열리기 때문에 폭염과의 전쟁을 치러야 했다. 야외 행사는 오후 6시부터 8시까지 계획되어 있는데, 이 시간의 예측되는 온도가 30℃를 넘었다. 그래서 행사 준비팀에서는 어떻게 해야 할지 정말 고민스러웠다. 대강당의 수용 인원은 220명 수준이고, 공연과 만찬을 겸하는 자리이기 때문에 장소를 옮긴다는 것은 매우 어려운 실정이었다. 특히 100여 명의 귀빈들은 60대 이상의 고령으로, 모두가 정장을 입고 참석할 것이었다.

행사 준비팀은 행사 대행사와 대책협의를 통해 500여 명의 모든 참석자들에게 햇빛을 차단할 수 있는 대형 TFS 텐트를 설치하기로 했다. 그리고 행사장 주변에 대형 선풍기를 설치하여 바람을 순환시키고, 귀빈들에게는 땀을 닦을 수 있는 물수건을 준비하기로 했다. 행사 전날 대형 TFS 텐트를 설치하는 일과 많은 수량의 대형 선풍기를 확보하는 것은 결코 쉽지 않았지만, 행사 대행사의 적극적인 협조와 행사 주관장의 결단으로 폭염 속의 행사를 무사히 마칠 수 있었다.

폭염과의 전쟁에 대한 철저한 준비는 참석자들에게 감동을 주었고, 우린 많은 칭찬을 얻는 기회가 되었다.

21) 누가 좌석 배치를 이렇게 했어!

　행사를 준비하면서 가장 큰 어려움 중 하나는 좌석 배치라고 할 수 있다. 방문 귀빈들의 좌석 서열, 그리고 최고 직위자의 좌석 위치는 아주 중요한 요소이다. 좌석 배치는 의전 중의 중요한 요소의 하나이기 때문에, VIP를 모시는 담당자들은 가능한 한 자기가 모시는 분의 좌석을 좋은 자리에 배치해달라고 강력히 주문한다. 오죽하면 『의전의 민낯』의 저자 허의도 님은 "의전이 그냥 비생산적인 의전으로 그치는 것이 아니라 일반인의 일상을 파괴시킨다."고 했다.

　공연과 만찬을 함께 진행히는 행사장에서 좌석 배치를 하면서 겪은 일이다. 나는 많은 고민 끝에 VIP를 포함하여 귀빈 20여 명의 좌석 배치 계획(안)을 만들고 현장 배치를 했다. 좌석에는 착석자의 직함과 성명이 있는 명패를 놓았고, 입구에는 전체 좌석 배치도를 대형 전지에 인쇄하여 현황판에 부착했다. 무대 설치, 테이블 설치, 좌석 배치, 명패 비치 등은 모두 행사 전날에 이루어졌다. 행사 전날 오후에 본사 담당 팀장이 행사장 점검 차 내려와서 하는 말은 "누가 좌석 배치를 이렇게 했어!"였다. 나는 행사 준비팀장으로서 좌석 배치 배경을 소상히 설명하고 이해를 시켰다. 몇 시간 후 이번에는 본사 담당 처장께서 행사장을 방문해서는 "도대체 누가 좌석 배치를 이렇게 했어? 기본을 몰라도 너무 모르잖아. 사장님 자리가 왜 여기야, 빨리 바꿔."라고 했다. 나는 그동안 심사숙고하고 무더위와 싸우면서 행사장을 잘 조성했다고 생각했는데, 질책성 발언을 들으니 기분이 좋지 못했다. 그래서 "제가 그랬는데요. 설명해드리겠습니다."라고 했다. 그러자 "이 친구 알 만한 친구가 사장님 자리를 여기에 두면 어떻게 해, 빨리 바꿔." 하고 다그쳤다. 그래서 나는 "여러분! 본사 처장님께서 좌석 배치를 바꾸시랍니다. 빨리 이렇게 바꿔요."라고 소리쳤다.

　CEO 자리를 바꾸게 되면 10명이 앉는 원탁 내에서 좌석 배치와 원탁 간 좌우 배치도 모두 달라져야 한다. 행사 준비요원들이 내 지시에 따라 명패를 바꾸려 하는데 본사 처장께서 "이 팀장! 잠깐만. 왜 이렇게 좌석을 배치했는지 이유를 말해보세요." 했다. 그래서 나는 명패 이동을 멈추게 하고 설명했다. "처장님! 일상적으로 최고 직위자의 좌석은 맨 앞 테이블에서 모든 참석자를 볼 수 있는 자리가 맞습니다. 그런데 무대를 보도록 한 이유는, 본 행사는 만찬이 주가 아니라 공연이 주가 되는 행사이기 때문입니다. 사장님께서 만찬사나 건배사를 하실 때는 무대 앞으로 잠시 나와서 이야기하시면 됩니다. 나머지는 무대를 바라보고 앉으셔서 공연을 즐기시면 됩니다. 만일 객석을 바라보고 앉으신다면 몸을 돌려서 공연을 보셔야 하기 때문입니다."

본사 처장님은 자신이 경솔했음을 시인하고 현행대로 하라고 했다. **좌석 배치를 포함한 의전은 의전 받는 당사자 입장에서 생각해야 한다.**

22) 현판 가림막 천이 떨어지고 있어.

새로운 기관이나 조직 설립 시 보통 현판식 행사를 갖는다. 현판식은 새로운 조직 신설을 축하하고 조직 임무를 충실히 하겠다는 다짐을 의미한다. 현판식은 현판에 가림막 천을 설치하고 주요 귀빈들이 사회자의 구령에 맞춰 가림막 천에 연결된 줄을 잡아당겨 현판이 공개되도록 행사를 진행한다. 현판은 작은 것부터 큰 것, 세로모양 또는 가로모양 등 다양한 형태와, 나무, 철판 등 여러 재질, 그리고 현판 위치 등 다양한 특성을 갖는다. 따라서 현판을 가리는 가림천을 선택하고 적당한 줄을 선택할 때에는 이런 현판 특성을 신중히 고려해야 한다. 또한 가림막 천 설치도 신경 써야 한다.

2011년 여름 행사를 한참 진행 중인데 안내요원으로부터 급한 전화가 왔다. 현판을 덮은 가림막 천이 떨어지고 있다는 것이다. 조금 있으면 본 행사를 마치고 현판식을 해야 하는데, 곤란한 일이 아닐 수 없었다. 나는 행사 대행사 책임자를 바로 호출하여 가림막 천을 보다 견고하게 설치하라고 요청했다. 그러나 **너무 견고하게 묶으면 줄을 잡아당길 때 천이 찢어지거나 현판이 낙하하는 수도 있기 때문에 설치 시 견고함의 정도도 신경을 써야 한다.**

23) 어떻게 하지? 행사명 글자 하나가 떨어졌어.

행사명은 많은 곳에 부착하여 보이게 된다. 가장 중요하게 부각되는 곳은 메인 행사장 정면일 것이고, 다음엔 건물 외곽 드롭 배너, 가로등 배너, 입간판 등에 행사명이 붙는다.

자주 있는 일은 아니지만, 2012년 어느 행사를 참관하게 되었다. 메인 행사장의 행사명은 대형 현수막이 아닌, 글자 하나씩 종이에 인쇄하여 정면 벽면에 부착되어 있었다. 행사 준비팀에서 행사명 글자를 견고하게 부착했을 텐데, 행사가 진행되면서 행사명 글자 하나가 탈락되는 사고가 발생했다. 이는 수정과 보완이 불가능한 것이었다. 그 누구도 어찌할 수 없는 상황이었고, 행사는 한 글자가 탈락한 상태로 끝까지 진행되었다. **이런 것까지 사전에**

꼼꼼히 살피고 대비해야 한다는 교훈을 얻었다.

24) 귀빈용으로 준비한 부토니에, 어떡하라고!

부토니에(Boutonnier)는 단춧구멍을 의미하는 프랑스어로, 모닝이나 턱시도 등 양복 류의 단춧구멍, 또는 그 구멍에 꽂기 위한 꽃이란 뜻으로 사용된다. 2013년 어떤 행사를 준비하는데, 행사 대행사(PCO) 책임자가 이번에는 귀빈들에게 코사지(Corsage) 대신 부토니에를 달아주는 게 어떻겠느냐는 제안을 했다. 사실 나는 그때까지 부토니에라는 말을 처음 들어 어리둥절했다. 부토니에는 남녀 구분 없이 행사 때 가슴에 착용하는 장식으로서, 행사 이후에도 여러 번 사용할 수 있기 때문에 코사지보다 받은 이들의 만족도도 좋다는 것이었다. 나는 PCO의 제안을 기꺼이 수용하고 샘플을 요청했다. 이후 PCO가 갖고 온 여러 개의 예쁜 샘플을 갖고 행사 주관장에게 가서, 이번 행사에서 코사지 대신 부토니에를 사용할 것을 제안하고 승낙을 받았다. 이렇게 하여 행사 준비를 나름대로 완결해가고 있었다.

그런데 행사 전날 최종 점검 시 행사 주관장께서 아무래도 부토니에는 안 되겠으니 당초 계획대로 코사지를 준비하라고 했다. 이유는 대부분의 귀빈들이 60대 이상이기 때문에 어색하다는 것이었다. 우리는 하는 수 없이 코사지와 부토니에를 둘 다 준비하고 접견실에서 귀빈들이 선택하여 착용하도록 했다. 결과는 참석 귀빈 모두가 평소에 익숙한 코사지를 착용했다. 부토니에는 사용하지 않았지만, 부토니에 포장을 풀고 착용 시연을 했기 때문에 반납할 수도 없었다. 자칫 이중 지출이라는 지적이 있을 수 있어 많이 망설인 끝에, 행사 준비에 많은 수고를 해준 직원들에게 행사 선물로 지급했다.

새로운 것도 배웠지만, 너무 시대를 앞서가도 문제가 있음을 깨닫는 계기가 되었다.

2. 행사 준비, 왜 그랬을까?

① 이유가 있는 준비

　행사를 준비하면서 행사 특성, 현장 여건 등에 따라 그렇게 할 수밖에 없거나 그렇게 하는 것이 보다 효과적인 경우가 종종 있다. 행사 준비팀은 조직위원장, 기관장, 주요 참석 귀빈, 일반 참석자 등이 "왜 이렇게 했어?"라고 질문할 경우, 타당한 이유를 즉각적으로 이야기할 수 있어야 한다. 그렇게 준비한 이유에 대해 확실히 알고 있어야 한다는 것이다. 그러나 질문에 대해 대답을 머뭇거린다면, 행사 준비 전반에 대해 신뢰를 받을 수가 없다. 행사를 여러 번 준비하면서 많은 질의를 받아보았다. 물론 가끔은 깊이 생각하지 못해 관행적으로, 또는 임의로 그렇게 준비한 경우가 있다. 그러나 가능한 한 이런 경우를 줄여야 한다.

② '행사 준비, 왜 그랬을까?'의 사례

1) 사장님과 그룹사 대표들이 참석하는 큰 행사 사회자로 왜 신입 여직원을 선정했을까?

　한국전력과 같은 공기업이나 대기업의 공식적인 행사에 CEO 또는 그룹회장이 참석하는 경우는 보통 처장급이 사회를 보는 것이 관례이다. 물론 외부의 전문 사회자를 활용하는 경우는 예외이다.

　2011년 1월 개최한 연구개발 성과 발표회는 우리 회사 사장은 물론 그룹사 사장단이 대부분 참석하는 비교적 큰 행사였다. 이때 사회자를 누구로 할 것인가에 대해 의견이 분분했다. 사장은 연구개발에 대한 관심이 많았지만, 매우 직설적이고 잘못에 대해 크게 질책하는 성격의 소유자라 많은 직원들이 두려움을 갖고 있었다. 몇 달 전 CEO 방문 시 모 처장이 사회를 보다가 CEO로부터 심한 질책을 받은 적이 있었다. 그 때문에 원장을 비롯하여 많은 이들이 사회자 선정에 더욱 신경을 썼다. 행사 준비팀장이었던 나는 최근에 입사한 신입 여성 연구원 중에서 선정하겠다고 원장께 보고했다. 그러나 상사와 본사에서는 신입 연구원이 무엇을 안다고, 그리고 실수라도 하면 어떻게 하느냐고 반대 입장을 피력했다.

나는 사장님은 딱딱하고 엄격한 분이니, 오히려 젊은 연구원을 사회자로 하면 행사장 분위기도 더욱 활기차고 부드러울 것이고, 갓 입사한 신입 연구원이므로 실수도 용서가 될 것이라고 주장했다. 이의를 제기했던 분들도 나의 주장에 대해 공감을 표시했다. 그래서 나는 신입 여성 연구원을 대상으로 사회자를 공모했는데, 의외로 많은 신입직원들이 응모했다. 우리는 응모자를 대상으로 오디션을 거쳐 한 명을 사회자로 선정했다.

이번 행사에서 사회자 선정은 아주 탁월한 선택이었음이 증명되었다. 많은 준비를 통해 아주 부드럽고 훌륭하게 행사를 진행하여 행사 후 CEO뿐만 아니라 참석자 다수로부터 많은 갈채를 받았음은 물론이다.

사회자의 품격은 직급이나 직위가 아니라 사회자로서의 자질과 경험에서 나온다. 또한 상황에 맞는 사회자가 따로 있다.

2) 만찬장 좌석 배치 왜 그렇게 했나!

500석 규모의 10인용 원탁 테이블이 만찬 행사장에 놓였다. 만찬은 식사만 하는 것으로 끝나는 것이 아니라 60분 이상의 공연이 함께 진행되기 때문에, 선호하는 앞자리와 뒤쪽 좌우 끝자리는 많은 차이가 있을 수밖에 없다. 나는 많은 고민을 거듭하여 좌석 배치(안)를 만들어 원장께 보고하고, 좌석 배치도를 만들어 입구에 게시했다. 행사 전날 본사 주관부서에서 메인 행사장을 비롯하여 만찬장을 점검하러 내려왔다. 그들은 좌석 배치를 왜 이렇게 했느냐고 따졌다. 결론은 본사 연구개발정책부서 좌석을 왜 가장 좋지 않은 맨 뒤에 두었느냐는 것이었다.

나는 참으로 한심하다는 생각이 들었지만, 좌석 배치를 왜 그렇게 만들었는지 설명했다. 첫째, 연구개발 성과 발표회는 연구원들이 주인공이다. 따라서 연구부서를 우선 고려했다. 둘째, 지원부서(연구전략실, 연구지원실, 본사 연구개발정책부서)는 가장 좋지 않은 자리를 배정한다. 셋째, 나와 가까운 연구부서는 다음으로 좋지 않은 자리를 배정한다. 예를 들어 나는 기술 본적이 원자력이기에 선호하는 자리를 배정받지 못한 원자력발전연구소 동료들은 행사 준비팀장인 나를 이해할 것이다.

이와 같은 논리를 갖고 완성된 좌석의 우선순위는 ① VIP ② 송배전연구소 ③ 수화력발전연구소 ④ 녹색성장연구소 ⑤ 엔지니어링센터 ⑥ S/W센터, ⑦ 원자력발전연구소 ⑧ 본사 연구개발 정책부서 ⑨ 연구지원실 ⑩ 연구전략실(행사주관부서) ⑪ 공연팀(연단 등단을 고려하여 외곽에 배치) 순이었다.

좌석 배치는 서열도 중요하지만, 모두의 공감과 배려가 우선이다.

3) 행사장 앞에 음료대(커피, 생수, 간식 등)를 왜 준비하지 않았어?

연구개발 성과 발표회는 대회의실에서 업무보고 후 전시장 견학, 대강당에서 메인 행사, 만찬 순으로 진행되는 행사였다. 일반적으로 행사장 앞에는 등록대와 음료대를 비치하여 참석자들이 다과를 즐기면서 참석자들 간에 인사를 나누도록 한다. 그러나 나는 업무보고 장소와 메인 행사장 앞에 음료대를 준비하지 않았다. 팀원들이 준비하겠다고 했는데 내가 반대했다. 행사 시작 전 본사에서 온 모 부장이 대뜸 "행사를 처음 해보나? 행사장 앞에 어떻게 음료대도 준비하지 않았어?"라고 질책했다. 나는 "다 이유가 있어 그랬다."고 했다. 업무보고 장소는 그룹 장 급 이상 간부들만 참석하는 자리이고, 강당 행사는 중간에 휴식시간 없이 약 90분 정도 진행된다. 그리고 업무보고를 받은 사장단은 전시장을 둘러보고 강당으로 입장하게 된다. 그런데 만일 강당 앞에 음료대를 놓으면 주변이 지저분할 수도 있고, 참석자들과 담소를 나누느라고 입장을 늦게 할 수도 있었다. 다만 미리 도착한 참석자들은 등록을 마치고 주변의 휴게실에서 휴식과 차를 마시도록 했던 것이다. **서비스도 필요한 때와 장소에서만 해야 한다.**

4) 왜 행사장 등록대에 명찰 라벨기가 없지?

대부분의 행사에서 참석자들은 주최 측에서 지급한 목걸이형 명찰이나 배지형 명찰을 착용한다. 이는 참석자들을 식별함과 동시에 참석자 상호간 신분을 쉽게 파악하게 하기 위함이다. 행사 참가자 등록은 사전등록과 현장 등록으로 이루어진다. 사전등록은 주최 측에서 제시한 참가신청서를 작성하여 제출하는 것이고, 현장 등록은 미처 참가신청서를 제출하지 못하여 행사 당일 행사에 참석하는 것을 말한다. 행사 준비 사무국은 참가 인원을 미리 파악하는 것이 매우 중요하다. 이는 행사장 규모, 식수 인원, 준비물 등을 예측하는 데 필요한 요소이기 때문이다. 따라서 행사 참가비가 있는 경우 사전등록비를 할인해주곤 한다.

그룹사 연구개발 성과 발표회를 나름대로 완벽하게 준비하고 행사 시작을 기다리고 있는데, 본사의 모 부장이 우리 행사 준비팀원에게 **"왜 명찰 라벨기를 준비하지 않았지? 행사를 처음 해보나?"** 하며 질책과 안타까움을 나타냈다. 참으로 안타까운 일이었다. 왜 그랬을까, 한번쯤 생각해보고 말하면 좋으련만.

질책을 받은 우리 팀원들은 기분도 나쁘고 바빠서 응대할 겨를도 없어 내가 이야기했다. "모 부장님! 이번 행사는 사전에 등록된 그룹사 직원들만 참석하는 폐쇄형 행사입니다. 설령 등록 못 한 사람 한두 명을 위해 수십만 원을 지불하여 명찰 라벨기를 둘 필요가 있나요? 예기치 않게 참석한 그들에게는 준비된 명찰에 수기로 작성하여 달아줄 생각입니다."

불필요하거나 과한 준비는 사전에 막는 것이 최선이다.

5) 현수막 하단에 왜 주최/주관이 없지?

기업에서 큰 행사를 개최할 경우 기본 계획은 본사에서 수립하고, 상세 실행계획 수립과 행사 준비는 해당 사업소에서 수행하는 경우가 많다. 행사에서 주최는 '행사나 모임을 주장하고 기획하여 여는 기관'을 의미하며, 주관은 '행사를 책임지고 관리하는 기관'을 의미한다. 따라서 주관보다 주최가 더 포괄적이고 상위 개념이다. 그러나 일반적으로 동일 기관에서 본사와 사업소를 두고 주최와 주관을 구분하지 않는다.

어느 행사를 준비하면서 메인 행사장에 부착하는 문구에 대해 본사 담당자와 논란을 빚은 일이 있다. 본사 직원의 생각은 행사 주최를 본사 부서명으로 표기하고 사업소는 빼라는 것이었다. 행사 준비팀장인 나로서는 도저히 이해되지 않는 상황이었다. 본사에서 두세 페이지 분량의 기본 계획만 수립하고 시행 계획과 상세 준비 계획 수립, 그리고 모든 준비를 했는데 억지라고 생각했다.

같은 회사에서 본사를 주최로, 사업소를 주관으로 표기하는 것도 옳지 않은데 납득이 가지 않았다. 나는 고민 끝에 주관 부서와 주최 부서 둘 다 표기하지 않고, 행사명 아래에 행사 일과 행사 장소만을 표기하여 메인 행사장에 부착했다. 행사 준비팀장으로서 최선의 판단이었다고 생각했다. 왜냐하면 행사 장소가 외부가 아니고 회사 내, 그것도 행사를 준비한 사업소에 있는 대강당이었기 때문에 참석자들은 누가 준비를 했는지 미루어 짐작할 수 있기 때문이다. **행사 성공보다 주도권 싸움에 열중할 때 행사를 어렵게 한다.**

6) 왜 부산 본부 밴드만 초청했어?

메인 행사를 마치고 부대 행사로 그룹사 임원들과 전 직원들이 참여하는 만찬을 겸한 한마음 행사가 계획되어 있었다. 연구개발 성과 발표회는 연구원들의 축제의 장이기 때문에, 행사 분위기를 띄우고 참석자들에게 즐거움을 전하기 위해 여러 가지 공연을 기획했다. 그런데 상세 준비 계획을 보고하는 자리에서 행사 주관장께서 외부 공연팀은 초대하지 말고 가능한 회사 직원들로 공연팀을 구성하라는 지시를 내렸다. 이는 행사 주인인 직원들이 직접 참여한다는 의미와 경비를 절약한다는 의미도 있어, 우리도 기꺼이 수용하고 공연팀을 물색했다.

공연팀은 모두가 연구개발과 관련 있는 연구원과 본사 연구개발 기획부서 직원으로 구성되었는데, 사업소에서 유일하게 부산 본부 소속 밴드 동아리가 참여했다. 참석자들이 그 많은 사업소 중에서 부산 본부 그룹 사운드를 초대했을까 의아해했다. 이에 대한 궁금증은 '부산 본부 그룹 사운드는 최근에 있었던 전사 음악경연대회에서 우승을 한 팀으로, 수시로 전국 사업장 순회공연을 하고 있는 팀'이라는 사회자의 안내로 말끔히 해소되었다. 부산 본부 그룹 사운드는 우승팀답게 정말 멋지고 흥겨운 연주와 노래를 들려주어 큰 호응을 얻었다.

특정 개인이나 부서만 참여시키는 이유가 반드시 있어야 하고, 참가자들의 궁금증은 궁금할 때 풀어주어야 한다.

7) 행사 후 왜 3명에게만 선물을 주었나?

행사가 성공적으로 끝나면 자축연을 갖고, 행사 성공에 크게 기여한 자에게는 포상이나 선물을 지급하기도 한다. 1박 2일 큰 행사를 마치고 행사 준비팀은 또 다른 업무로 바빴다. 행사에 직간접적으로 기여한 직원들에게 노고의 자리를 만들고, 기여자를 선발하여 조그마한 선물을 준비하기 위해서였다. 행사 주관장은 CEO를 비롯한 다수의 참석자들로부터 준비를 잘했다는 평가를 받았기 때문에, 행사 준비에 동참한 직원들의 노고를 치하하고 고마움을 표시하는 것은 당연한 일이다. 하지만 준비하는 사람들에겐 이것도 큰 짐이 아닐 수 없다. 특히 기여가 큰 직원을 몇 명 선발하여 선물을 준다고 하니, 여기저기서 대상자를 추천했다. 홍보팀 사진기사, 총무팀 주차 담당, 시설팀 환경미화 담당, 연구전략팀 의전 담당 등 많은 이들이 맡은 임무를 충실히 했다. 하지만 행사 준비팀장인 나는 단 3명만 추천하고 그들에게만 선물을 지급할 것을 강력히 주장했다. 나름대로의 선정 기준은 첫째, 부서 고유의 업무로 수행한 것과 행사 준비팀원으로 차출된 사람은 배제한다. 둘째는 소속부서의 일이 아님에도 불구하고 자발적으로 지원하고 남들에 비해 오랜 시간 많은 고생을 한 직원이어야 한다. 많은 부서장들이 소속 부서원들을 추천했지만, 나는 부서장과 행사 주관장을 설득했다. 기준이 없으면 많은 오해를 불러오고, 고생했는데 선정되지 못하면 섭섭해하기 때문이다.

내가 추천한 직원은 메인 행사 사회자로 선정되어 자발적으로 학원 등에서 코칭을 받고 행사에 걸맞은 의상을 준비하여 아주 멋진 진행을 만든 직원이었고, 두 번째는 추운 날씨에도 불구하고 메인 행사장에서의 풍력발전 장치 시연회 준비를 위하여 많은 시행착오를 극복하여 멋진 퍼포먼스를 만든 직원이었다. 마지막으로는 창의적인 동영상 제작 아이디어와 스마트폰 합주를 제안한 신입 연구원이었다. 이들 세 명은 행사의 품격을 높이고 행사를 성공으로 이끈 주역이었다. 여기서 가장 아쉬웠던 것은, 행사를 준비하고 진행하면서 가장 고생한 직원들은 본연의 임무가 아님에도 행사 준비팀에 발탁되어 노심초사, 동분서주한 우리 팀원들인데, 이들에 대한 보상과 칭찬이 너무 인색했다는 것이었다. **선물도 남발하면 가치가 떨어진다. 모두가 인정하는 포상이어야 한다.**

8) 우수 팀 포상금을 왜 온누리 상품권으로 지급했나?

연구개발 성과 발표회에서는 그해 우수 연구 성과자에게 다양한 포상 수여와 우수 팀에게 포상금을 지급하곤 한다. 포상금을 받는 팀은 현금이나 은행 기프트카드를 가장 선호한다. 이는 물건을 사든 식사를 하든 집행이 편하기 때문이다. 그러나 2011년 연구개발 성과 발표회에서 우수 팀에게 지급되는 포상금은 전액 온누리 상품권으로 지급했다. 포상금을 단체 회식비로 소비하거나 사고 싶은 것을 맘대로 사는 것보다는, 골목시장에서 팀에서 필요한 물건을 사도록 하여 서민들이 운영하는 골목시장 활성화에도 기여하고, 그들의 생활환경도 체험하도록 하는 데 목적이 있었다.

포상금 수상 팀의 반발도 있었으나, 목적이 분명하고 순수했기 때문에 기획한 사람과 보상받은 사람 모두에게 의미 있는 사례였다. **포상금과 기념품 지급도 당시의 정책과 분위기에 맞추는 것이 좋다.**

9) 장미꽃의 의미

행사를 모두 마치면 대부분 행사 대행사(PCO), 홍보 대행사 등과는 관계가 종료되었다고 생각하는 경우가 많다. 행사는 행사 준비팀원 개인이 아닌 기관 대 기관의 관계가 된다. 따라서 행사가 성공적으로 끝나도 마무리가 매우 중요하다. 나는 행사 준비팀과 행사 대행사와 행사 후 가장 빠른 시일 내 뒤풀이 자리를 만드는 것이 좋다고 생각한다. 행사를 준비하고 진행하면서 발주자와 용역자 사이에서 많은 갈등과 오해가 있기 마련이다. 뒤풀이 자리는 행사 성공을 함께 자축하고 서로 노고를 치하하며 오해를 푸는 기회가 된다. 나는 행사를 마치고 나면 내부 조직보다 가장 먼저 행사를 함께 준비한 PCO 직원들과 뒤풀이 자리를 만들고, 참석 인원수에 맞게 장미꽃을 준비하여 일일이 고맙다는 인사와 함께 전달하곤 했다. 그리고 그들에게 한 가지 당부를 한다. "행사 준비 과정에서 발주 기관이 많은 고통을 주었을 것이다. 그러나 우리가 여러분들을 믿는 것처럼 우리 회사를 좋게 봐주었으면 한다."

2~3천 원의 장미 한 송이가 엄청난 반향을 일으키고, 그간의 오해와 앙금이 사라질 수 있고, 회사에 대한 긍정적인 이미지를 줄 수 있기 때문이다.

10) KBS 다큐 3일은 안 한대!

2012 서울 핵안보정상회의 주관 방송사로 KBS가 선정되었다. 2012 서울 원자력 인더스트리 서밋을 준비하는 우리는 KBS 방송 기획단에 많은 부분에서 협조를 해야 했다. KBS는 행사 전체를 생중계하는 역할과 행사와 관련된 특집방송도 여러 가지로 기획·제작·보도를 해야 했다. 준비 사무국은 방송 기획단과 협의를 거쳐 원자력 산업을 조명하는 다큐멘터리 3편을 제작하기로 했다. 본 행사를 통해 국민들에게 원자력을 올바르게 이해시키

고, 우리나라 원자력의 우수성을 홍보하는 기회가 될 수 있기 때문이었다. 행사 주관 기관의 입장과 생각은 가능한 배제하고 객관적인 입장에서 해외 사례를 포함하여 계획대로 두 편의 다큐멘터리를 제작했다.

그러던 어느 날 KBS 방송 기획단에서 연락이 왔다. 마지막 다큐멘터리 〈다큐 3일〉은 제작이 곤란하다는 것이었다. 그동안 다큐 제작을 위해 행사 주관 기관과 조직위원회 참여 회사를 설득했는데, 아주 난감한 실정이었다. 제작이 불가능한 이유를 묻자, 노조 등에서 특정 산업과 특정 기업을 위한 다큐 제작은 공영방송으로서 공정성에 문제가 있다고 주장했기 때문이라고 했다. 〈다큐 3일〉은 원자력발전소에 근무하는 직원들의 모습을 3일간 동행 취재하는 것으로, 시청자에게도 재미를 주고 취재에 동참하는 사람들에게도 가슴 벅찬 감동 다큐였다.

기존 두 편의 다큐멘터리는 일반적이고 기초적인 내용이지만, 마지막은 현실감이 있고 가장 기대되는 것이기에 아쉬움이 컸다. 하지만 그들의 주장도 일리가 있다는 판단 하에 계약을 변경하고 세 번째는 포기했다. **할 수 없는 것은 적기에 포기하는 용기도 필요하다.**

11) 왜 네 맘대로 결정해?

행사를 준비할 때 어려움 중의 하나는 의사결정 지연이다. 행사 장소, 행사 구성, 행사장 디자인, 인쇄물, 기념품, 지급품 등 많은 것을 적기에 결정해야 한다. 의사결정이 늦어지면 행사 준비에 막대한 차질이 생기기 마련이다. 의사결정 지연의 원인 대부분은 의사결정 권자가 너무 높은 직위자이고, 결정 사항들이 그분에게 집중되기 때문이다. 높은 직위자는 결재, 회의, 손님접견 등이 많기 때문에 대면하여 결재를 받는 데 쉽지가 않다. 행사를 준비하고 진행하면서 아주 사소한 것까지 사무국장이 결정하고, 조금만 비중이 있는 사항이면 조직위원장의 결심을 받고자 하는 풍토 때문에 여러 번 시달렸다. 의사결정을 윗분에게 미루는 이유는 아래 조직에서 의사결정을 한 사항에 대한 질책의 두려움과 대면 결재를 통해 윗분을 만나고 싶은 의욕에서 비롯된다. 의사결정을 한두 단계 올리면 업무 효율은 2배에서 10배까지 떨어진다. 이는 더 많은 불필요한 검토, 대기시간, 상급자의 즉흥적인 결정에 따른 문제점 등 때문이다. 따라서 가능하면 의사결정은 하위자에게 위임하는 것이 좋다. 필요시 미리 방향성을 제시하여 의사결정에 도움을 주어야 한다.

어느 대형 행사의 행사 준비팀장을 맡아 수많은 준비를 하고 있는데, 사무국장은 크건 작건 의사결정은 모두 자신이 할 것이고, 중요한 것은 모두 조직위원장 결재를 득하겠다고 했다. 행사일은 다가오는데 많은 일들의 의사결정이 되지 않아 행사 준비팀과 행사 대행사는 가슴이 타들어갔다. 나는 행사 10일을 남겨두고 행사 대행사를 방문하여 두 시간의 회의를 통해 미결사항 수십 건을 단독으로 결정하고 조속히 진행할 것을 당부했다. 그렇지 않으면 행사를 치를 수 없다는 판단에서 혼날 것을 각오하고 내린 결정이었다.

행사 전날 종합점검을 하면서 지급품, 펜 접시, 노트, 명찰, 명패 등에 대해서 사무국장으로부터 "누가 맘대로 결정한 거야?"라는 호통을 들었다. "시일이 촉박하여 제가 결정했습니다"라고 했더니 "왜 네 맘대로 결정해?"라는 질책이 돌아왔다. 그러나 이미 돌이킬 수 없는 일이었다. 내 맘대로 결정한 것은 권한을 남용하고 싶어서도, 과시하고 싶어서도 아니라, 성공적인 행사 진행을 위해 **의사결정은 제때 해야 한다는 절박함 때문이었다.**

12) 막걸리가 이번 행사의 건배주라며?

오찬이나 만찬에서는 건배를 통하여 행사 분위기를 띄우고, 참석자들 간에 우정을 다지게 한다. 2011년 초 연구개발 성과 발표회 마지막 행사인 만찬에서 건배주를 어떤 것으로 할 것인가 결정하는 데 많은 고민이 되었다. 사장님과 그룹사 대표들이 참석하는 자리인데 의미 없이 아무거나 고를 수는 없었다. 행사를 주관하는 연구원장도 많은 걱정을 했다. 우리들이 고민하고 시음하여 정한 것은 막걸리였다. 참석자들의 "막걸리가 이번 행사의 건배주라며?"라는 의문은 사회자의 "최근의 막걸리 열풍과 행사 장소를 최우선 고려하여 선정했다."라는 미리 준비한 멘트로 궁금증이 풀리도록 했다.

와인이나 고급 전통주는 취향도 다르고 가격이 매우 비쌌다. 당시 우리나라는 막걸리가 선풍적인 인기몰이를 하고 있었다. 많은 방송과 언론매체에서 막걸리의 효능에 대해 기사를 내보내고, 지역마다 막걸리 제조판매가 허용되었다. 전국의 수많은 막걸리 브랜드 중에서 우리는 행사 장소가 대전임을 감안하여 건배주 후보를 대전, 충남에서 제조판매되는 막걸리로 한정하고 대상 후보를 물색했다. 나름대로 명성 있는 막걸리 5종을 구입하여 원장님과 행사 준비팀원들이 함께 시음하고 토론하여 두 개의 막걸리를 선정했다. 하나는 대전에서 제조판매되는 '원막걸리', 또 다른 하나는 충남 공주에서 제조판매되는 '알밤막걸리'였다.

서민적이고 어찌 보면 초라한 건배주였지만, 참석자들은 사회자로부터 건배주 선정 사유를 설명 듣고 모두가 만족해했다.

13) 왜 하필 초청연사가 이분인가?

최근 들어 인문학에 대한 관심이 고조되고 있다. 특히 공학 분야에 종사하는 사람들에게 인문학 소양은 더욱 중시되고 있다. 그리고 행사 프로그램이 공식 행사만으로 구성되면 너무 단조롭고 준비에 비해 너무 간단히 행사로 마칠 수 있기 때문에, 행사 중간에 외부 전문가 특강을 포함하는 경우가 많다.

2011년 연구개발 성과 발표회에서도 메인 행사 말미에 인문학 특강시간을 마련했다. 고민거리는 강사로 누구를 초대하는가 하는 것이었다. 참석자는 CEO, 중간간부, 연구원, 행정직원 등으로 직위, 직책, 연령, 분야 등에서 다양했기 때문에 누구에게 맞출 것인가가 고민이었다. 우리는 우선 창의, 열정 등 연구원에게 필요한 자질, 조직 운영에서 리더십, 시대적 관심사, 강사의 명성 등을 고려하여 10여 명의 후보를 물색한 후 최종 한 명을 결정하고 섭외에 들어갔다. 그리고 강사에게 연구원들에게 필요한 역량과 연구성과에 대해 강의를 해달라는 요청을 했다. 60여 분의 강의는 〈대왕세종의 리더십〉으로, 창의와 열정을 중시하며 수많은 발명과 과학적 토대를 만든 세종대왕에 대한 이야기와, 신하들을 다루는 세종대왕의 리더십에 대한 이야기였다. 2년 전 방송 드라마로 엄청난 인기를 끌었던 〈대왕세종〉을 연상케 하고, 드라마 원작자가 직접 들려주는 이야기였다. 그랬기에 모든 참석자들로 하여금 공감을 갖게 하기에 충분했다.

초청강사는 조직원들에게 필요한 자질이 무엇이고, 경영자는 조직원들에게 어떤 것을 지원해주어야 하는지를 느끼게 했다.

14) 이런 감사패도 있어요?

엄동설한에 행사를 준비하고 진행하는 데는 많은 어려움이 있다. 특히 연말 연초에는 연말결산, 업무보고 등으로 모든 부서가 분주하기 때문에 여러 부서원의 협조를 받는 데 어려움이 있다. 행사일은 연중에서 가장 춥다는 1월 20일이었고, 동절기 전력수급 불안으로 난방기 작동도 제한된 상태에서, 모자와 장갑을 끼고 늦은 시간까지 일을 했다. 행사를 주관하고 발주한 우리들은 어쩔 수 없다 해도, 행사를 맡은 행사 대행사(PCO) 직원들까지 열악한 환경에서 많은 고생을 했다. 다행히 발주자와 행사 대행사 간 협업이 잘되어 성공적인 행사를 만들어냈다. 행사 준비를 총괄했던 나로서는 행사 대행사에 대한 고마움을 잊을 수가 없었기에 뭔가 보상을 해주고 싶었다. 그러나 특별히 해줄 수 있는 것이 없었다. 회사에 건의하여 공식적인 감사패라도 제공하고 싶었으나 제도와 절차상 쉽지가 않았다.

나는 행사 종료 며칠 후에 행사 준비팀과 행사 대행사 직원들과의 뒤풀이 저녁식사 자리를 마련했다. 나는 그 자리에서 미리 준비해간 종이에 적은 감사패를 읽어주었다. 비록 회사대표명으로 주지 못하고 행사 준비팀장명, 그것도 비공식적으로 백지에 인쇄한 종이 한 장이었기에 미안한 생각이 들었지만, 행사 대행사 대표와 직원들은 많은 감동을 받은 눈치였다. 형식보다 진정성이 중요하다는 것을 새삼 느끼게 하는 자리가 되었다. **감사의 표현은 무엇보다 진정성**이다.

15) 동영상 콘셉트 잡기가 너무 어려워!

동영상은 행사 성격과 참가자 수준을 최우선적으로 고려해야 한다. 그러나 가장 어려운 것은 많은 책임자들이 동영상을 통해 많은 정보를 전달하고자 한다는 것이다. 이번 행사는 세계 원자력 계 대표들로 전력회사, 핵연료 제조회사, 핵물질 취급 및 운송사, 우라늄 광산 회사, 원자력 관련 국제기구 대표, 학계 대표, 연구계 대표 등으로 국적, 전공, 사업 분야 등이 다양했다. 그러기에 동영상 콘셉트를 잡는 데 어려움이 많았다. 핵안보정상회의 연계행사이니 일본 후쿠시마 원전사고 현상과 미국 911테러 장면을 넣자는 의견, 우리나라 원자력 발전사를 중심으로 만들자는 의견, 많은 정보를 제공하기 위해 10분 정도는 되어야 한다는 의견 등 참으로 다양한 의견이 나왔는데, 각자 의견이 달랐다. 동영상 콘셉트를 결정해야 업체에게 동영상 시나리오 작성과 필요 자료를 준비토록 할 텐데, 서로 의견이 너무나 분분했다.

동영상 제작을 책임진 나는 아무래도 외부 전문가의 도움을 받는 것이 낫겠다고 결정하고 동영상 제작 자문위원회를 구성했다. 자문위원에는 방송국 직원, 홍보기관 전문가, 대학 교수, 행사 대행 전문가를 참여시켰다. 자문위원회 결과로 우리는 동영상 콘셉트를 결정할 수 있었다. 그 결과 구성은 한국 문화와 한국 산업의 우수성 홍보에 30%를 할애하고, 행사

의미를 20%, 그리고 나머지는 한국 원자력의 역사와 미래를 다루기로 하였다. 영상 분위기는, 부정적인 이미지는 간결하고 다중 형태의 화면으로 구성하며, 영상 톤은 밝고 긍정적으로 처리하기로 하였으며, 자막은 짧고 시각적인 효과를 강조하기로 했다. 동영상 길이는 참가자들의 집중도를 고려하여 4~5분 정도로 결정했다.

사실 나는 많은 고민과 사례를 통해 동영상 제작 방향과 콘셉트를 나름대로 정해놓고 있었지만, 구성원들과 상사의 설득이 어려웠다. 그래서 나는 구성된 자문위원들에게 내가 설정한 콘셉트를 미리 설명해주었고, 그들도 나의 의견에 공감한다고 했다. 그렇게 하여 자문위원회에서 자연스럽게 제안되고 확정할 수 있었다.

문제를 내부에서만 풀기보다는 객관적으로 접근할 수 있는 외부 전문가를 활용하면 훨씬 효과적이다.

16) 왜 귀빈 소개를 뒤죽박죽으로 해!

공식 행사를 시작하기 전에 사회자가 참석한 귀빈을 소개한다. 소개 시에는 화면에 간단한 직책과 경력에 대해 띄워주기도 하는데, 일반적으로는 사회자가 소개하면 해당 귀빈이 자리에서 일어서서 목례를 하는 형식을 갖는다. 이때 소개하는 순서에 대해서도 주요 귀빈들은 매우 민감하게 반응하곤 한다.

야외 행사장에서 20여 명의 참석 귀빈을 소개하는 시간이었다. 20명의 귀빈들은 모두 맨 앞 테이블에 앉아 있기 때문에 사회자의 요청에 따라 단상 앞으로 정렬하도록 사전에 요청한 상태였다. 그런데 이미 서열은 정해졌는데, 누구부터 소개할 것인가가 고민이었다. 왜냐면 사회자가 귀빈을 소개할 때 카메라가 소개되는 귀빈의 얼굴을 비추는 것이 좋다는 생각 때문이었다. 나는 사회자에게 귀빈 소개 시나리오를 주고 시나리오대로 소개할 것을 주문했다. 그런데 시나리오를 점검하는 윗분은 "왜 귀빈 소개를 뒤죽박죽으로 해? 순서대로 해야지, 왔다 갔다 하면 되나?"라고 말씀하시면서 순서를 바꾸라고 했다. 나는 그분께 "귀빈 소개 시 화면에 소개되는 귀빈의 얼굴이 비춰질 겁니다. 단상 앞에 서는 자리를 서열대로 하지만, 소개는 카메라맨이 귀빈의 모습을 잡기 쉽게 홀수를 먼저 소개하고 나중에 짝수를 소개하려는 것입니다." 하고 말씀드렸다. 그제야 윗분은 이해한다고 했다.

소개 시 귀빈 입석 위치																			
20	18	16	14	12	10	8	6	4	2	1	3	5	7	9	11	13	15	17	19

소개 순서 (좌측 → 우측)	
(좌) 1 → 2 → 4 → 6 → 8 → 10 → 12 → 14 → 16 → 20	(우) 3 → 5 → 7 → 9 → 11 → 13 → 15 → 17 → 19

카메라맨은 사회자의 소개 순서에 따라 중앙에서 좌측으로 소개되는 인사를 얼굴을 비추고, 좌측이 다 끝나면 다시 중앙에서 우측으로 소개되는 인사의 얼굴을 비춰야 한다. 사회자는 카메라맨의 움직임을 살피면서 소개 속도를 조절해야 한다. **행사 진행은 귀빈 못지않게 진행자와 일반 참석자의 입장도 고려해야 한다.**

17) 사장님께 기념품 품목 승인을 받으라고, 그러면 안 사고 만다.

대부분의 행사에는 작건 크건 기념품을 준비한다. 행사를 기념하는 의미도 있지만, 참석자들에 대한 배려이다. 그러나 행사 준비팀에서 기념품을 선정하는 것은 결코 쉬운 일이 아니다. 기념품에 대한 참석자들의 기호도 각각 다르고 행사 성격과도 연계시켜야 하기 때문이다.

오래전 큰 행사의 행사 준비팀장을 맡아 행사 세부 준비사항을 보고하는 자리가 있었다. 보고 과정에서 행사 주관장께서, 사장님이 기념품에 관심이 많으니 그냥 구매하지 말고 신경 써서 5개 정도의 기념품 후보를 만든 다음 갖고 오라고 했다. 기념품은 기껏해야 3만 원 내외의 물품으로, 말 그대로 행사를 기념하고 참석자들이 빈손으로 돌아가지 않도록 하는 작은 선물인데, 너무하다는 생각이 들었다. 기념품 선정을 사장님께 요청하려면 몇 단계를 거쳐 검토와 보고를 해야 하기 때문에, 노력에 비해 효과가 작은 일이라 생각했다. 그래서 나는 행사 주관장께 "그러시면 저는 준비할 일이 너무 많아 기념품 구매를 하지 않겠습니다. 이번 행사에는 기념품을 지급하지 말든가 다른 직원에게 기념품 구매업무를 맡기면 좋겠습니다."라고 했다. 행사 주관장은 내 주장이 워낙 강한 데다, 행사 준비팀은 해야 할 다른 일이 많다는 것을 알고는 다른 팀장에게 기념품 구매 업무를 맡겼다.

행사 후 들은 이야기지만, 기념품을 맡은 팀장은 기념품 구매로 엄청 고생했다고 했다.

10개의 후보를 행사 기관장께 보고하여 5개 후보로 압축하고, 이를 본부장께 보고하면 또 다른 의견을 제시하길 수차례였고, 사장님께 보고할 최종 후보를 선정하여 사장님 보고를 하려니 보고 일정을 맞추기도 너무 어려웠다는 것이다. 본사에 계시다 하여 올라가면 다른 곳으로 출장 가셨다고 하고, 그곳으로 찾아가면 여건상 만날 수도 없는 등, 사장님의 최종 결심을 받는 데까지 피 말리는 전투를 했다는 이야기를 듣고 미안하기도 하고 괜히 씁쓸하기도 했다.

의사결정권자가 스스로 결정하지 않고 자꾸 결재권을 윗분에게 전가하는 이유는 자신의 일을 윗분께 어필하고 싶거나 잘못된 의사결정에 대한 책임회피를 하고 싶은 마음 때문이다. **복잡한 여러 단계의 의사결정은 완벽한 행사 준비의 장애물일 뿐이다.**

18) 사장님께서 피곤하니 행사 시간을 30분 단축하라!

우리 원장은 사장님에 대한 배려가 남다르다. 어찌 보면 참으로 존경스러운 일이기도 하지만, 내가 겪은 일은 지나친 배려 욕심이 아니었을까 한다. 이번 행사는 메인 행사(기념식), 전시장 관람, 현판식, 기념식수, 그리고 귀빈과 모든 직원들이 참석하는 만찬을 겸한 한마음 축제가 오전부터 밤까지 이어지는 장시간에 걸친 제법 큰 행사였다.

메인 행사가 막 시작될 무렵, 휴대폰을 받으니 행사 주관장이었다. "어, 이 팀장, 사장님께서 날씨도 덥고 새벽부터 강행군하셔서 많이 피곤하시니, 한마음 축제 시간을 30분 단축해. 그리고 사장님께서 2시간은 너무 지루하실 거고 빨리 서울로 올라가셔야 해."라고 하셨다. 나는 너무도 어리둥절하여 "그건 안 됩니다. 이제 와서 단축은 불가합니다."라고 했다. 그러자 "이 친구, 시키면 그렇게 해야지 못 한다는 게 말이 되나?" 한다. "처장님, 저 행사 준비로 너무 바쁘니까 이만 전화 끊겠습니다." 하고 전화를 끊었다. 조금 지나서 다시 전화를 하셨다. "이 팀장, 행사 시간 단축하라는데 알겠다고 하지 않고 전화를 끊으면 되나? 무조건 30분 줄여. 정 안 되면 20분만이라도 줄이게." "처장님, 처장님은 행사를 망치고 싶으세요, 아니면 성공하고 싶으세요?" "당연히 성공해야지 그걸 말이라고 해?" "그러면 제게 맡겨주세요. 사장님께서 전혀 지루하지 않고 흥이 나도록 준비했습니다." 이렇게 행사 주관장과 옥신각신 끝에 나는 "정 그러시면 10분 정도는 단축해 보겠습니다." 하고 하고 대화를 마무리했다.

행사는 미리 준비된 시나리오가 있고, 시나리오에 맞춰 음악, 조명, 퍼포먼스 등이 준비되고, 합창단과 연주자들이 오래도록 준비한 것을 이제 와서 일부 뺀다면, 그들이 많은 실망을 할 뿐만 아니라 참석자들에 대한 예의도 아니라고 생각했다.

한마음 축제는 초청된 귀빈들은 물론 참석한 직원들 모두에게 정말 즐겁고 유쾌한 행사로 마무리되었다. 더욱 다행스러운 일은 행사 주관장께서 그토록 걱정하신 사장님은 너무도 만족해하셨고, 사장님께서 즉석으로 제안한 여러 귀빈들의 건배사, 그리고 모두가 함께한 춤과 합창으로 축제시간은 오히려 계획한 시간보다 30분이나 늦게 끝이 났다. 행사를 모두 마치고 행사 주관장께서 내게 "정말 수고했다. 그리고 고맙다."고 하셨다. 나는 건방진 행동과 고집에 대한 죄송함과 넓은 양해를 구했다.

당시 상황이나 최고위자의 생각을 고려하기보다, 오로지 자신만의 잣대로 판단하고 행동하면 더 큰 문제를 만든다.

제2부

행사 이해

1. 행사란?

2. 행사의 종류

3. 행사에서 주최와 주관의 의미

4. 의전이란?

5. 행사의 구성

6. 행사이 성공요인

1. 행사란?

　우리말 사전은 행사를 '일정한 계획에 의해 어떤 일을 진행하는 것. 또는 그 일'이라고 정의하고, 한자 사전은 '계획과 일정에 따라 많은 사람이 모이거나 참여하여 치르는 국가, 단체, 집안 등의 특별하거나 중요거나 이목을 끄는 일'이라고 정의하고 있다. 하지만 모두가 자기에게 맡겨진 행사를 성공적으로 이끌기 위해서는 '행사라는 것이 과연 어떤 것인가? 혹은 어떤 일인가?' 하는 행사의 본질을 살펴볼 필요가 있다. 행사는 '뜻을 같이하는 다수의 사람들이 한자리에 모여 특정한 목적이나 이익을 위하여 함께 이루어지는 일이라고 할 수 있다. 행사는 특정한 목적을 가지고 일정한 형식과 규칙에 따라 집단으로 이루어지는 일련의 과정으로서, 특정한 목적의식이 있어야 한다. 즉 '누구를 위해', '무엇 때문에'라는 명확한 목적을 정하지 않으면 행사는 그 의의를 상실한 채 일과적인 모임으로 끝날 수 있다.

　행사는 집단의 구성원이 경험하지 못했던 사항을 알려줌으로써 단결력을 보여주고 활성화시키며, 협력정신과 연대감을 강화하여 조직 내 갈등을 해소시켜줄 수 있다. 행사를 통해 경제적 이익도 추구하고, 국가 또는 기업의 신용도도 높이고, 발전된 모습을 널리 알려 또 하나의 새로운 도약을 외부로부터 담보받을 수 있게도 한다. 세계의 선진국과 일류 기업들이 대규모 국제 행사를 앞다투어 유치하려는 이유도 여기에 있다. 이와 같이 행사는 행사 주체 또는 참석자들의 이익을 위하여 시행된다.

2. 행사의 종류

행사를 그 성질별로 나누면 의식 행사, 공연 행사, 전시 행사, 체육 행사, 각종 연회, 각종 회의 및 기타 행사로 구분할 수 있다. 의식 행사는 특별히 경사스러운 일을 경축하거나 특정한 날을 기념하는 행사로, 특별한 의식과 절차를 갖추어 그 의의를 드높인다. 의식 행사는 의전 절차가 중시되며, 모든 행사의 기본이 된다. 공연 행사는 주로 문화·예술 행사가 대부분이다. 이 행사는 특정 구성원이나 일반 대중을 대상으로 공연물을 연출하는 행사로서 음악회, 영화제, 연극제, 무용발표회, 각종 쇼프로그램 등이 있다. 전시 행사는 역사적 기록물, 예술작품, 자연물산 및 공업생산물, 연구 성과물 등의 전시와 같이, 과거의 발자취는 물론 현재의 정신적 창조 활동의 결과 및 물질적 생산 활동의 결과물들과 미래에 예상되는 인류생활의 모습 등을 보여주는 행사이다. 전람회, 박람회, 품평회, 각종 전시회 등이 이에 해당된다.

각종 연회 행사로는 식사를 함께 하는 조찬, 오찬, 만찬 행사가 있고, 간단한 음료와 다과를 들면서 환담에 중점을 두는 리셉션(연회)이 있다. 리셉션은 의식 행사의 후반부에 본 행사의 부대 행사로 행하는 것이 보통이다. 각종 회의에는 발표회, 토론회, 심포지엄, 포럼, 세미나 등과 정책·학술 회의와 분야 대표자 회의와 같은 의식 행사로서의 회의가 있고, 그 외 기관 내부 또는 외부와의 업무 협조를 위한 단순한 회의 등이 있다.

3. 행사에서 주최와 주관의 의미

　일반적으로 행사에서는 주최, 주관, 후원이라는 표현을 사용한다. 행사 주최 기관이란 '행사를 주장 또는 주가 되어 여는 기관'을 뜻하며, 행사 주관 기관이란 '행사를 책임지고 관리하는 기관'을 말한다. 따라서 주관보다 주최가 더 포괄적이며 상위 개념이다. 주최 기관은 행사의 기본 계획 수립 등 골격에 관한 일을 하며, 주관 기관은 행사를 직접 진행하는 일을 맡는다. 주최 기관은 상급 기관, 정부 기관 또는 행사를 의뢰한 기관이 되며, 주관 기관은 하급 기관, 공공단체 또는 민간 기관 등 행사를 의뢰받은 기관이 된다. 사내 행사의 경우 주최는 본사 부서, 주관은 사업소가 될 수 있다. 후원 기관은 행사의 목적이나 취지를 특별히 지지하거나 행사 경비나 인력 등 행사에 필요한 인적·물적 자원과 서비스를 지원하는 기관이다.

예) 원전 안전 결의대회 (2011. 8. 30)

○ 주최: 산업통상자원부
○ 주관: 한국수력원자력(주)
○ 후원: 한국전력공사, 한국원자력연구원, KEPCO E&C, 두산중공업

---

4. 의전이란?

의전을 사전적 의미로 보면 '예(禮)를 갖추어 베푸는 각종 행사 등에서 행해지는 예법'으로서, 이는 곧 '사람과 사람과의 관계를 평안, 평화스럽게 하는 기준과 절차'라고 할 수 있다. 오늘날의 의전은 사회적 규범으로서 예(禮)가 제도화된 것이며, 국가 사회의 통합과 정체성을 고양하는 중요한 역할을 하고 있다. 그러나 이런 기준과 절차는 항시 고정되어 변하지 않는 것이 아니라, 때와 장소에 따라 달라진다. 전통적으로 우리나라에서 사회적 질서를 유지하는 데 형벌보다는 예(禮)가 훨씬 더 중요시되어 왔다. 예를 사회적 규범으로서 일상생활 속에서 개인 간의 관계에 적용할 때에는 예절이라 하고, 일정한 틀을 갖춘 조직이나 단체에서부터 국가 또는 국가 간 등 공식적 관계에 적용할 때에는 의전이라 할 수 있다.

의전의 목적은 인간의 고유한 행동양식을 의도적으로 제한하는 것이 아니라, 상호관계를 맺고 있는 상대방이나 집단을 잘 이해할 수 있도록 안내하고 배려하는 데 있다. 즉 의전의 밑바탕에는 일반적인 상식과 상대방에 대한 배려가 바탕으로 자리 잡고 있다.

의전의 5가지 기본 원칙(5R)

① 의전은 상대방에 대한 존중(Respect)
② 의전은 상호주의가 원칙(Reciprocity)
③ 의전은 문화를 반영(Reflecting Culture)
④ 의전은 서열(Rank)
⑤ 오른쪽이 상석(Right)

일반적으로 의전 행사는 의전과 행사가 합쳐진 말로서, 일반적으로 행사라고 할 때는 그 범위가 매우 넓지만, 의전 행사라고 할 때는 의전적 요소나 절차가 주가 되는 행사로 그 범위를 한정할 수 있다. 의전 행사란 정부의 각급 행정기관과 지방자치단체가 공식적인 업무 수행과 관련하여 거행하는 각종 의식을 말한다. 이 가운데 3·1절, 광복절 등 국경일 경축 행사, 국장(國葬), 국민장(國民葬) 등은 국가 차원의 가장 중요한 의전 행사이며, 이밖에도 각종 법정기념일 행사를 비롯하여 전시회, 포상식, 학술 회의·대회, 기공식, 준공식 등 의전 행사는 매우 다양하고 많다.

의전이 반드시 행사를 통해서 나타나는 것만은 아니다. 국가에 대한 예절과 국민의례, 국가원수에 대한 예절, 국내 주요 인사에 대한 서열과 호칭, 외교사절의 파견과 같은 외교관계 등도 의전의 일부에 속한다. 국제교류가 활발해짐에 따라 정부 투자기관, 민간단체, 기업체 등에서도 정부 기관 못지않게 의전의 중요성이 강조되고, 국제적 규범을 따른 세련미가 돋보이는 의전 행사의 횟수가 빈번해진다. 또한 그 범위도 확장되는가 하면, 격식 또한 중시되고 있다.

5. 행사의 구성

　행사는 중요성, 규모, 참가자 등에 따라 세부 행사 구성범위가 달라진다. 행사는 크게 사전 행사, 공식 행사(본 행사), 연계 행사, 부대 행사, 사후 행사로 구분할 수 있다. 사전 행사는 본 행사의 성공 기원, 홍보, 분위기 조성(Boom-up), 사전 점검 등을 위해 본 행사 개최 전에 이루어지는 행사이다. 예를 들면 전문가 좌담회, 자문위원회, 성공 기원 음악회, 사전 워크숍, 자원봉사자 발대식, 행사 슬로건 공모 및 시상식, 선수단 출정식 등이 있다. 연계 행사는 공식 행사 개최와 연계하여 함께 개최하는 것으로, G-20 서밋 연계한 재무장관회의, 핵안보정상회의 연계 원자력 인더스트리서밋과 핵 안보 심포지엄 등과 같이 본 행사보다 하위 레벨로 비슷한 시기에 개최되는 행사를 말한다.

　연계 행사 참석자는 주로 공식 행사 참석자와 다르게 구성된다. 부대 행사는 공식 행사에 참가자를 위한 부속 행사로 환영 리셉션, 환영 만찬, 전시회, 산업체 견학, 문화체험, 기념·축하 공연, 동반자 프로그램 등이 있다. 부대 행사는 주로 공식 행사 참가자와 그 배우자가 함께 하기도 한다. 사후 행사는 행사 성공을 자축하는 행사로 성과 발표회, 행사 유공자 포상식 등이 있을 수 있다.

　공식 행사는 주로 국민의례, 경과보고, 유공자 포상, 연설(개회사, 기념사, 축사 등), 주요성과 발표, 폐회 등 1부 식순에 이어, 행사 성격에 따라 전시장 투어, 제막식, 발파식, 기념식수, 직원과의 간담회, 전문가 특강, 오찬·만찬, 공연 등의 2부 행사로 이어지는 경우가 많다. 행사 준비 측면에서는 행사 일정과 장소, 행사 프로그램, 초청자 및 참가자, 홍보, 인쇄·제작물, 공연, 식음료, 행사장 구축, 기념품, 시나리오, 진행요원, 좌석 배치, 수송 및 숙박, 의전 및 영접 등의 업무가 있다.

6. 행사의 성공요인

　성공적인 행사를 치르기 위해서는 행사 기본 방향과 원칙의 설정, 그리고 성공요인에 대한 이해가 매우 중요하다. 기본 방향과 원칙은 행사 개최의 목적과 목표에 대한 이정표를 만드는 것이다. 기본 방향은 행사 목적을 구체화하고, 일정과 장소, 주요 콘텐츠, 참가 범위, 소요 예산 등에 대한 기본 계획을 정하는 것이라 할 수 있다. 원칙은 행사를 준비하는 과정에서 지켜야할 사항들을 기술하고 공유하는 것으로, 행사의 주된 성공요인, 행사 비전, 기획과 실행 기준을 설정하는 것이다.

<2011 KEPCO R&D 성과 발표회> 시 행사 원칙 예
① 연구원들이 행사의 주인이 되도록 행사 기획
② 행사를 연구원들의 축제 한마당으로 승화
③ 행사 준비 및 지원 업무에 대한 연구원들의 동원 최소화
④ 부담 없이 행사에 동참할 수 있는 분위기 조성
⑤ 모든 연구원들에게 동일한 혜택 제공(기념품, 식사 등)

　행사 준비 전담부서는 설정된 행사 원칙을 잘 이행할 때 비로소 행사의 성공을 이룰 수 있다. 따라서 원칙에 대해 구성원 모두가 공유하고 관련부서에 전달하여, 원칙 이행에 대한 확실한 신념과 이행 의지를 가져야 한다. 원칙에 반하는 요구나 지시에 대해 분명한 대응과 주기적으로 원칙에 대한 점검도 필요하며, 행사 준비요원들도 성공적인 행사 개최를 위해서는 무엇보다 원칙 준수가 필수라는 생각을 해야 한다.

　성공적인 행사를 위한 성공요인은 ① 행사에 대한 명확한 콘셉트 ② 행사팀장의 리더십 ③ 창의성과 전문성 ④ 참석자 배려 ⑤ 주관사와 행사 대행사의 화합과 신뢰 ⑥ 치밀한 점검 등이라 할 수 있다. 명확한 콘셉트는 분명하고 충실한 기본 계획 수립과 행사 배경, 목적 및 행사 방향에 대한 명확한 설정, 그리고 기본 계획에 충실하고 행사 목적에 부합하는 세부 구성내용 편성 등을 의미한다.

행사팀장의 리더십은 행사의 성공을 위해 매우 중요하다. 따라서 성공적인 행사 준비와 진행을 위해서 행사팀장은 행사 철학과 경험을 보유한 자로 선임하고, 최고 경영자, 중간 관리자, 팀원들과 원활한 소통을 이루어야 하며, 행사의 성격을 명확히 이해하고 다수의 의견을 청취하되 확실한 소신을 가져야 한다. 행사팀장은 행사 대행사와 함께 하는 팀원들을 배려하는 리더십이 요구된다. 선례를 답습하여 의례적으로 진행하는 행사는 참가자들에게 좋은 이미지를 줄 수가 없다. 행사 전반 또는 세부항목에 대해 참신하고 공감할 수 있는 새로움을 창조하고, 한두 개 정도는 모방하지 않은 획기적이고 놀라운 이벤트를 발굴할 필요가 있다. 이런 창의성을 위해 행사 대행사의 전문성을 활용하거나 외부 전문가의 의견을 청취하는 것도 중요하다.

참가자들은 행사의 주인공이고, 그들의 만족 여부가 행사의 성공 여부를 가름한다고 해도 과언이 아니다. 그럼에도 불구하고 많은 조직에서 일반 참가자들보다는 조직장이나 가장 영향력 있는 분에 모든 초점을 맞추려는 경향이 있다. 외부는 물론 내부 참석자들에 대한 세심한 배려가 필요하고, 내부 직원들의 경우 능동적이고 보람을 느낄 수 있는 참여가 되도록 유도하는 전략이 필요하다. 또한 행사 주관사와 행사 대행사의 신뢰관계는 매우 중요하다. 성공적인 행사 준비와 진행을 위해서는 행사 전반에 대한 공감과 소통을 이루고 상호 신뢰와 협조 체제를 구축해야 한다. 주관사의 임의적 결정과 잦은 변경은 자제하고, 대행사의 의견에 충분히 귀 기울이고 토의하여 결정하는 것이 좋다. 일방적인 관계보다는 상호 배우고 지원한다는 파트너십을 유지하는 것이 바람직하다.

일반적인 행사 주관사의 현실
① 행사의 성공에 대해서 이야기하지만 성공하는 방법을 모른다.
② 무조건 시키면 된다고 생각한다.
③ 방향성과 일관성보다는 높은 사람의 생각과 눈높이에 맞추려 한다.
④ 행사 전담인력은 과시욕이 강한 사람이거나 무엇을 해야 하는지 모르고 끌려온 사람으로 채워지기 쉽다.
⑤ 무지함을 인정하지 않고 전문가 의견에 귀 기울이지 않는다.
⑥ 1만 원 주고 2만 원, 3만 원어치의 일을 시키려 한다.
⑦ 잘못되면 자신의 과오를 생각지 않고 남 탓을 한다.
⑧ 대행사, 관계인, 봉사자에 대한 배려가 부족하다.

마지막으로, 치밀한 점검표 작성과 치밀하고 주기적인 점검이 중요하다. 큰 행사의 경우 복잡하고 어려운 것이 산재하여 준비할 것이 매우 많다. 한 가지라도 놓치지 않기 위해서는 명확하고 세부적인 체크리스트를 작성하고 주기적으로 점검해야 한다. 점검은 자체 점검은 물론 합동 점검과 전문가 점검도 필요하다. 또한 리허설 계획을 수립하여 실전과 같은 리허설을 반복 시행하는 것은 깔끔한 행사를 만들어준다.

제3부

행사 기획

1. 행사의 구상과 기획

2. 행사 전담조직 구성 및 운영

3. 시행 계획

4. 항목별 세부 계획

1. 행사의 구상과 기획

① 기본 방향 설정

행사 기획에서 행사의 성격이나 규모 등 기본 방향을 명확하게 설정하는 일은 가장 중요하다. 행사의 기본 방향은 행사 본연의 의의를 높일 수 있도록 뚜렷한 목표를 설정한 후, 그에 따라 먼저 행사의 규모와 일시, 장소, 초청인사, 진행 절차, 예산, 전담조직 구성 등을 고려하여 기본적인 사항을 수립한다. 규모가 큰 행사에서는 본 행사와 관련된 식전 및 식후행사를 포함하며, 경우에 따라 다과회, 기념식수, 현장시찰, 초청강연 등의 부대 행사를 연계하여 개최하는 것을 고려한다.

기본 방향 설정항목 예
○ 행사를 통해 달성하고자 하는 목적
○ 행사의 주빈, 행사 규모, 행사 추진 방향 설정
○ 개최 일시, 장소, 초청 범위, 진행절차 등 기본 사항 검토
○ 소요예산, 외적 변수(날씨 등)에 대한 대비책 수립
○ 다과회, 기념식수, 전시회, 현장시찰 등 부대 행사 연계 검토

② 공식 명칭과 성격 규정

행사의 구상과 기획 단계에서 행사 명칭은 아주 중요한 요소 중 하나다. 행사 명칭은 행사의 성격과 목적, 관련분야를 잘 나타나게 할 수 있도록 정한다. 또한 행사 명칭은 행사를 준비하는 과정에서 초청장, 홍보물 등 각종 인쇄물과 행사 용품에 기재되는 것이므로, 처음부터 신중한 검토를 거쳐서 미리 확정한다. 특정한 목적을 위하여 갑자기 이루어지는 행사나 비정기적인 행사 때, 행사 명칭의 확정이 늦어져 애를 먹는 일이 종종 있다. 행사 명칭이 확정되지 않으면 행사를 준비하는 실무 담당자들은 구체적·실질적인 작업을 할 수가 없다. 예를 들면 초청장, 비표, 홍보물의 도안 등의 작업을 할 수 없기 때문이다. 비정기적인 행사의 명칭은 행사 기본 계획 수립단계에서 몇 개의 대안을 만들어 결정한다.

행사 명칭 결정 예

○ 이전 행사 명칭: 2010 핵안보 컨퍼런스(Nuclear Security Conference 2010)
○ 기본 계획 시 명칭: 2012 원자력 산업계회의(Nuclear Industry Conference 2012)
○ 명칭변경 대안
  - 1안: 원자력 인더스트리서밋
  - 2안: 원자력 산업계회의
  - 3안: 세계원자력 산업계CEO회의
  - 4안: 세계원자력 산업계최고경영자회의
  - 5안: 원자력 산업계서밋
○ 최종 명칭: 2012 서울 원자력인더스트리서밋(Seoul Nuclear Industry Summit 2012)

③ 기본 방향의 구체화

행사 기본 계획 수립 시에는 행사의 목적과 성격을 확실히 해야 한다. 행사를 왜 하는지, 행사 개최의 취지는 무엇인지, 행사를 함으로써 파급되는 효과는 무엇인지 밝혀야 한다. 행사의 목적과 성격을 분명히 함으로써 불필요한 행사를 의례적으로 한다는 인식을 불식시킬 수 있고, 각계의 관심과 협조를 이끌어낼 수 있으며, 홍보 효과도 높일 수 있다. 이때 행사 목적과 관련된 분야의 현황 또는 문제 사항을 분석하여 필요성을 도출하고 행사의 유래 등을 부각시키면, 행사의 의의와 효과를 높일 수 있다.

기본 계획 수립 시 착안 사항
○ 행사 규모: 행사의 성격, 목적, 참석 주빈 및 예산확보 고려
○ 행사 일자: 지정된 일자가 아니면 가급적 공휴일은 피하되, 행사 성격, 날씨, 참석 편의성 등 고려
○ 행사 장소: 옥내 또는 옥외 여부, 수용 가능 인원, 단상 구조, 참석 주빈, 휴게실, 주차장 수용능력 등 감안
○ 참석 주빈: 행사 성격, 규모 등에 따라 대통령, 국무총리, 장관, 사장 등 주요 인사 초청(해당 비서실과 사전협의)
○ 초청 규모: 행사장의 수용 규모와 불참률 감안하여 적정선에서 초청장 발송, 행사의 성격과 관련 있는 인사를 우선 초청
○ 편의조치: 초청인사의 행사장 이동 및 참석에 따른 수송, 음료 제공, 옥외의 경우 간이 화장실 등 각종 편의조치
○ 예비 계획: 옥외 행사의 경우 악천우, 폭염, 폭설 등을 고려한 예비 행사 공간 확보 및 대비책 강구
○ 부대 행사: 본 행사 이외에 다과회(리셉션), 축하공연, 기념식수, 현장시찰, 전시회, 발파식, 시승식, 테이프 절단 등
○ 소요예산: 행사장 확보, 시설물 설치, 초청장 발송, 유인물 제작, 식음료 등 행사 예산 확보 대책

④ 개최 일시

국경일, 법정기념일과 같이 법령으로 정해져 있거나 관례적으로 시행해오고 있는 경우 그 해당일자에 개최하는 것이 원칙이다. 다만 그날이 공휴일인 경우, 행사의 성격이나 중요성 등을 감안하여 전날 또는 다음날에 시행하기도 한다. 각종 대회, 기·준공식 등 일자의 변경이 가능한 행사의 개최 일시 결정에는 최상위 주빈의 일정을 고려하는 것이 좋다. 당해 기관의 비서실과 사전협의를 거쳐 참석 가능 여부를 타진하고, 일정을 감안하여 일시를 조정해야 한다. 얼음 축제, 산천어 축제 등과 같은 계절 행사를 제외하고는 혹서기와 혹한기를 가능한 한 피하는 것이 좋다.

행사의 시작 시간은 하루의 일과를 상쾌한 마음으로 시작하는 오전 10시에 하는 것이 일반적이나, 행사 준비와 외부 인사의 참석 소요시간을 고려하여 오전 11시나 오후 2시에 시행하는 것도 좋다.

⑤ 장소

행사 의미를 높이기 위해서는 좀 먼 거리에 위치하여 준비에 다소 어려움이 따르더라도 행사와 직접 연관이 있는 장소를 선정하는 것이 좋다. 예를 들면 한국수력원자력㈜ 본사 사옥 기공식의 경우, 경주 본사 사옥 부지에서, 충무공 탄신 기념행사의 경우 충남 아산의 현충사에서 개최한다. 연관이 있는 장소가 여러 곳일 경우에는 그 가운데 한 곳을 선정하고, 행사와 특별히 연관 있는 장소가 없을 경우에는 원칙적으로 자체 보유시설(회의실, 강당, 체육관 등)을 이용하며, 자체시설이 없는 경우에는 교통이 편리한 위치에 있는 공공시설이나 행사 전문시설을 활용할 수 있도록 선정한다.

행사장 선정 시 실무 책임자가 현지를 답사하여 위치의 구조, 수용 가능 인원, 입·퇴장로, 단상 구조, 주빈 입·퇴장로, 내부시설 상태(의자, 화장실, 음향시설, 휴게실 등), 주차장 확보 등을 면밀히 검토하고, 2개소 이상의 예비 장소를 선정한 후, 상호 장단점을 비교하여 최종 선정한다. 행사가 옥외에서 이루어질 경우 우천, 무더위, 폭설, 태풍 등의 날씨 변동에 특히 유의해야 한다. 또한 참석자의 연령분포, 이동거리, 남녀비율, 장애인 동반 등도 장소를 선정하는 데 추가로 고려해야할 사항이다.

⑥ 초청 범위

초청 인사는 행사장의 수용 규모와 행사와의 관련 정도에 따라 결정한다. 일반적으로 초청을 받더라도 참석하지 못하는 사례가 있을 수 있으므로, 불참률 등을 감안하여 적정선의 초청 범위에서 결정한다. 초청 범위를 정할 때는 가급적 행사와 관련 정도가 높은 분야의 종사자와 해당분야의 미래지향적 측면에서 상호 협조가 필요한 분야의 인사를 우선적으로 초청한다.

- 무역의 날 기념행사: 경제인
- 과학기술의 날 기념행사: 과학기술 분야 종사자, 과학도, 연구원 등
- 학술대회: 해당분야 지식인, 연구원 등

⑦ 단상 인사

단상 인사자는 행사의 중요성과 상징성 등을 감안하여 가급적 행사와 관련이 있는 공식적 지위에 있는 인사와 직능단체 대표 등을 우선적으로 선정한다. 지방에서 거행하는 경우에는 당해 지역의 대표성이 있는 인사를 포함하는 것이 좋다. 주관하는 기관의 장보다 고위직 인사를 행사 주빈으로 초청하고자 하는 경우에는 고위직이 단상 인사를 하는 것이 좋으며, 고위직의 참석과 단상 인사는 사전협의를 거쳐 진행해야 한다. 이 경우 해당 인사가 참석 여부를 결정하는 데 필요한 자료(행사의 의의, 개요, 역할 등)를 작성하여 미리 비서실과 협의해야 하며, 옥외 행사의 경우에는 주요 인사들을 단상에 배치하지 않고 단하의 가장 앞 열에 일반 참석자들과 나란히 배치하는 것이 좋다.

⑧ 행사 예산 편성

행사 규모에 따라 소요예산은 수백만 원에서 수천억 원까지 요구된다. 행사 예산은 수익과 비용으로 구분하여 편성한다. 비용 항목에는 일반적으로 행사장 임차비, 식·음료비, 행사장 조성비, 기자재 임차비, 인쇄·제작물, 영상물 제작비, 초청경비, 산업시찰 및 문화 탐방비, 전시장 구축비, 홍보비, 회의 및 운영비, 행사 대행사 위탁비(인건비, 경비, 일반 관리비, 이윤 등) 등으로 구성된다. 수익 항목은 일반적으로 행사 주관사가 전액 부담하는 경우가 많으나, 행사 성격에 따라 협력사 분담금, 특별 후원금, 입장료, 광고수익, 참가자 등록비, 전시부스 분양비, 기타 수익으로 구분할 수 있다.

행사 예산 편성 예

Ⅰ. 수익

1. 주관사 부담금
2. 협력사(공동 주최사) 분담금
3. 특별 후원금
4. 전시 부스 분양비
5. 참가자 등록비
6. 기타 수익

Ⅱ. 비용

1. 행사장 임차: 주 행사장, 연회장, 회의장, 준비 사무국, VIP 접견실, 기자 대기실, 전시장 등

2. 식음료: 조찬, 오찬, 만찬, 커피·음료, 간식 등

3. 행사장 조성: 무대, 설치물, 현수막, 안내판 등

4. 기자재 임차: 음향, 통역 용품, 영상, 조명설비, 비상 발전기, 노트북, 인터넷 분배기, 무전기, 복사기, 발표자·사회자 보조 장비 등

5. 인쇄·제작물: 초청장, 로고·엠블럼 디자인, 명찰·명패, 팸플릿, 프로그램 북, Press kit, 현수막, 안내판, 식사 메뉴판, 공연 리플릿 등

6. 영상물 제작: 홍보 동영상, 다큐 제작 제작비

7. 초청경비: 항공료, 숙박비, 영접·영송비, 초청료 등

8. 산업시찰·유적지 탐방: 교통비, 통역·가이드비, 입장료, 식비, 비상약 등

9. 홍보비: 일간지·전문지 광고, 홈페이지 제작, 기자 간담회비 등

10. 행사 인력 인건비: 동시통역, 사회자, 현장 진행요원 등

11. 회의, 운영비: 준비회의, 자문비, 사무국 운영비 등

12. 전시장 구축: 전시 부스 설치, 전시 부스 디자인, 전시물 제작 등

13. 위탁기관·행사 대행사 집행 직접비용

14. 행사 대행사 이윤 및 일반 관리비
    - 행사장 임차료와 사무국 운영비 제외한 금액 기준
    - 보통 3~10% 이윤, 3~10% 일반 관리비 계상

2. 행사 전담조직 구성 및 운영

　치밀한 행사 기획, 행사 준비와 성공적인 행사 진행을 위해서는 행사를 전담하는 조직을 구성하는 것이 바람직하다. 전담조직은 행사의 중요성, 행사 규모, 참석 주빈에 따라 조직 위상, 조직 위치, 조직 규모를 결정하고, 조직의 구성과 활동 시기는 행사의 중요성과 규모에 따라 행사 개최 수년 전부터 수개월 전이 될 수도 있다. 행사 조직은 규모가 큰 행사의 경우 크게 조직위원회, 실무(집행)위원회, 준비 사무국, 자문위원회, 워킹그룹, 행사 대행사, 협력기관 등으로 구분할 수 있다.

　조직위원회는 행사의 방향과 목적을 설정하고 행사의 중요사항을 의결하는 최상위 비상근 전담조직으로, 필요한 시기에 위원장이 소집한다. 조직위원회 위원장은 통상적으로 행사를 총괄하는 기관장이나 주무부처 장관, 국무총리 등이 선임되나, 필요시 외부 전문가를 선임할 수 있다. 원활한 행사의 진행과 성공을 위해 다수인을 공동 조직위원장으로 선임하기도 한다. 실무(집행)위원회는 행사에 대한 세부 준비사항 점검과 실행하는 조직으로 비상근형태로 운영하되 정기적으로 모여 준비 사무국 업무점검과 지원, 세부사항의 의결, 조직위원회 의결사항 사전검토 및 조직위원회 위임사항 수행 등의 역할을 갖는다. 일반적으로 실무(집행)위원회는 조직위원회 참석 기관의 책임자로 구성한다.

　준비 사무국은 행사 전반에 대한 모든 사항을 전담하여 준비하고 개최하는 조직으로, 별도의 공간에서 상근 형태로 근무한다. 준비 사무국은 행사 대행사, 워킹그룹, 자문위원회 등과 함께 실질적으로 행사 준비를 책임지고 이행하는 조직이다.

준비 사무국장의 선임 조건과 리더십
○ 행사에 대한 철학과 행사의 성공 경험
○ 본 행사의 성격을 명확히 이해
○ 조직위원회, 실무위원회, 협력기관, 사무국 내 직원들과 소통 능력
○ 다수의 의견을 청취하되 확실한 소신
○ 행사 대행사와 사무국 동료들에 대한 배려
○ 방향성과 일관성 그리고 책임감
○ 자신을 부각하기보다는 모두가 만족하는 성공 행사에 대한 신념

자문위원회는 행사 전반에 대해 조언과 감수를 통해 행사의 성공적 준비와 진행을 지원하는 조직으로, 분야별 전문가들로 구성한다. 자문위원회의 지나친 권한 행사를 견제하면서 특별한 일이 없는 명예직보다는 특정한 역할을 부여하는 것이 좋다. 조직위원회, 실무위원회, 준비 사무국의 중요 의사결정을 도와주는 역할이 필요하며, 자문위원 개인별로 특정 주제에 대한 의견을 청취하는 것도 바람직하다. 워킹그룹은 행사의 내용중 특정 주제에 대해 현황을 분석하고 대안을 만들거나 공동 합의문을 도출하는 역할을 한다.

행사 준비 사무국에서 모든 업무를 수행하는 데는 전문성과 업무량을 고려할 때 한계가 있다. 이를 극복하고 성공적인 행사 진행을 하기 위해 행사 대행사를 선정하여 많은 부분을 위임한다. 행사 대행사는 행사장 구축, 전시장 설치, 참가자 숙박 및 수송, 행사 등록, 각종 인쇄 및 제작물, 홈페이지 운영 등 행사 전반에 대한 지원업무를 수행한다. 성공적인 행사를 위해서는 행사 대행사의 능력과 경험이 매우 중요하며, 준비 사무국과의 원만한 소통과 협조 체계가 필요하다.

2012 서울 원자력 인더스트리 서밋 전담조직

○ **조직위원회**

- 위원장: 한국수력원자력(주) 사장

- 고문: 정근모(한전 고문) 등 4인

- 위원: 원자력통제기술원, 한국원자력연구원, 원자력환경공단, KEPCO, KEPCO E&C, 한전원자력연료, 한전 KPS, 두산중공업, 현대중공업, 효성, 현대건설, 대우건설, 삼성물산, GS건설, 대림산업 SK건설 등 대표 또는 대리인

- 간사: 한국수력원자력(주) 기술기획처장

○ **실무위원회**

- 위원장: 한국수력원자력(주) 기술기획처장

- 위원: 원자력 산업회의, 원전수출협회, 원자력통제기술원, 원자력연구원, 원자력환경공단, KEPCO, KEPCO E&C, 한전원자력연료, 한전 KPS, 두산중공업, 현대중공업, 효성, 현대 건설, 대우건설, 삼성물산, GS건설, 대림산업 SK건설 등 실무 책임자

- 간사: 준비 사무국장

○ **준비 사무국**

- 설치: 한국수력원자력(주) 기술기획처

- 사무국장: 1직급(원자력)

- 하부조직: 프로그램 파트(9명), 행사 파트(8명)

- 운영 기간: 2011. 10. 4 ~ 2012. 4. 13

2010 서울 G-20 비즈니스 서밋 전담조직

○ **조직위원회**

- 위원장: 지식경제부장관, 전국경제인연합회 회장, 대한상공회의소 회장 공동 위원장

- 위원: 한국무역협회 부회장, 중소기업중앙회 부회장, 은행연합회 부회장, KIET 원장, G20기조단장, 외교부통상교섭조정관

○ **집행위원회**

- 위원장: 한국무역협회 부회장

- 위원: 사무국장, 대한상공회의소/한국무역협회/은행연합회, G20 준비위원회, 지식경제부 국장, 외교통상부 국장 등

○ **사무국**

- 국장: 전국경제인연합회 임원

- 하부조직: 기획 총괄팀, 회의 운영팀, 홍보팀

○ **협력기관**

- 지식 파트너: 매킨지

- 해외 자문단: 세계경제포럼

- 사무국장: 재외공관, 주한 외국공관, 외국기업 한국지사

○ **재능 기부자**: 의전·행사, 식음료, 디자인, 기록 및 영상물

3. 시행 계획

　　행사 주관 기관(부서)에서 행사에 대한 구상과 기본 계획을 수립했다면, 행사 시행 계획 또는 상세 준비 계획은 준비 사무국에서 행사 전반에 대한 이해와 역할을 파악한 다음 작성한다. 시행 계획에는 행사 개요는 물론 모든 준비사항에 대한 세부적인 내용과 절차를 담아야 한다. 준비 사무국은 시행 계획 또는 준비 계획에 따라 행사를 준비하고 개최하게 된다. 시행 계획에는 일반적으로 행사 목적, 행사 개요, 행사 주요일정, 주요 준비항목·추진 계획, 상세 소요예산, 부서별·기관별 분장업무 등이 포함된다. 시행 계획의 예시는 〈부록 1-1〉을 참고하면 된다.

2012 서울 원자력 인더스트리 서밋 워킹그룹 운영 사례

○ **워킹그룹 1: 고농축 우라늄 사용 저감**

- 구성: 9개국 10개 기관 전문가

- 논의 의제:
  · 고농축 우라늄 사용 저감을 위한 국제적 노력 평가
  · 고농축 우라늄 사용 저감에 필요한 도전과제 논의
  · 도전과제 해결을 위한 산업계, 정부 및 국제 공동의 대응방안

○ **워킹그룹 2: 원자력 민간 정보 보안**

- 구성: 8개국 10개 기관 전문가

- 논의 의제:
  · 산업계에서의 원자력 민감 정보 보안을 위한 국제적 노력 평가
  · 민간 정보 보안 및 관리와 관련한 취약점 및 도전과제
  · 취약점 및 도전과제 극복을 위한 공동 대응방안
  · 민감 기술보안 및 관리 관련 공통 현안에 대한 공감대 형성과 발전 방향 모색

○ **워킹그룹 3: 후쿠시마 이후 핵 안보와 원자력 안전의 연계**

---

4. 항목별 세부 계획

　항목별 세부 계획은 시행 계획의 준비항목별로 분야별 담당자가 보다 구체적이고 상세한 계획을 수립, 점검 및 이행하기 위해 필요하다. 세부 계획 수립 항목은 예를 들면, 초청 대상자 선정 계획, 홈페이지 구축 및 운영 방안, 동영상 제작 방안, 의전 및 영접 계획, 숙박 및 수송 계획, 산업체 견학 및 문화탐방 계획, 홍보 방안, 워킹그룹 운영 방안, 행사 슬로건 및 캐츠프레이즈 선정 방안, 자원봉사자 선정 및 운영 방안, 배우자 프로그램 운영 방안 등이 있다. 세부 계획의 수립은 의사결정, 구성원 간 공유, 치밀한 행사 준비 등을 목적으로 하고 있다.

　세부 계획이 수립되면 〈부록 1-12〉와 같이 행사 준비 항목과 부문별 주요 준비 일정을 작성하고, 관리해야 한다.

제4부

행사 준비

---

1. 기본 인프라 구축

2. 프로그램

3. 회의

4. 행사 장소 선정 및 일시 결정

5. 행사 관리

6. 행사 참가자 초청 및 편의 제공

7. 영접 및 의전

8. 홍보

9. 연설문 작성

10. 인쇄 및 제작물

11. 진행요원

12. 행사장 구축

13. 축하 공연

14. 행사 준비현황 보고 및 시나리오

15. 행사용품 준비

1. 기본 인프라 구축

① 내부 인프라

행사의 원활한 준비와 성공적 개최를 위해서는 행사 전담인력과 협조인력의 확보가 무엇보다 중요하다. 선임된 준비 사무국장의 행사 전반에 대한 이해를 통해 인력의 규모, 전문성, 외부 인프라 활용 가능성 등을 종합하여 사무국에서 같이 일할 인력을 확보해야 한다. 전담인력은 행사의 준비일정과 일정별 인력 투입량을 고려하여 순차적으로 인력을 확보하는 것이 좋다. 다음으로는 전담인력이 행사 준비에 전념할 수 있도록 적절한 업무 공간을 확보하는 것이다. 업무 공간은 최대 상근인력(협력사, 행사 대행사 파견인력 포함)과 비연속 비정규직 인력의 근무 공간, 회의 공간, 창고, 준비실 등을 고려하여 가능한 한 충분히 확보하는 것이 좋다. 준비 기간이 1년 이상 소요되는 대형 행사의 경우, 근무 공간을 단계별로 확보하는 것도 검토해야 한다.

근무자들의 효율적인 업무를 위하여 책상, 의자, 회의 테이블, 전화, 인터넷, 회의 시스템(빔 프로젝트, 화상회의 시스템, 다자간 전화회의 시스템, 화이트보드 등), 커피·음료 세트, 프린터, 복사기, 복사용지, 각종 문구류 등 업무 환경이 조성되어야 한다. 행사 규모에 따라 예산 계획이 수립될 것이다. 이때 준비 사무국 운영 경비도 행사 규모, 상근인력, 근무 기간, 준비 업무량 등을 고려하여 부족함이 없도록 확보해야 한다. 준비 사무국 운영비에는 인건비, 전화·인터넷 통신비, 출장비, 회의비, 외부 자문비, 사무용품비, 홈페이지 구축·운영비, 우편·전기·수도료, 번역료, 사무실 임대료, 야식대 등이 포함되어야 한다.

○ 행사 전담조직(준비위원회, 준비 사무국 등)과 **전담인력**

○ 업무 및 회의 공간: 사무실, 회의실, 창고, 준비실 등

○ 업무용 설비: 책상, 의자, 전화, 인터넷, 회의 시스템, 프린터, 복사기, 문구류 등

○ 협력 조직: 행사 준비와 실행을 위한 기관 내 지원부서로 총무, 기획, 예산, 계약, 시설, 홍보 등의 부서

○ 집행 예산: 인건비, 출장비, 사무실 운영비, 번역료, 우편통신료 등

② 외부 인프라

성공적인 행사를 위해서는 전문성이 있는 외부 자원을 충분히 활용하는 것이 예산 활용과 업무 효율 측면에서 좋다. 외부 인프라는 행사 대행사(PCO), 홍보대행사, 자문기구, 자원봉사자, 관련 관청 등이 포함된다.

행사의 규모와 중요도에 따라 내부 인력으로 모든 것을 수행할 것인지, 아니면 외부의 행사 대행사를 활용할 것인지 결정해야 한다. 국내에는 행사 기획 및 대행 전문사인 PCO가 활성화되어 있다. 고품격의 행사를 성공적으로 만들기 위해서는 PCO의 협조를 받는 것이 좋다. PCO는 세부 행사 계획 수립, 행사장 및 회의장 운영, 식음료, 전시장 구축, 부대 행사 추진, 각종 홍보물과 인쇄물 기획 및 제작 등에서 전문적인 큰 도움을 줄 것이다.

행사 개최가 국가, 산업, 관련부문 등에서 경제적, 정치적, 사회적 파급효과가 크거나 관계자들에게 공유하는 것이 사업을 운영하는 데 필요하다면, 행사의 개최 목적, 준비 과정, 행사 참여, 행사 진행, 행사 결과 전반에 대해 적절히 알리는 것이 필요하다. '2018 평창 동계올림픽', '2012 서울 핵안보정상회의', '2010 서울 G-20 정상회의', '화천 산천어 축제', '금산 인삼 축제' 등과 같은 대형 행사는 개최일 오래 전부터 적극적으로 홍보하는 것이 행사에 대한 관심과 참여를 유도하여 성공적인 행사를 치를 수 있게 해준다. 홍보 분야도 전문성이 요구되는 분야이기 때문에 기관의 홍보 조직과 인력으로 부족하다고 판단될 경우에는 외부의 홍보 대행사를 적극적으로 활용하는 것이 훨씬 효과적이고 경제적이다.

행사를 기획하고 준비하는 데 내부 인력만으로 내실 있고 성공적인 행사를 만드는 데는

한계가 있다. 따라서 관련기관 전문가, 해당 분야 교수, 관련 공무원, 유사 행사 유경험자 등으로 외부 자문위원회 등 자문기구를 만들어 운영하는 것이 좋다. 자문위원회는 행사 주제 발굴, 세부 콘텐츠 구상, 워킹그룹 운영, 전시기획, 동영상 기획, 홍보 방향, 행사 참석 범위 등에 대해 객관적이고 전문적인 시각으로 조언을 공식적으로 얻을 수 있는 창구이다. 이를 위해서 주관사는 자문위원들에게 행사 개최 목적과 주요 내용이 무엇인지를 잘 전달해야 하며, 자문위원들의 목소리에 귀를 기울여야 한다. 자칫 주관사가 결정한 사항을 그냥 통보하고 인준 받는 형태를 취한다면, 자문기구 운영 목적에 반함은 물론 외부인들의 객관적인 시각을 간과하는 결과를 초래하고, 주관사와 자문위원 간에 불신을 만든다.

대형 행사를 준비하고 진행하는 데는 많은 인력이 필요하다. 필요 인력을 내부 인력으로 채우는 데는 인력 운영상, 업무 효율상 애로사항이 많다. 그렇다고 노임을 주고 일을 맡기면 비용 측면 외에도 적극성과 열정 측면 등에서 부작용이 있을 수 있다. 이를 해결하기 위한 가장 실효적인 대안이 자원봉사자이다. 자원봉사자는 중요한 행사에 스스로 자원한 사람이기 때문에 국가와 사회에 기여한다는 자부심이 크고, 자신의 전공, 취미, 특기를 살려 새로운 경험을 얻는 기회를 가질 수 있다. 자원봉사 영역은 행사의 성격에 따라 여러 분야가 있을 수 있다. 통역, 차량봉사, 의료지원, 호텔 및 공항 영접과 안내, 사진 촬영, 주차안내, 시내관광 지원 등이 대표적이다. 자원봉사자 활용은 주관사, 행사 참가자, 자원봉사자 모두에게 도움이 된다.

또 하나의 활용 가능한 외부 인프라는 경찰서, 소방서, 지방자치단체, 한국관광공사 등의 관공서를 들 수 있다. 국제적인 대형 행사는 외국인을 포함하여 많은 사람들이 참석한다. 따라서 관공서의 협조도 매우 중요한 항목이다. ① 치안, 교통 및 질서유지를 위한 경찰 ② 환자 발생 또는 안전사고 등 위급사항 발생 시 필요한 소방대원 ③ 행사장 임대 및 구축, 공용시설 활용 지원을 위한 시청, 구청 등 지방자치단체 ④ 외국인 등의 지역 방문자들의 관광을 위한 한국관광공사 등 관공서도 중요한 외부 인프라이다. 사전준비 시 활용방안 검토 등을 반영하는 것이 중요하다.

그 외에도 행사를 원만하고 흥미롭게 하는 전문 사회자와 진행자, 공연 예술가, 홍보대사 등도 고려사항이며, 만일을 대비하여 인근의 협력 병원을 지정하고, 필요 시 활용이 가능하도록 협조를 요청하는 것이 좋다.

행사 준비 시 활용 가능한 외부 인프라
○ 업무 대행사: 행사 기획사(PCO), 홍보 기획사 등
○ 자문기구: 조직위원회, 자문위원회, 위킹그룹 등
○ 봉사단체: 자원봉사자, 홍보대사, 지역주민
○ 관련 관청: 경찰서, 소방서, 시청, 구청, 군청, 주민 센터 등
○ 병원: 협력병원, 보건소
○ 촉진기구: 진행자, 사회자, 공연 예술가(유무상 섭외)

③ 명칭 등

행사를 보다 명확히 하고 이해 관계자들이 쉽게 이해하기 위해서 행사 성격과 목적에 맞는 명칭 설정은 매우 중요하다. 명칭은 일반적으로 행사 내용(또는 목적), 개최 지역, 개최 연도가 나타나는 것이 좋다. '2018 평창 동계올림픽', '2012 서울 핵안보정상회의', '2017 화천 산천어 축제' 등이 그 좋은 예이다. 일반적으로 개최 연도, 개최 장소, 행사 내용 순으로 명칭을 만든다. 그러나 특정 단체 행사의 경우 '2017년도 원자력 산업계 신년하례회', '2017년도 시무식'과 같이 장소를 사용하지 않는 경우도 있다.

행사 명칭이 정해지면 행사 준비 사무국에서는 엠블럼(Emblem), 홈페이지 도메인(주소), 조직위원회 또는 사무국 대표 이메일을 만들어 행사를 홍보하고 관계인들의 창구가 되도록 한다. 엠블럼은 학교, 스포츠 클럽, 특정 단체 등을 상징하는 문장(紋章) 또는 문양(文樣)을 말한다. 엠블럼은 메이커의 상징이 되고 큰 가치를 지니므로, 많은 기관에서 큰 비중을 두고 디자인하고 있다.

④ 홈페이지

행사를 위하여 홈페이지 구축이 필요할 경우, 홈페이지 도메인 주소를 등록 기관에 신청하여 승인을 받아야 한다. 도메인은 가능한 한 행사 명칭이나 내용이 나타나도록 하는 것이 좋다. 또한 사무국 직원들이 공동으로 열람하고 회신할 수 있도록 공식 이메일 주소도 만들어, 자유로운 의사전달이 공식적으로 될 수 있도록 한다.

공식 명칭 등
○ 공식 명칭: 2012 서울 원자력 인더스트리 서밋(영문: 2012 Seoul Nuclear Industry Summit) ○ 홈페이지 도메인: www.seoulnis.org ○ 조직위원회 대표 이메일: seoulnis@khnp.co.kr 　　* 이메일 보안, 회사 간접홍보 효과 고려 ○ 엠블럼: 　　* 핵안보정상회의와 연계성을 고려한 핵안보정상회의 엠블럼 활용

일정 규모 이상 행사의 경우 행사 안내, 행사 홍보, 주관 기관과 참여자 간의 소통을 위해 홈페이지를 만들어 운영한다. 홈페이지는 행사의 성격, 규모, 외국인 참여 여부, 활용 범위(게시, 양방향 서비스, 예약 기능, 플래시 기능 등), 화면의 품질 등급에 따라 설계한다. 홈페이지는 전문 기관에 위탁하여 개발하고 운영하는 것이 좋다. 물론 주관 기관의 정보통신 부서에서 책임감을 갖고 이를 도와주면 문제가 없다. 그러나 그렇지 못할 경우, 홈페이지가 적기에 오픈되지 않고 운영이 원활하지 않게 되고, 그러면 행사에서 큰 흠집으로 남을 수 있기 때문이다. 잘 만들어진 홈페이지는 행사를 홍보하고 참여를 유도하는 데 큰 도움이 된다. 따라서 홈페이지 활용 목적과 범위를 명확히 하고, 화면 디자인의 수준을 고려하여 개발 운영사를 물색하여 거기에 걸맞은 비용을 지불해야 원하는 품질의 홈페이지를 얻을 수 있을 것이다. 홈페이지 설계 방향, 콘텐츠, 활용 범위, 주 방문자 등을 주관사와 홈페이지 개발사가 개발 준비 단계부터 심도 있게 논의하고, 개발 단계 중간중간에도 사용자 입장 (User Friendly)에서 검토하고 도출 의견을 반영해야 한다. 홈페이지 개발과 운영에는 요구 수준에 따라 작게는 수백만 원부터 크게는 수억 원까지 비용이 든다.

<2012 서울 원자력 인더스트리 서밋 홈페이지 메뉴 구성>

NIS	프로그램	숙박/교통	자료실	Contact Us
인사말씀	행사	숙박 안내	공지사항	준비 사무국
행사 소개	워킹그룹	교통 안내	관련 뉴스	
조직위원회	국제 자문단		일반 자료실	
행사상안내	견학		행사 사진	

2. 프로그램

프로그램 기획은 행사의 목적을 이루기 위한 시간적 틀과 방향을 제시한다는 측면에서 매우 중요하다. 기록을 유지하고 참가자들이 필요로 하는 것이 무엇인지 알기 위해 항상 노력한다면, 미래의 행사 기획에 도움이 될 것이다. 행사 프로그램은 아주 단순할 수도 있고, 동시다발적으로 세션 진행과 각종 사교 행사, 연회, 동반자 행사 등이 진행되는 복잡한 프로그램일 수도 있다.

행사는 사전 행사, 공식 행사, 부대(부수) 행사 또는 연계 행사, 사후 행사 등으로 구분할 수 있다. 행사 성격, 규모 등에 따라 공식 행사만 진행할 수 있고, 부대 행사나 연계 행사를 추가할 수 있다.

① 사전 행사

본 행사에 앞서 개최되는 모든 행사를 사전 행사라고 할 수 있다. 올림픽, 월드컵, 세계 정상회의 등과 같이 비중이 큰 행사의 경우 개최 일자와 개최 장소가 확정되면 수년간에 걸쳐 준비를 하게 된다. 행사를 위한 인프라 구축과 행사 개최를 많은 이들에게 미리 알리고, 행사 분위기를 조성하기 위해 조직위원회와 준비위원회는 다양한 행사를 기획하고 개최한다.

사전 행사는 행사 1년 전(D-12월), 행사 전 100일(D-100일), 행사 전야제 등과 같이 개최 시기도 다양하다. 행사 장소도 행사 홍보를 위해 여러 대도시에서 동시적, 순차적 또는 다발적으로 열리기도 하고, 행사 장소 현지에서 열리기도 한다. 사전 행사 방식은 ① 방송용 다큐멘터리 제작, 방영 ② D-100 기념 열린 음악회 ③ D-30 사전 워크숍 ④ 참가자 환영 리셉선 ⑤ 행사 기념 엽서전 ⑥ 행사 경축 전야 불꽃 축제 ⑦ 행사 관련 전문가 토론회 또는 좌담회 등과 같이 다양하다. 어떤 경우에는 사전 행사가 일반적인 행사보다 훨씬 큰 규모로 개최되기도 한다.

2012 서울 원자력 인더스트리 서밋 사전 행사

○ KBS 특별 방송

- 다큐 1편(D-12): 후쿠시마 그 후 1년
- 다큐 2편(D-7): 공존! 원자력과 인간
- 다큐멘터리 3일(D-5): 발전소 직원들의 생활

○ D-100일 사전 워크숍

- 목적: 주요 의제에 대한 이해도 제고 및 사전 공감대 형성
- 일시/장소: 2011. 12. 15.(목) 10:00~16:30/인터콘티넨탈호텔
- 참석자: 총 100여 명
  · 해외: 워킹그룹 구성원 및 관련 전문가
  · 국내: 정부(기획단), 자문위원, 조직위원 및 실무위원 등

---

② 공식 행사

공식 행사는 행사 개최의 주목적이 되는 행사로서 기념식, 기공식, 준공식, 이·취임식, 신년회, 컨퍼런스, 국제 협약식 등과 같이 다양하게 치러진다. 여기서 프로그램이란 행사 주요 내용, 즉 콘텐츠라 할 수 있다. 프로그램은 행사 목적과 목표를 달성하기 위해 충실하게 구성해야 한다. 연례적인 반복 행사라는 진부함에서 벗어나기 위해서 창의적이고 다채로운 작은 프로그램을 추가하는 것도 행사를 보다 윤택하게 만드는 방법이다. 그러나 이런 프로그램을 행사의 중요성에 비해 너무 초라하거나 너무 비대하고 복잡하게 하면, 행사의 완성도에 오히려 저해가 될 수 있다. 기념식과 같은 의례적인 행사도 기본 틀을 유지하면서, 당시의 상황을 고려하여 연주, 동영상 상영, 명사초청 특강 등을 가미하는 것을 권고한다.

일반적 프로그램은

1. 기념식이나 경축식의 경우 ① 개식 ② 국기에 대한 경례(맹세 포함) ③ 애국가 제창 ④

묵념 ⑤ 경과 보고 ⑥ 식사(행사 주관 기관의 장) ⑦ 유공자 포상(필요 시) ⑧ 치사, 기념사, 축사(일반적으로 행사 주빈) ⑨ 식가 합창 ⑩ 폐식 순으로 진행한다.

2. 준공식의 경우 ① 개회사(주관사 대표) ② 경과 보고(공사 주관 부서장) ③ 감사패·공로패 증정(발주 기관장→유공자) ④ 내빈 축사(정치인, 지방자치단체장 등) ⑤ 축하 공연 ⑥ 폐회 ⑦ 다과회 등으로 진행한다.

3. 개원식의 경우 ① 국민의례 ② 내빈 소개 ③ 경과 보고 ④ 개회사(CEO) ⑤ 격려사(상급 기관) ⑥ 축사(유관 기관) ⑦ 개원 선포(CEO) ⑧ 연구원 비전 선포 및 다짐(연구원장) ⑨ 현판 식 ⑩ 기념식수 ⑪ 연구시설 관람 ⑫ 다과회 또는 오찬이나 만찬 순으로 진행한다.

③ 부대 행사(부수 행사) 및 연계 행사

본 행사를 더욱 빛나게 하기 위해 부대 행사를 설계하거나 특정한 목적 달성을 위해 연계 행사를 기획하고 실행한다. 부대 행사에는 현장 시찰, 산업체 견학, 다과회(리셉션), 기념식수, 현판식(현판제막), 기념탑 제막, 테이프 절단, 시삽, 배우자 프로그램, 만찬 또는 연회, 공연, 음악회 등이 있다.

1) 현장 시찰

현장 시찰은 참석 기관 내 주요 인사 또는 참석 귀빈들에게 행사 주관사가 보유한 제작 공장, 건설 현장, 상품 매장 등을 보여주는 것이다. 외빈에게는 주관사의 역할을 이해하고 홍보하는 데 의미가 있으며, 내빈에게는 경영진의 현장 감각을 돕고 직원들의 노고를 격려 하는 계기가 된다. 현장 시찰은 장시간의 도보이용을 피하기 위해서 시설물의 주요 부분으로 한정하는 것이 바람직하며, 시찰 코스에 장애물이 있는 곳은 피하도록 한다. 시찰 코스에 안내판 등 표지판을 설치하고, 중요 시설에 대해서는 설명판을 게시하고 해설자를 배치 하여, 간략한 설명과 방문자 질의에 응답토록 한다. 시찰 코스 주변의 각종 안전 시설물의 정비, 근무 직원들의 복장 등에 유의하고, 안전모와 별도의 복장(방호복)이 필요할 때는 시찰 코스 입구에 준비하며, 출구에는 안전화, 안전모 등 착용품을 벗어놓을 탁자나 수거함 등을 준비하도록 한다. 장소에 따라 필요 시 오염 방지를 위한 덧신, 장갑을 비치하고, 안전모 착용 후 머리손질을 위한 빗과 거울도 준비하는 것이 좋다.

2) 산업체 견학

　산업체 견학은 현장 시찰과 달리 주관사 보유시설이 아닌 산업체를 방문하는 것으로, 관련 산업을 보여줌으로써 이해를 돕고 상생협력 문화를 만드는 데 도움을 준다. 산업체 견학은 주로 국제 행사, 학술대회, 컨퍼런스 등에 참석한 다양한 국가, 지방, 기관 참석자들을 위한 배려이다. 예를 들어 제주도에서 국제 학술대회를 할 경우 풍력 단지와 스마트 그리드를 견학시키고, 부산에서 국제 워크숍을 할 경우 부산의 원자력발전소, 울산의 현대자동차, 창원의 두산중공업 등을 견학 코스로 설계하는 것이다. 산업체 견학은 행사 말미에 참석자 선택사항으로 정해지곤 한다. 행사 사무국은 행사와 관련성이 있는 산업체를 물색하고, 해당 업체와 충분한 협의와 동의를 거쳐 시행해야 한다. 산업체 견학 참가자들의 사전 준비사항과 현장에서의 주의사항을 충분히 알려주어, 산업체 견학의 목적을 달성하고 안전사고 등 불미스러운 일을 미리 예방하기 위해서이다. 해당 산업체는 외부인들의 견학을 자사의 홍보 활동으로 활용하여 요청 기관과 협력 기관 모두가 득이 되도록 하는 것이 좋다. 산업체 견학만으로 분위가 딱딱할 수 있다고 생각되면, 참석자들을 고려하여 인근의 문화 유적지를 추가하는 것이 좋다.

3) 다과회(리셉션)

　다과회나 리셉션은 가능한 한 주관사 대표가 직접 주재하여 행사의 의미를 다시 한번 환기시키고, 참석자들에게 고마움을 표현하는 자리로 만들어야 한다. 장소는 건물 내·외곽의 상태, 참석 인원의 수용능력, 냉·난방 및 환기 상태 등을 고려하여 다수 인원의 출입과 준비물의 운반이 용이한 곳으로 하며, 가(假)건물은 가급적 사용하지 않는다. 다과회장의 준비는 대형 행사인 경우 호텔 등 전문 업체에 의뢰하는 것이 좋으며, 음식 테이블·꽃 장식·얼음 장식·옷보관 장소·휴게실 등 실내의 장식물 배치에 세밀한 주의를 기울여야 한다. VIP 참석 때는 입구에서 주빈석까지 붉은 카펫을 깔며, 외국인이 다수 참석하는 경우에는 통역을 준비한다. 다과회장을 위한 별도의 음향 시설을 준비하고, 규모가 큰 연회장인 경우 소규모 실내악단을 배치하여 여흥을 돋울 수 있으면 더욱 좋을 것이다.

4) 기념식수

기념식수는 기공식, 준공식, 창업식 등에 VIP 등 외빈 방문 시 행사와 방문을 기념하고, 행사와 방문자를 오래도록 기억토록 하는 데 의미가 있다.

수종은 무궁화, 느티나무, 은행나무, 기타 우리나라 향토 수종 가운데서 선정하여 사전에 확보한 뒤, 싱싱함이 유지될 수 있도록 관리한다. 기념식수는 참석자가 몇 삽 정도 흙을 퍼넣으면 완전히 심어질 수 있도록 미리 가식(假植)을 해놓되, 참석자의 신발에 흙이 묻지 않도록 잔디와 비닐 매트 등으로 미리 주위를 정돈해놓는다. 삽은 기념식수 장소에 미리 비치해두도록 하며, 다수 인사가 참여하는 경우 삽을 걸어놓을 수 있는 삽 걸이를 준비해야 한다. 기념식수의 표석은 화강석에 새겨 설치하며, 식수가 끝날 때까지 표석을 흰 천이나 흰 종이로 덮어놓아야 한다.

5) 현판식

현판식은 건물의 준공을 기념하거나 이미 완공된 건물에 사용자가 입주하는 것을 기념하기 위하여, 입주하는 기관·단체의 명칭이 적힌 '현판'을 건물 입구에 게시하는 의식이다. 일반적으로 테이프 절단, 기념식수 등과 연계하여 시행한다. 현판식은 새로운 관청의 설치, 공론화위원회 등 한시적 조직 신설, 협회·학회 등의 발족, 종친회 사무실 개소식 등에서도 활용된다. 현판식은 새로 설치되는 조직의 장이 주관하며, 직속 부서장과 관련 부서장이 현판식에 참여한다. 글씨를 상하로 길게 내려쓴 목제 현판은 대부분 건물 외벽(입구의 가운데 기둥이나 밖에서 바라보아 왼쪽 기둥)에 게시하며, 건물의 일부 층(Floor)이나 방(Room)만 빌려 입주하는 경우에는 해당 층(방)의 주 출입구에서 눈에 쉽게 띄는 벽면 기둥에 플라스틱 또는 철제로 만든 사각형의 현판을 게시한다. 다만 현판을 세로로 길게 제작하는 것보다 가로로 제작하는 것이 외관상 좋은 경우에는 건물과 현판의 구도를 고려하여 가로로 제작한다.

<기념식수로 적합한 나무>

수종	상록	고목	관상			식재지		
			꽃	잎	열매	가정	학교	공장
무궁화			•	•		•	•	•
은행나무		•			•		•	•
매화나무			•			•		
해당화			•			•		
단풍나무				•		•	•	
계수나무		•			•		•	•
모과나무		•	•	•		•		
오동나무		•		•	•		•	•
녹나무	•	•			•		•	•
월계수	•	•	•			•	•	•
느티나무		•			•		•	
소나무류	•	•		•		•	•	•
목련류		•	•	•		•	•	•
산다화	•		•			•		
백일홍		•	•			•	•	•
산수유		•	•			•	•	
태산목	•				•	•		•
동백나무	•		•			•	•	
주목		•		•		•	•	•

※ 행사·의전 편람(안전행정부, 2009)

　　현판식에는 해당 입주 기관·단체의 장과 외부의 관련 인사 등이 참여하며, 현판을 향해 바라보아 왼쪽이 상석으로 볼 수 있으나, 현판을 게시하는 동작이나 사진 촬영시의 모습 등을 감안하여, 대개 오른쪽 지점에 상대적으로 서열이 높은 인사가 위치하게 된다. 현판은 미리 제작하여 현장에 비치했다가, 현판식에 참여하는 인사가 도착하면 흰 면장갑을 착용한 후 현판을 게시토록 하며, 이때 별도의 기념 촬영을 할 수 있다. 이외에도 현판이 먼저 게시된 상태에서 흰 천으로 덮어두었다가 천과 연결된 줄을 관련 인사가 끌어당기는 방식으로 진행하는 경우도 있다. 이 경우 행사 전 흰 천이 부분 또는 전부 이탈하는 경우가 있으니 주의해야 한다. 그러나 천이 현판에 밀착하여 줄을 잡아당길 때 천이 찢어지거나 잘 벗겨지지 않는 일이 없도록 설치 시 유의해야 한다.

6) 기념탑(비) 및 기념동상 제막

기념탑(비)는 종전(終戰), 참전(參戰), 독립군 창설 등 어떠한 상황이나 역사적 인물을 기리고 역사적 교훈을 얻을 목적으로 탑, 비석, 동상 등으로 제작하는 것이다. 기념탑(비)와 동상은 전문 업체에 제작을 의뢰하고, 제막 준비도 제작 업체가 하도록 하는 것이 좋다. 참석 인원수에 따라 휘장과 당김 줄을 준비하며, 설계자로 하여금 취지 및 제작 배경에 대해 설명하도록 해야 한다. 기타 제막식 절차나 프로그램은 앞의 현판식을 준용하면 된다.

7) 테이프 절단

테이프 절단은 청사, 발전소, 건물의 준공식이나 개관식과 전시회, 작품 시연회 등의 개막식에 앞서 이를 기념하기 위해 시행한다. 테이프 절단 장소는 건물의 정현관 등 중심이 되는 출입구 앞이나 전시회장, 작품시연회장의 주 출입구 앞에서 하는 것이 일반적이다.

테이프는 5방색(적·청·황·흑·백색)으로 된 천 테이프(인조·견사 등)를 사용하며, 편안한 자세로 자를 수 있는 높이로 양쪽의 놋쇠 봉에 단단히 묶는다. 가위와 흰 장갑은 쟁반에 담아 안내 도우미로 하여금 참석 인사에게 건네도록 한 다음, 정 위치에서 선 것을 확인한 후 사회자가 테이프를 절단하는 의미를 간략하게 설명하고, 이어 '하나, 둘, 셋' 구령에 따라 절단하도록 한다. 이때 가위와 흰 장갑은 참석 인사 중앙에서부터 시작하여 좌·우로 나누어 배부하는 것이 행사 진행상 원활하며, 흰 장갑, 가위 순으로 배부한다. 먼저 흰 장갑을 참석 인사 전원에게 배부한 다음, 다시 중앙으로 와서 가위를 흰 장갑과 같은 방식으로 배부한다. 이때 흰 장갑은 참석 인사가 쉽게 낄 수 있도록 오른쪽 장갑이 위로 올라오게 하여 손목 부분이 보이도록 전달하고, 가위는 손잡이를 앞으로 하여 전달한다. 양쪽 놋쇠 봉 옆에 안내원을 대기시켜, 테이프 절단이 끝나면 즉시 장갑, 가위 등 절단에 사용된 물품을 중앙에서부터 좌·우로 나누어 건네받는다.

테이프 절단 행사에서 사진 촬영을 할 경우, 먼저 장갑을 끼고 가위를 들어 테이프 절단 자세를 취한 후, 사회자 또는 촬영자의 요청에 따라 정면을 응시한 상태로 사진을 찍고, 두 번째는 동시에 테이프를 자른 후 정면을 바라보면서 사진을 찍는다.

8) 시삽

시삽은 보통 대형 공사에 대한 기공식 행사 때 시행하며, 기공식을 마친 후 관계자 10명 내외가 참여하여 첫 삽을 뜨게 하는 행사이다. 시삽의 준비는 곱게 채로 거른 흙(또는 모래) 무더기를 50~80㎝ 높이에 참석 인원이 충분히 삽을 뜰 수 있는 폭으로 쌓아놓고, 삽을 필요 숫자만큼 삽 걸이에 걸어두어, 내빈들이 삽으로 흙을 3~4회씩 떠올릴 수 있도록 준비한다. 흰 장갑을 삽 걸이 또는 인근 탁자에 준비하여 시삽에 참여하는 귀빈들이 착용하도록 하고, 삽자루의 거친 표면으로 손을 다치거나 불편하지 않도록 삽자루에 흰색이나 황금색 천을 감아두는 것이 좋다.

9) 배우자 프로그램

배우자(Spouse) 프로그램은 일반적으로 국제 행사 등에서 참석하는 귀빈이 배우자를 동반할 경우, 당사자가 행사에 참석하는 동안 그 배우자를 위한 배려 프로그램이다. 배우자의 성(性), 연령, 취향, 국적 등을 고려하여, 그들이 관심을 갖고 즐기며 궁극적으로 좋은 인상을 가져가도록 프로그램을 준비하는 것이 좋다. 코스 개발은 물론 투어 차량, 안내자, 사진사 등도 준비한다. 2012 서울 원자력 인더스트리 서밋의 경우 배우자 프로그램은 ① 이영희 한복 체험 ② 북촌 한옥마을 ③ 인사동 ④ N서울타워 등을 준비했다. 배우자가 모두 여성임을 감안하여, 여성 안내자와 통역사가 함께 동행하여 편의를 제공토록 했다.

10) 연계 행사

연계 행사는 부대 행사의 일부로 볼 수도 있지만, 본 행사 못지않게 중요한 행사이다. 예를 들어 G-20 정상회의 개최와 함께 열리는 재무장관회담, 2010 서울 G-20 정상회의와 연계하여 개최한 비즈니스 서밋, 2012 서울 핵안보정상회의와 연계하여 개최한 원자력 인더스트리 서밋 등이다. 이런 연계 행사는 비중이 크기 때문에 이를 본행사로 간주하고, 연계 행사에 대한 별도의 부대 행사를 기획하고 준비해도 된다.

11) 만찬, 연회, 공연, 음악회 등

그 외의 부대 행사로는 환영만찬, 연회, 공연, 음악 등이 있다. 행사의 성격과 참석자들, 그리고 장소와 예산을 고려하여 적합한 부대 행사를 만들면 될 것이다. 부대 행사의 중요성에 따라 주관사가 직접 준비하여 진행하기도 하고, 행사 대행사(PCO)에게 위탁할 수도 있다.

④ 사후 행사

본 행사가 종료된 이후에 행사의 성공을 자축하거나, 관련자의 노고를 위로하고 격려하는 의미로 사후 행사를 개최한다. 올림픽, 월드컵, 전국 체전 등과 같이 스포츠 축제의 경우, 행사 종료 후 선수단 해단식, 선수단 초청 만찬, 대형 음악회 등을 기획하고 진행한다. 본 행사가 종료되면 어느 정도 분위기가 식기 때문에 사후 행사는 행사를 준비했던 사람과 참가자를 대상으로 하는 경우가 많다. 2012년 서울 핵안보정상회의의 경우 본 행사 2일후 일요일에 사후 행사로 'KBS 특별 열린음악회'를 개최했다.

3. 회의

회의도 행사 프로그램 중 하나로 볼 수 있다. 그러나 행사 중에서 가장 많이 개최되기 때문에 별도로 분리했다. 국제 회의 전반에 대해서는 부록에 수록하고, 본문에서는 개략적인 내용만 기술했다.

① 업무 절차

회의는 기획 단계-유치 단계-준비 단계-실행 단계-사후 단계의 과정을 거치게 된다. 기획 단계에서는 사무국 구성 및 스텝 배치, 회의 개최 계획서 작성, 세부추진 계획서 작성, 소요 예산 편성, 회의 주요 프로그램 결정, 예상 참가자 데이터 관리, 회의장 및 숙박지 선정, 초청연사 섭외 및 연제 구상 등의 업무를 수행하게 된다.

준비 단계에서는 포스터 및 1차 안내서 제작·발송, 각 분과별 업무 매뉴얼 작성, 회의 일정 및 세부 프로그램 구성, 초청연사 및 연제 확정, 회의 2차 안내서 제작·발송, 후원기관 및 서비스 업체 선정, 각종 사교 행사 장소 선정 및 여흥 프로그램 기획, 사전등록자 데이터 관리, 초록 접수 및 분류, 예비 프로그램 작성, 회의장 배치(안) 확정, 분과별 세부업무 추진 등의 업무가 이루어진다.

준비 완료 단계에서는 최종 프로그램 확정 및 제작, 사전등록 및 호텔예약 마감, 등록 확인서 발송, 회의장 제반 시설 점검, 각종 사교 행사장 점검, 회의 소요물품 점검, 행사 진행 요원 확보, 사전등록자 데이터 관리, 유관 기관 업무협조 확정, 각종 인쇄물 및 제작물 완료, 언론홍보 등의 업무를 수행한다.

실행 단계에서는 최종 리허설, 사무국 이전, 기자회견, 회의 진행 및 운영 등이 있다. 마지막으로 사후 단계에서는 재무결산, 회의결과 보고서 제작, 회의 참가자 감사편지 발송, 총평가회 개최 등이 수행된다.

② 회의 목표 선정

목표는 최종적인 도착지 혹은 나아갈 방향을 제시해주는 것이다. 따라서 목표는 행사의 위치 선정부터 프로그램을 편성하는 것까지 전반적으로 행사가 나아갈 방향을 제시한다고 볼 수 있다. 목표는 프로그램을 기획하는 데 기본이 되는 요소이기 때문에, 이를 효과적으로 명확하게 제시해주기 위해 참가자에 대한 정보를 수집하는 것이 중요하다. 어떤 사람들이 참가할 것인가와 참가자에 대한 정보를 분석하는 것이 목표를 잡기 위해 우선적으로 해야 할 일이다. '이 회의 결과로 무엇을 성취할 것인가?'를 항상 물어보아야 한다.

<회의체 종류>

명칭	내용
컨벤션 (Convention)	정보 전달을 주목적으로 하는 정기 집회로, 회의 분야에서 가장 많이 사용하는 용어
컨퍼런스 (Conference)	컨벤션과 같은 의미. 유럽에서는 Congress가 보다 일반적으로 사용
포럼 (Forum)	한 가지 주제에 대해 상반된 견해를 가진 동일 분야 전문가들이 청중 앞에서 벌이는 공개 토론회로 청중이 질의에 참여하고 사회자가 의견을 종합
심포지엄 (Symposium)	제시 안건에 대해 전문가들이 청중 앞에서 벌이는 공개 토론회 포럼에 비해 다소의 형식을 갖추며, 청중의 질의 기회가 적음
패널 토의 (Panel discussion)	2~8명의 연사가 사회자의 주도 하에 서로 다른 분야에서의 전문가적 견해를 발표하는 공개 토론회로 청중도 개인 의견을 발표할 수 있음
세미나 (Seminar)	주로 교육 목적을 띤 회의로서 참가자 중 한 사람의 주도 하에 특정 분야에 대한 각자의 지식이나 경험을 발표하고 토의하는 회의
워크숍 (Workshop)	총회의 일부로 조직되는 훈련 목적의 특정 문제나 과제에 관한 새로운 지식, 기술, 통찰 방법 등을 서로 교환

명칭	내용
총회 (General session)	총회는 참가자 전원이 참석하는 회의. 개회식이나 폐회식에서 사용되며, 구성원 모두가 관심 있는 발표 때에도 사용
분과회의 (Breakout session)	총회보다는 작은 그룹을 위한 회의. 좀 더 전문화된 발표 때에도 사용. 대부분의 대규모 행사는 총회 하에 분과회의를 복합하여 사용

※ 국제 회의 지침서

③ 프로그램 설계

프로그램은 회의의 목적을 이루기 위한 틀과 방향을 제시한다는 데 큰 의미가 있다. 회의 기획 시 전체 프로그램에 대하여 혼자서 수행할 수 있지만, 일정 규모 이상의 회의는 별도의 분과위원회와 함께 작업하는 것이 바람직하다.

4. 행사 장소 선정 및 일시 결정

행사 장소는 행사의 성패를 좌우할 수 있는 만큼 매우 중요하다. 모든 행사가 각각의 개별적인 특성을 가지고 있고 장소별로 장단점을 가지고 있기 때문에, 복잡하지만 장소 선정은 기획자가 반드시 수행해야 하는 과정이다. 기념식, 학술대회, 시상식 등의 행사장은 원칙적으로 자체 보유시설(회의실, 강당, 체육관, 운동장)을 이용하되, 시설이 없거나 미흡한 경우는 교통과 숙박이 편리한 위치의 공공시설을 우선 활용하기도 한다. 행사 규모, 참가자 접근성, 참가자 숙박 편의 등을 고려할 때, 자체 보유시설이나 공공시설이 여의치 않을 경우에는 호텔, 컨벤션 센터, 콘도미니엄 등에서 적절한 장소를 찾는다. 즉 행사 개최 편의성도 중요하지만, 참가자의 편의성을 우선적으로 고려해야 하며, 불가피한 경우는 공항, 호텔과 행사장과의 셔틀버스 등 연계 이동수단을 준비해야 한다.

행사장이 외부 기관이거나 옥외인 경우는 사전에 행사 실무 책임자가 현지를 답사하여 행사 장소의 위치, 규모, 탑승 차량의 진입 및 퇴장 도로, 초청인사의 접근성(입·퇴로 포함), 주차장 확보 등에 대한 사전 점검이 필요하다. 장소 선정은 행사 목적 확정 등 여러 단계를 거쳐 검토, 선정하고, 가능하면 환경친화적인 장소에서 행사를 개최하는 것이 좋다. 옥외에서 행사를 하기 위해 미리 기상조건과 수용능력도 평가하여 최적의 장소가 선정되도록 해야 한다. 행사장과 숙소는 가능한 한 가까운 곳에 위치하는 것이 좋으며, 외국인들의 경우 쇼핑과 관광지를 도보로 편리하게 이용할 수 있거나 전철 등 대중교통의 원활한 이용이 가능한 곳이 바람직하다.

개최지 선정 시 고려사항

1) 어느 도시 또는 지방이 행사 운영에 적합한가? (도심지 또는 휴양지)

2) 예상 참가 인원의 수용에 적합한 행사장 유무

3) 여행 거리에 따른 참가자들의 반응

4) 숙박시설이 충분하고 수준급인가?

5) 행사장 수와 크기는 적합한가?

6) 교통상의 문제점은?

7) 적절한 여흥 프로그램 준비가 가능한가?

8) 관광 측면에서 특수한 매력이 있는가?

9) 행사일 전후의 기후 문제

10) 지방자치단체(시, 도, 군, 구 등)의 지원 사항과 제한 사항은?

※ 『정부의전편람』(행정자치부, 2001. 10) 수정 반영

행사 장소 선정의 7단계

1) 행사 목적 확정

2) 행사 프로그램 기획

3) 행사의 물리적 요구사항에 대한 결정

4) 참가자의 기대 및 욕구 분석

5) 개최지와 시설 형태 점검

6) 세부항목에 대한 평가

7) 행사 장소 결정

행사장 선정 시 고려사항

1) 개·폐회식, 각종 행사, 사교 행사, 전시회 등 용도별 개최 장소 유무

2) 컨벤션 호텔의 경우 필요한 제반 서비스를 제공받을 수 있는가?

3) 대다수 객실 이용과 식사를 할 경우 행사장 요금 할인 여부

4) 참가자들이 자유 시간을 이용하여 쇼핑 또는 관광할 수 있는 지역과 가까운가?

5) 행사장 제반 시설 구비 여부(시청각 시설, 동시통역, 적정 조명, 냉·난방시설, 천장 높이, 음료수, 화장실, 출입문 크기 등)

6) 별실 유무(휴게실, 상담실, 기자회견 등)

7) 식·음료 제공

8) 전시장, 행사장, 숙소와의 거리

9) 전시장 면적은 전시물 규모와 배치 등에 적합한가?

10) 연회장 규모, 임대료, 각종 설비물의 적합성 여부

옥외 행사 불능 기준

ㅇ 기온: 체감온도 영하 10℃ 이하
  * 바람 1m/s 증가는 체감온도 1℃ 하락

ㅇ 바람: 초속 9m/s 이상

ㅇ 강우: 시간당 1mm 이상

ㅇ 적설: 적설량 5㎝ 이상
  * 단, 얼음 축제, 빙어 축제 등과 같은 계절 행사는 예외

친환경 컨벤션 체크리스트(행사장)

1) 숙소와 가까이 있는 장소

2) 공항과 대중교통으로 연결되어 있는 장소

3) 친환경 인증 받은 장소

4) 친환경 정책 및 프로그램이 운용되고 있는 장소

5) Green 관련 인증 받은 장소

6) 자연 채광, 자연 환기, 자동 소등이 되는 장소

7) 쓰레기 절감 및 재활용 분리수거를 시행하고 있는 장소

친환경 컨벤션 체크리스트(숙소)

1) 행사장과 가까이 있는 장소

2) 공항과 대중교통으로 연결되어 있는 장소

3) 친환경 정책 및 프로그램이 운용되는 장소

4) 자동 소등되는 숙소 이용(조명 최소화)

5) 물 절약 방침이 시행되고 있는 숙소

6) 직원들에게 친환경 경영 방침의 교육을 시키는 숙소

7) 이용객에게 친환경 정책을 고지하는 정책 시행(비디오, 안내문)

8) 객실 내 샴푸, 비누 등 소모품은 대용량으로 이용

9) 객실에 비치된 문구류는 재활용품

10) 객실의 미니바는 재활용 가능한 용기로 제공

11) 객실 가구는 친환경 제품으로 사용

12) 수건, 시트의 교체를 고객에게 미리 공지

13) 세탁, 청소에 화학약품과 에너지 사용 최소화

14) 냉난방 자동 제어 시스템

실내·외 행사장 수용 능력

o 옥내: 고정식 좌석(0.45㎡/명), 임시좌석(0.3㎡/명), 입석(0.2㎡/명)

o 옥외(관람석 기준): 관람석 면적(㎡) × 단위 면적당 군집밀도 6명

o 관람석 통로 확보
- 관람석 세로 방향으로 20석마다 폭 1미터 이상의 가로 통로 설치
- 관람석 가로 방향으로 15석마다 폭 1미터 이상 세로 통로 설치
- 관람석 맨 끝단과 관람석 경계 사이에 폭 1.5미터 이상의 통로 설치
- 가급적 관람석 세로 방향 통로를 출입구와 일직선상이 되도록 배치

* 일본 효고현 혼잡경비 매뉴얼

　행사 일자가 법령이나 관례적으로 정해진 경우에는 그 일자에 개최하고, 행사일이 공휴일이면 전일에 개최하는 것이 일반적이다. 행사 시간은 대개 오전 10시에 개최하는 것이 일반적이지만, 행사의 의의를 높이는 데 부적합하다면 군이 10시를 고집할 필요는 없다. 각종 대회, 전시회, 기공식, 준공식 등 일자 변동이 가능한 행사는 과거의 평균 기상조건, 초청자의 참석 소요시간 등을 고려하되, 3부 요인 등 VVIP가 참석하는 경우 관련 기관과 충분히

협의해야 한다.

행사의 공식, 비공식 일정 계획을 수립할 때는 기후, 공휴일 여부, 관광·스포츠 행사와의 중복 여부 등 제반 사정을 사전에 고려함으로써 깔끔하고 효율적인 행사 진행이 되도록 내실을 기하고 다음 사항을 고려한다.

행사 일정 결정 시 고려사항
1) 1년 중 특수한 시기를 선정할 만한 이유가 있는가?
2) 가장 적절한 시기는 언제인가?
3) 관광 성수기와 경합 여부, 공휴일, 부활절, 크리스마스와 지역 축제, 스포츠 행사 등 현장 사정 고려
4) 기타 다른 행사와 개최 시기 중복으로 인한 지장 여부
5) 각종 행사 일정과 기상 상태 고려

행사 내용과 여건상 실내 행사로 개최가 불가능하고 많은 참가자들을 수용하기 위해 옥외에서 행사를 개최하는 경우가 많다. 옥외 행사는 준비 단계부터 검토할 사항이 매우 많다. 옥외 행사에서 가장 중요한 것은 안전관리이다. 준비 단계에서는 무대 위치, 통제선, 대형 스피커 위치, 출입구, 비상 대피로, 응급처치실, 화장실, 가판대(매점) 위치까지 고려해야 하며, 설치 단계에서는 기초 공사가 끝나면 나머지 옥외 행사에 필요한 모든 장비 및 부대시설을 옥외 행사장으로 들여와 설치한다. 행사 단계에서는 관중 운영 및 교통관리, 화재 대비, 응급처치, 옥외 행사 중 발생할 수 있는 경미한 사고 및 대형 사고에 대비한 계획을 수립해야 한다. 철거 단계에서는 무대 및 각종 시설에 설치된 관련 장비 및 부대시설을 안전하게 철거하도록 해야 한다.

옥외 행사장 설계 시 옥외 행사장으로서 적합성을 결정하기 전에 현장을 방문하여 사전평가를 반드시 실시해야 한다. 관람객, 가건물 설치, 무대 뒤 설비, 주차, 집결 지점으로서의 적절성, 무대와 예상 참가자 수에 맞춰 필요한 공간 등을 계산한다. 옥외 행사장은 지자체, 경찰서, 소방서 등 안전 관련 부서와 사전협의로 행사장을 안전하게 설계해야 한다.

옥외 행사장 적합성 평가 요소

1) 대지 상태가 적절한가? 평평하고 잘 마른 땅이 적합(경사시나 습지는 피함)

2) 도로 및 보행로, 비상 출입구 등이 구분되어 있는가?

3) 예상 인원을 수용할 수 있는가?

4) 비상시 구조대가 진입할 수 있는 경로가 별도로 있는가?
   혹은 비상 진입로로 사용할 수 있는 도로나 다리가 있는가?

5) 근처에 옥외 행사 소음으로 영향을 받을 건물이 있는가?
   ☞ 사전에 소음 측정

6) 옥외 행사장이 어디에 위치하고 있는가?
   자연적 무대효과 창출 어부, 일몰과 일출 위치? 소음을 낮출 만한 자연적 요소, 호수나 강과 같은 사고 발생 위험요인 등

7) 주변에 서비스 이용이 가능한가? 물, 하수, 가스, 전기, 전화 등

옥외 행사장 설계 시 고려사항

1) 최대 수용인원

2) 비상 탈출구 및 대피로

3) 옥외 행사장 진입(교통수단, 주차시설, 진입도로 찾기 용이성) 및 진출

4) 관람객 시야(무대 사이 시야 방해요소)

5) 좌석 배열(시야 확보, 관람객 이동 공간)

6) 경사도(가능한 한 평지)

7) 옥외 행사장 기초 및 무대 뒤 시설(행사 특성, 규모, 기간 고려)

8) 소방시설 및 응급설비

9) 무대 앞 통제선과 배치

10) 안내판

11) 위생시설(화장실, 수도)

12) 예상 인원 초과 대비

13) 전기설비
   - 전력선 위치, 전력 필요량, 전력 공급망 접근, 발전기 이용
   - 무대의 위치, 주절연체, 음향·영상 조정자 위치
   - 크레인이나 이동식 장비 전력 공급, 안전조명 장치, 조도 등

14) 폐기물 관리

15) 장애인을 위한 시설(노약자, 장애인, 어린이 전용 입·퇴장로 등)

5. 행사 관리

대규모 중요 행사의 원활한 준비와 성공적인 행사를 만들기 위해서는 유능한 행사 대행사(PCO)를 파트너로 선정해야 한다. 대규모로 진행되는 중요 행사에서 PCO 역할은 행사 주관사 못지않게 크다. 따라서 주관사는 PCO 주요 업무별 서비스 범위를 명확히 이해하고 제안서에 반영하여 좋은 PCO가 선정되도록 해야 한다. 또한 행사 주관사는 행사를 준비하면서 공정관리와 예산관리를 체계적으로 하여 준비항목이 일정대로 잘 준비되고 있는지, 그리고 예산은 계획대로 집행되고 있는지 파악하여, 일정 지연이나 예산이 낭비되지 않도록 해야 한다. 아울러 행사의 성격에 따라 이해 관계자, 참가 대상자에게 행사를 잘 이해시키고 참석 가능한지를 수시로 확인하는 것이 좋다. 또한 행사 전반에 대한 방송, 신문 등 여론매체들의 반응도 수시로 살펴, 부작용을 줄이고 긍정적인 보도가 나가도록 해야 한다.

① 행사 대행사(PCO) 업무 범위

PCO는 행사 기획 단계부터 행사 준비, 행사 진행, 부대 행사, 홍보 등 전 분야에 걸쳐 업무를 수행할 수 있다. PCO의 업무 범위는 다음 표와 같다.

② 행사 대행사(PCO) 선정과 운영

행사 주관사는 행사 기본 계획이 수립되면 행사 대행사 선정을 위한 제안요청서를 작성하고, 소속기관의 입찰 프로세스에 따라 행사 대행사 선정 절차를 진행한다. 정부를 비롯한 공공기관의 경우 투명성 확보를 위해 공개입찰을 원칙으로 하고 있다.

<행사 대행사(PCO) 업무 범위>

분야	수행 가능 업무	
1. 기획	○ 예산수립 및 집행관리 ○ 행사 장소 선정 및 섭외 ○ 행사장 배치 및 조성	○ 추진일정 수립 및 관리 ○ 관련 기관 네트워크 구축 ○ 행사장 연출
2. 회의	○ 회의 주제 선정 및 연사 섭외 ○ 프로그램 북 제작	○ 논문접수 ○ 회의장 조성 및 운영
3. 등록	○ 등록 시스템 구축 ○ 참가자 유치	○ 등록 접수 ○ 현장등록 운영
4. Logistics	○ 숙박호텔 확보 및 예약 ○ 공항 영접 영송 ○ 안내 서비스 제공 및 센터 운영 ○ 기념품 제작, 주문	○ 수송차량 제공 ○ 식음료 제공 ○ 관광 프로그램 운영
5. 행사	○ 개·폐회식 등 공식 행사 기획·운영 ○ 공연진 관리 ○ 식음료 계획	○ 프로그램 기획 ○ 연회행사 기획·운영 ○ 부대 행사 기획·운영
6. 운영	○ 물자·인력 확보 ○ 안내·제작물 설치	○ 안전·보안·비상 계획 수립 ○ 보험·통관·운송·물류
7. 부대 행사	○ 사이드 이벤트 기획 및 운영 ○ 전시 장소 조성 및 운영(전시 업체 유치)	○ 장소 조성 ○ 산업체 견학, 문화탐방 프로그램 운영
8. 후원	○ 후원 혜택 사항 제작	○ 후원 유치
9. 홍보	○ 홈페이지 제작 및 운영 ○ 미디어센터 운영 및 관리	○ 각종 홍보물 제작 및 배포
10. 인쇄물 및 제작물	○ 프로그램 북, 안내책자 제작	○ 입간판, 각종 배너 제작
11. 기타	○ 행사 사진 및 동영상 촬영 ○ 자원봉사자 모집 및 관리 등	○ 행사 결과 보고서 및 행사 백서 제작 지원

다만 기본 계획 수립 지연으로 일정상 공개입찰 계약(제한 경쟁, 협상에 의한 계약 포함)이 어려울 경우 수의 계약으로 행사 대행사를 선정할 수도 있다. 입찰 결과 응찰 기관이 복수일 경우는 미리 결정한 선정 기준에 따라 선정심의위원회 등을 개최하여 최종 낙찰자를 선정

하고 계약을 체결한다. 입찰공고 시 행사 주관사는 사업개요, 제안서 작성요령, 심사 기준 등이 포함된 제안요청서를 공개해야 한다. 한국PCO협회가 제시한 제안요청서 표준은 <부록 1-2>를 참고하면 된다.

행사 제안요청서 목차 예

Ⅰ. 사업개요

1. 사업목적   2. 사업개요   3. 사업내용   4. 행사 추진기구
5. 추진조직   6. 역무범위   7. 기간 및 세부일정
8. 대행사 선정 방법   9. 대행사 선정 일정

Ⅱ. 제안서 작성

1. 작성 순서   2. 세부내용   3. 작성 지침   4. 제안서 제출 안내 및 유의사항

Ⅲ. 제안발표 및 평가

1. 제안발표 및 심사   2. 제안평가   3. 평가항목 및 배점   4. 평가결과 공지

별지 서식:

1. 일반 현황 및 연혁   2. 자본금 및 매출액 현황   3. 수행조직 및 인원 현황   4. 참여인력 경력사항
5. 주요 사업실적   6. 예산산출 내역   7. 참가신청서   8. 응낙서
9. 제안서 표지   10. 사업실적 증명서   11. 공동수급표준협정서

계약이 체결되면 용역 착수회의를 개최하여 행사 목적, 행사 내용을 공유하고 행사 대행사로 하여금 자체적으로 준비한 세부 행사 계획서를 발표토록 한다. 일반적으로 행사 대행사가 입찰응모 시 작성하는 제안서는 1. 사업개요(행사개요, 제안개요, 행사의 차별성), 2. 제안업체 현황(일반 현황, 주요 임직원 경력, 조직도, 주요 사업내용, 주요 사업실적), 3. 행사 기획(행사 콘셉트, 행사 구성, 공식 행사, 부대 행사, 이벤트, 행사 운영 계획), 4. 홍보 및 마케팅, 5. 추진 방향(행사 운영, 추진조직, 추진 일정) 그리고 예산계획서 등으로 구성된다.

행사 대행사가 선정되면 행사 주관사와 행사 대행사는 행사 전반에 대해 공유하고 협력해야 한다. 이를 위해 행사 주관사는 행사 대행사가 업무를 수행하는 데 필요한 사무 공간, 정보, 자료 등에 대해 적극 협조하는 것이 좋다. 행사의 중요성과 행사 준비 업무량 등을 고려하여 필요시 행사 대행사 참여인력 일부는 준비 사무국에 파견되어 행사 주관사와 함께 업무를 수행하는 것도 고려해야 한다. 행사 준비 및 진행 사항을 정기적으로 점검하고 애

로 사항과 문제점도 함께 공유하고 함께 해결하는 데 상호 협조해야 한다. 행사 대행사는 전문가 집단임을 유념하여 지나친 간섭보다는 자율적이고 창의적으로 일할 수 있는 분위기 조성이 중요하다.

③ 공정 및 예산 관리

행사 주관사는 행사 대행사와 함께 행사 준비 착수일부터 행사 당일, 그리고 행사 사후 관리 완료 시점까지 업무를 항목별, 단계별, 일정별로 공정표를 만들어야 한다. 준비해야 할 사항이 누락되지 않도록 사무국 직원과 행사 대행사 참여 인력은 자신의 업무 분야별 일정표를 만들고, 이에 대해 작성자 모두가 토의를 거쳐 일정표를 완성해야 한다. 전체 공정표와 별도로 홍보 분야, 전시장 구축 분야, 초청 분야, 행사장 구축 분야 등 세부 분야별 일정표도 수립해야 한다. 이때 선행 업무가 종결되어야 다음 공정이 진행되는 항목에 대해서는 전후 관계를 명확히 해야 하며, 또한 행사에 큰 영향을 미치는 주 공정(Critical Path)은 별도로 수립하고, 전담자를 지정하여 준비에 차질이 없도록 해야 한다.

일정 계획이 완성되면 매주 단위로 준비 현황에 대한 공정회의를 통해 공정관리를 수행하는 것이 좋다. 행사일이 다가올수록 공정회의는 2~3일 단위로, 행사일 임박해서는 매일 점검하여 행사 준비에 지장이 없어야 한다. 처음 수립한 일정 계획은 환경변화와 다른 사유 발생 시 수정·보완하여 행사 준비의 효율성을 기한다.

행사비 집행 현황도 주기적으로 점검하여 예산초과 부문은 없는지, 집행 시기를 놓친 분야는 없는지 살펴야 한다. 행사 주관사는 물론 행사 대행사가 행사비 정산을 위해 집행한 근거와 영수증은 잘 챙겨야 하며, 행사 대행사가 특정 비목에 대한 예산을 초과하여 지출하거나 비목 간 예산 전용할 경우 사전에 행사 주관사의 승인을 받도록 하여, 행사 후 행사비를 정산하는 데 분쟁이 없도록 해야 한다. 행사 범위의 확대, 초청 대상자 확대 등으로 불가피하게 행사비 집행 금액이 추가될 경우, 주관사는 자체 규정에 따라 예산을 증액하고 행사 대행사 집행 분이 증액될 경우는 용역에 대해 변경 계약을 사전에 하는 것이 좋다. 특히 행사 대행사의 경우 확정 인건비, 일반 관리비, 이윤을 제외한 직접경비 분은 반드시 증빙

자료를 확보하도록 수시로 주지시키는 것이 좋다. 그리고 일반 관리비와 이윤의 경우 보통 직접경비와 연동되고 있으니, 예산 증액 시 이것도 반영해야 할 것이다.

2012 서울 원자력 인더스트리 서밋 홍보 분야 일정 계획 예

1) 홍보 전략 수립: ~ 11월 3째 주

2) 초청서한 및 초청장 발송: (1차) 11월 3째주, (2차) 2월 둘째 주

3) 홈페이지 구축 및 운영: 11월 둘째 주~4월 말

4) 사전 워크숍 개최: 12월 셋째 주(D-100일)

5) 슬로건 공모 및 활용: 11월 넷째 주~행사 일

6) 자원봉사단 모집, 운영: 1월 첫째 주~ 사 일

7) 전시 및 영상물 제작: ~ 11월 둘째 주~3월 첫째 주

8) 언론 기고: 11월 첫 주, 12월 둘째 주, 1월 셋째 주, 2월 셋째 주, 3월 둘째 주 등 총 5회

9) 뉴스레터 발송: 매월 셋째 주

10) 인터뷰: 11월 둘째 주, 12월 셋째 주, 2월 둘째 주, 3월 첫 주/둘째 주/셋째 주

11) 특집/기획 기사: 격주 간격

12) 기자간담회, 좌담회: 12월 셋째 주, 2월 둘째 주, 3월은 매주 1회씩

13) 프레스센터 운영: 본 행사 당일

14) 온라인 Press Release: 1월 첫 주부터 수시

15) SNS 활용 홍보: 1월 첫 주부터 수시

16) 온라인 키워드 홍보: 1월 첫 주부터 수시

17) 옥외 홍보: D-7일부터 행사일까지

18) 결과 홍보: 행사 후 1개월간

---

④ 이해 관계자 반응과 여론 동정

행사 주관사와 준비 사무국은 행사 주최기관, 협력기관, 후원기관, 해당 지방자치단체, 경찰서, 소방서 등 행사와 직·간접적으로 관계 있는 기관 담당자들의 반응을 수시로 체크해야 한다. 행사 준비사항에 대해 주기적으로 설명하여 이해를 함께하도록 하고, 협조사항에 대해서 일방적인 협조공문 발송 전에 충분한 협의를 거치는 것이 좋다. 참여하는 기관은 모두 소속 기관의 위상과 역할을 찾고 싶어 하고, 지원하는 만큼 뭔가를 얻으려 할 것이다.

따라서 다양한 이해관계 기관들도 행사 기획과 준비의 일원임을 인식하고 적극적으로 협조를 유도하는 것이 행사 주관사와 준비 사무국의 역할이다.

다음은 행사 참가자들의 관심 여부를 파악하는 것이다. 행사 참가자들도 행사 참가를 통해 작은 것이라도 얻고자 하는 것이 있다. 따라서 참가자들의 편의제공은 물론 행사 내용이 자신에게도 큰 도움이 될 것이라는 인식을 갖도록 해야 한다. 참가자들의 행사 참가 만족도가 행사의 성패를 좌우한다고 해도 과언이 아니다. 참가자들에 대한 교통, 숙박, 영접, 안내, 정보제공 등 편의제공은 행사 대행사가 꼼꼼하게 챙겨 이행토록 하고, 준비 사무국은 이에 대해 수시로 점검하여 소홀하지 않도록 해야 한다.

행사 개최기관과 행사 주관기관은 기관 내부 행사가 아닌 경우를 제외하고는, 언론의 관심과 언론의 좋은 평가를 받고 싶어 한다. 이를 위해 대대적인 홍보 계획을 수립하고 기획기사 기고, 기자간담회, 광고와 홍보에 많은 신경을 쓰고 있다. 따라서 행사의 목적과 의의 그리고 사회경제적으로 미치는 영향에 대해 기자들에게 알려주어야 하고, 필요 시 주기적으로 행사 진행사항에 대한 기자 초청 브리핑을 갖는 것도 좋다. 정보제공과 보도자료, 그리고 광고와 홍보를 특정 언론매체에 한정할 경우, 혜택을 보지 못한 기관들의 불만에 의한 부정적인 기사가 나오지 않도록 해야 한다. 필요시 언론매체에 직접 제공하는 것이 부담스러울 경우는 모든 언론기관에 동시 제공하거나 기자협회를 통해 정보를 제공하는 방안도 있다.

⑤ 체크리스트

행사를 기획하고 준비하고 진행하는 과정에서 많은 체크리스트가 필요하다. 전 행사 공정에 대한 체크리스트도 반드시 작성되고 운영되어야 하지만, 메인 행사, 부대 행사, 연회, 홍보, 전시 등과 같이 분야별 체크리스트도 필요하다. 다양한 체크리스트 예는 〈부록 1-3〉에 실었다.

6. 행사 참가자 초청 및 편의 제공

① 초청 대상자 선정

행사에 어떤 인사가 참여하는가는 행사의 성패를 가늠하는 중요한 사항이다. 따라서 행사와 직접 관련되는 인사가 고루 초청되어야 한다. 자칫하면 초청받지 못한 인사들의 불만을 살 수 있는 반면에, 너무 많은 인원을 초청하게 되면 행사가 산만해짐은 물론, 준비나 진행 과정에서 불필요한 노력이 따르기 때문이다. 행사에 누구를 초청하느냐는 행사의 목적과 의의를 높이는 주요한 요소가 된다. 그러므로 초청 인사는 행사와 유관 정도에 따라 결정하되, 고위직과 지역유지 위주의 관행적 초청은 지양하고, 행사와 무관한 인사를 대거 초청하거나 소속 직원, 주민 또는 인근 학생을 동원함으로써 불평을 초래하는 일이 없도록 하여야 한다. 다만 음악회, 체육회 등과 같이 많은 주민들이 자발적으로 참석하는 행사는 사전에 널리 홍보하여 많은 이들이 행사를 즐길 수 있도록 한다.

단상 인사는 유관 인사들이 하도록 하되 가급적 적은 인원으로 하며, 야외 행사 시 식단에는 좌석을 배치하지 않고, 주요 인사는 앞 열에 일반 참석자들과 나란히 배치하도록 하는 것이 참석 인사의 공감대 형성에 좋다. 초청 범위가 결정되면 초청인사 명부를 작성한다. 이때 안내사항을 염두에 두고 행사장 좌석 배치에 따라 분야별로 작성하면 편리하다. 중요 인사가 참석하는 경우 초청인사 명부와 안내요원, 행사요원 명부를 각각 따로 만들어 관계 기관에 제출하고 비표대장으로 활용할 수 있도록 한다.

② 초청장 작성 및 발송

초청인사가 결정되면 초청장을 작성하여 발송한다. 초청장 상단에 '귀하'를 별도로 표기할 수 있으며, 이 경우 초청장 봉투에 직위, 성명이 기재되므로 초청인사의 성명은 생략이 가능하다. 부부동반 초청인 경우는 반드시 초청장 상단 우측에 '동령부인 귀하'라고 표기해야 한다. 초청 내용에는 행사의 공식 명칭이 반드시 포함되도록 한다. 일반 행사는 평상복이 원칙이지만, 연회 등에서는 복장을 명시하는 경우가 있으므로 필요 시 'Informal, Blacktie, Whitetie, Tuxedo' 등을 표기한다.

2012 서울 원자력 인더스트리 서밋 초청 대상자 선정 사례

(1) 원칙 및 대상
- ○ 원칙: 서울 핵안보정상회의 초청 대상국별 최소 1개의 원자력 유관기관 초청
- ○ 대상: 세계 원자력 산업계를 대표하고 회의 주제와 관련된 해외 유수회사의 최고 경영자(CEO 또는 SVP)

(2) 후보군 사전준비
- ○ 핵안보정상회의와 연계되므로 초청 대비 실제 참석률이 일반 컨퍼런스에 비해 높을 것
- ○ 보수적인 관점에서 50~60% 참석률을 적용하여 최종적으로 170~200개의 초청 대상 기관 발굴

(3) 선정 절차
- a. 초청 대상 기관 Pool 작성
- b. 선정기준 및 우선순위
- c. 분석 및 배분
- d. 초청 대상자 선정(후보군 포함)

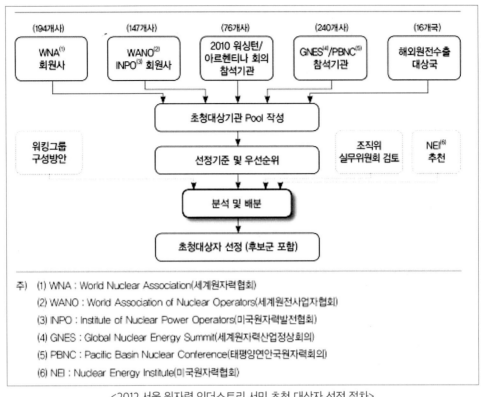

주) (1) WNA : World Nuclear Association(세계원자력협회)
  (2) WANO : World Association of Nuclear Operators(세계원전사업자협회)
  (3) INPO : Institute of Nuclear Power Operators(미국원자력발전협회)
  (4) GNES : Global Nuclear Energy Summit(세계원자력산업정상회의)
  (5) PBNC : Pacific Basin Nuclear Conference(태평양연안국원자력회의)
  (6) NEI : Nuclear Energy Institute(미국원자력협회)

<2012 서울 원자력 인더스트리 서밋 초청 대상자 선정 절차>

초청장은 너무 두껍지 않은 용지에 화려하지 않게 하며, 글자꼴은 궁서체 등으로 표기하면 좋다. 초청장은 주차 카드와 입장 카드(필요 시)를 동봉하여 행사 20~10여 일 전에 발송하는 것이 좋다. 너무 일찍 발송하면, 초청자가 이를 받은 후 분실하거나 초청 자체를 잊어버리는 경우가 있고, 너무 늦게 발송하면 초청자가 선약이 있어 참석할 수 없게 될 수 있다. 그러므로 적정한 시간을 두고 발송하는 것이 좋다. 물론 주요 인사는 준비 사무국에서 먼저 방문하거나 전화로 정중하게 초청사항을 전하고, 행사 수일 전에 참석 여부를 확인하는 것이 좋다. 또한 주요 인사가 참석하는 행사의 경우는 입장 카드와 주차 카드를 사전에 관계기관에서 검인 받아야 한다.

주차 카드 뒷면에는 주차장 도면을, 입장 카드 뒷면에는 행사장 개략도, 또는 입장에 따른 안내사항을 각각 기입하는 것이 좋다. 특히 단상 인사에 대하여 주차장과 출입문을 일반 참석자와 별도로 구분하면 안내하기가 편리하다. 일반적으로 초청장 봉투는 우편으로 발송하는 경우에는 주소, 성명을 기입하고 직위는 생략하며, 직장이나 인편으로 직접 전달하는 경우에는 직위를 반드시 기입한다. 직위를 약자로 하면 예의에 어긋나므로 정식 명칭을 사용토록 하되, 초청장 발송 시 초청 대상자의 이름이 표기된 입장 카드와 봉투는 사전에 면밀히 검토하여 이름과 직위가 잘못 기재되어 실례를 범하는 사례가 발생하지 않도록 주의해야 한다. 출입문 또는 내부 좌석이 두 곳 이상으로 구분되어 있을 경우, 초청인사에 대한 안내를 원활하게 하기 위하여 입장 카드(초청인사 리본 포함)를 출입문 별로 색깔을 달리하여 제작한다. 주차장이 두 곳 이상일 경우 교통 통제 요원의 식별에 도움을 주기 위하여 주차장 별로 색깔을 달리하여 제작해야 한다.

③ 등록 준비

등록 데스크와 등록 안내자들은 참가자들의 첫인상에 크게 영향을 미친다. 등록 업무는 참가자들의 행사 참가를 공식적으로 확인하는 절차로서, 유료 행사인 경우 주최자에게는 행사 재원을 마련하게 해주며, 참가자들에게는 행사에 필요한 각종 정보를 제공해준다. 등록은 사전등록과 현장등록이 있다. 가장 이상적인 것은 참가자 전원이 사전에 등록하는 경우로, 사전등록의 장점은 예상 참가자 수 파악, 현장등록 시 혼잡 감소, 유료 행사의 경우 현금흐름 개선, 진행요원의 업무 경감, 홍보지침 제시, 회의 준비의 융통성 부여 등이 있다. 국제 회의나 학술대회의 경우 사전등록을 유도하기 위해 등록 마감일을 미리 책정하고 사전등록 시 참가비 할인을 시행하고 있다.

등록 양식은 간결하되 준비 사무국(또는 기획가)에게 꼭 필요한 정보를 빠짐없이 담을 수 있도록 작성한다. 여기서 필요한 정보는 소속, 직위, 성명, 주소, 연락처, 동반 참가자 수 등이다. 양식은 참가자와 준비 사무국 직원 모두가 알아보기 쉽게 작성하되 Yes or No 또는 객관식이 바람직하며, Open형 질문은 가급적 피하는 것이 좋다.

현장등록은 참가자들이 접근이 용이해야 하며, 한꺼번에 많은 사람이 몰려도 혼잡하지 않아야 한다. 등록 장소는 참가자들이 행사에 대한 첫인상을 가지게 되는 장소이므로 동선은 단순하게 하고, 인식하기 쉬운 표지판을 설치한다. 참가자가 많을 경우 등록 데스크를 기관명 또는 참가자 성명(가나다 또는 알파벳 등)으로 구분하는 것이 혼잡을 피하고 참가자들이 쉽게 찾아 등록할 수 있는 방법이다. 등록 시 참가자에게 지급되는 프로그램북, 홍보용 CD, 기념품, 식권 등은 개인별로 하나의 봉투에 미리 담아 등록과 동시에 지급하는 것이 좋다.

사전등록자도 별도 지정 데스크에서 실제 참가 여부를 확인하고 명찰과 배부 물품을 받도록 안내한다. 사전에 인지하지 못한 현장등록자를 위해 명찰 인쇄기를 구비할 필요도 있다. 물론 사전에 참가가 승인된 사람만 참석하는 경우는 명찰 인쇄기를 구비할 필요가 없다.

④ 숙박

행사 참가자에게 숙박 또한 중요한 요소이다. 특히 국제기구 대표, 고위 관료, 유수 기업의 최고 경영자, 정치인 등의 주요 인사에겐 직위와 명성에 걸맞은 호텔 등급을 설정하고 확보해야 한다.

일반적으로 숙박 업무는 a. 숙박 기본 계획 수립 → b. 메인 호텔 선정 → c. 객실료 결정 → d. 호텔예약(블록 지정 요청) → e. 숙박예약 신청서 제작 및 발송 → f. 예약 확인증 발송 → g. 예약 호텔 별 투숙 현황 작성 → h. 호텔 예약비 전달 → i. 호텔 협조사항 의뢰 → j. 최종 숙박명부 작성 → k. 최종 점검 순으로 이루어진다.

호텔 선정 시 호텔 위치는 회의장과 동일 장소 또는 도보거리에 있는 것이 바람직하다. 도보 이동이 곤란할 경우 셔틀버스로 10분 이내에 이동 가능한 것이 좋으며, 회의에 참가하는 참가자들의 보편적인 경제 사정을 감안해야 한다. 또한 다수 객실 이용에 따른 숙박비 감면도 호텔 측과 협의해야 한다. 또한 호텔 내의 부대시설, 형태별 객실 보유 현황, 국제 행사 담당자의 질적 수준, 호텔 서비스 수준 등도 고려해야 한다.

참가자에 따라 호텔 수준과 호텔 형태에 대한 취향이 다를 수 있기 때문에, 행사장 인근의 호텔 2~4개를 후보로 선정하여 호텔과 협의하여 적정 수량을 먼저 블록 지정한 다음, 참가자들에게 희망 호텔을 선택하게 하는 방법도 있다. 참가자가 숙박비를 직접 부담하는 경우는, 예약 가능한 호텔(블록 지정 호텔)을 사전에 안내하여 스스로 전화나 인터넷으로 희망 호텔과 희망 객실을 예약하고 숙박비를 지불토록 하면 된다.

국제 행사의 경우 여러 개의 호텔을 숙박 호텔로 지정하는 것이 보통이다. 설령 한 호텔이 전원을 수용할 수 있다 하더라도, 참가자의 선택권 부여, 기존 손님의 기득권 유지와 서비스 대상의 일시적 집중을 피하기 위해 여러 호텔을 선정하고, 필요한 객실을 확보하기 위해 호텔별 객실의 블록을 요청한다. 객실을 블록하기 위해서는 각 후보 호텔에 행사 개요를 설명하고 블록할 수 있는 객실 수, 객실료, 무료제공 객실 수 등에 대해 협의한다.

객실은 행사 참가신청서가 접수되면 희망하는 호텔을 배정하고 호텔로 하여금 참가자에게 확인서를 송부하여 예약이 확정되었음을 알리도록 한다. 객실 변경이나 취소사항은 호텔과 참가자 간 직접 처리하도록 하고, 그에 대해 준비 사무국에 통보하게 해야 한다. 분쟁 대상국, 감정 대립국 그리고 경쟁 기관의 참가자들에 대해서는 호텔을 분리·배정하는 것이 좋다.

2012 서울 원자력 인더스트리 서밋 숙박 운영 사례

1) 행사장 주변 5개 호텔과 제휴하여 할인가의 객실을 사전에 블로킹
2) 참가자가 행사 홈페이지에 등재된 호텔예약 신청서를 다운로드 받아 해당 호텔에 직접 예약 신청
3) 행사 종료 후 NSS 연계 참석, 또는 개인 일정으로 장기 투숙용 VIP 객실 예약

　※ 사전에 블로킹한 객실은 260개였으나, 실제 투숙한 참가자는 100개의 객실에 머뭄
　※ 40여 명의 해외 참가자는 사전 안내된 호텔을 사용하지 않고 개별적으로 서울 시내 15개 호텔에서 숙박

---

⑤ 수송

공식 행사장과 호텔 또는 부대 행사장 간 참가자들의 이동편의를 위해 참가자 수송 계획을 수립해야 한다. 수송은 호텔과 행사장 간 정기 셔틀 차량을 매 30분 등 정기적으로 운영하는 경우가 있고, 행사장과 멀리 떨어져 있는 연회장 간의 1회 왕복 수송차량이 있을 수 있다. 연회장 참석자가 사전에 정해진 경우는 수송차량 탑승 인원을 명확히 하고, 안내자로 하여금 명단 확인을 하도록 한다.

참가자들의 수송 편의를 위해 수송차량에 행사 안내표지를 부착하고, 탑승 장소에는 셔틀차량 안내배너를 설치한다. 특별히 초청된 참가자만을 수송할 경우 사전에 명찰에 탑승

대상자를 색상 등으로 표시하고, 참가자 별로 탑승 차량 번호도 명찰 뒷면에 기재하여 참가자 본인과 안내자가 알 수 있도록 하면 편리하다.

※ 행사장 셔틀버스 운영 사례

○ 운영 시간: 3.23(금) 오전(06:50~08:30), 오후(16:30 및 17:30, 2회)

○ 배차 및 차종

구분	리츠칼튼	라마다	롯데잠실
배차 간격/횟수	수시	15분/4회	수시
차종	택시	28인승 버스	택시

※ 총리 주재 만찬장 수송

○ 운영 구간: 행사장 → 만찬장 → 호텔(11개)

○ 대상자: 총리 주재 만찬 초청자 92명(해외 73명, 국내 19명)

○ 운영 내용

- 28인승 리무진 5대로 이동(안내요원 차량별 2명 동승)

- 탑승 시 참가자 명찰에 부착된 초청 비표 스티커 및 차량번호 기재 스티커 확인

- 만찬 종료 후에는 서울 지역에 익숙지 않은 외국인을 감안하여 참가자 전원에게 공식 호텔 이외 8개의 숙박호텔로 수송 및 안내

<2012 서울 원자력 인더스트리 서밋 셔틀버스 안내표지>

⑥ 주차 및 교통 관리

행사 기본 계획과 별도로 상세 계획 수립 시 주차장 확보와 교통통제 계획도 반영해야 한다. 참석자 규모와 자가 운전자 수를 예측하여 주차 필요 면적을 산출하고, 행사장에서 수용 가능한지, 그리고 행사와 무관한 기존 고객의 주차장 필요는 어느 정도인지도 가늠한다. 행사장에서 모든 참석자가 운전 차량을 주차할 수 없을 경우, 필요 주차 공간을 인근 공터(농한기의 경우 농지 등도 포함)에 임시 주차 공간을 확보하고, 임시 주차장에서 행사장까지 도보로 이동이 어려울 경우에는 셔틀버스를 운영토록 한다. 초청장이나 행사 안내 책자에 주차안내도 반드시 포함하여 참가자들이 사전에 인지하여 쉽게 주차할 수 있게 함으로써 준비 사무국의 안내 업무도 경감시킨다. 필요 시 귀빈과 일반인 또는 기관별로 주차 지역을 구분하여 운영하면 혼잡을 줄일 수 있다.

옥외 행사 시 차량에 대한 별도 진입로를 이용할 수 있도록 계획하고, 주차장은 일반 차량용 주차장과 장애인 차량 주차장, 버스, 셔틀버스, 귀빈, 공연·행사자, 소방 전용, 현장 작업자 별로 분리하면 좋다. 예상 참가자를 초과할 것을 대비하여 여분의 주차 공간을 확보하는 것도 고려해야 한다. 또한 비상시를 대비하여 응급차량 전용 출입구를 마련하고, 이동 경로 역시 별도로 설치해야 한다.

유료 주차장을 활용할 경우 무료 주차 가능자와 일반인 주차자를 구분하여, 무료 주차 가능자는 제공받은 주차권이나 참석자 명찰 등으로 무료로 주차장을 이용하도록 하고, 주차비용은 준비 사무국에서 주차장 운영기관과 사후 정산한다. 유료로 주차장을 이용하는 일반 참석자에게는 초청장이나 안내책자에 주차 요금에 대한 안내와 일정 시간 무료 주차에 대해 알려준다. 주차장 배치도와 주차 안내배너를 제작하여 필요한 장소에 비치하고, 행사 당일에는 곳곳에 주차 안내원을 배치하여 편리한 주차와 원활한 교통흐름이 유지되도록 한다.

⑦ 비상계획

안전사고, 응급환자 발생, 기상이변 등에 대한 비상대응 체계를 구축하는 것은 참가자 편의제공 측면에서 가장 중요한 요소라 할 수 있다. 행사가 성공하려면 무엇보다 안전한 행사가 되어야 하기 때문이다. 비상계획에는 시설물 안전, 비상 의료, 폭설·폭우·한파·폭염·태풍 등 기상이변에 대한 분야별 대응방안을 포함해야 한다.

실내 행사의 경우, 메인 무대 설치에 대한 안전관리에 중점을 두어야 하나, 옥외 행사의 경우는 행사장 이외에 가건물, 관람객 통제선, 무대 주변설비, 주차 등 모든 부분에 대한 안전검토 및 점검이 수행되어야 한다. 옥외 행사 비상계획 수립 시 준비 단계에서는 무대 위치, 통제선, 옥외 행사장 내 대형 스피커 위치, 출입구, 비상대피로, 응급처치실, 화장실, 가판대(매점) 위치까지 고려하고, 설치 단계에서는 기초공사가 끝나면 나머지 옥외 행사에 필요한 모든 장비 및 부대시설을 옥외 행사장으로 들여와 설치한다. 행사 단계에서는 관중 운영 및 교통관리, 화재 대비, 응급처치, 옥외 행사 중 발생할 수 있는 경미한 사고 및 대형 사고에 대비한 계획을 수립한다. 철거 단계에서는 무대 및 각종 시설에 설치된 관련 장비 및 부대시설을 안전하게 철거한다.

옥외 행사의 경우 준비 사무국은 화재예방 및 인명피해 방지 조치사항 등이 포함된 재난대처 계획서 등을 작성하여 관할 지방자치단체에 제출하고 필요한 협조를 받는 것이 좋다. 이런 재난대처 계획에는 주최자의 임무 및 관리조직, 비상시 취해야 할 조치 및 연락처, 화재예방 및 인명피해 방지 조치사항, 안전관리요원 운영 계획(안전, 경호, 통제, 응급처치 교육 등), 경비업의 허가를 받은 경비업자가 채용한 안전관리요원 배치, 옥외 행사장 배치도(본부석, 스탠드, 무대, 관람석 등 구분), 옥외 행사장 외관, 출입문 통제, 도로주변 및 안전요원 배치 등을 포함해야 한다.

안전관리요원은 행사의 성격, 규모, 지리적 여건, 출연자 및 관중 성향 등에 따라 배치 인원을 정하고, 지방자치단체, 소방, 경찰 등이 참여하는 유관 기관 대책회의 시 협의한 위험성 정도에 따라 필요 인원을 배치하여 관중의 안전을 도모한다. 실내 행사장에서는 불꽃놀이 등 위험물질 사용을 절대적으로 금지하고, 불꽃놀이 시 폭음탄 등은 풍향을 고려하여 껍질이 관중 또는 이웃에 떨어지지 않도록 발사한다. 행사 개최 전 행사장 배치도, 관람 동선, 이용시간, 주차장 시설, 유의사항 등 행사 전반에 대하여 지속적으로 홍보하고, 행사 중간에 질서유지를 위한 안내방송도 수시로 하여 경각심을 일깨워준다. 광고 전단물 또는 초청장, 입장권 뒷면에 사고 발생 시 비상 대피경로를 알기 쉽게 표시한다.

옥외에서 개최되는 대형 행사의 경우, 주최자는 관할 지방자치단체, 소방관서, 경찰관서,

한국전력, 인근 대형병원 등과 행사 전반에 대한 내용 및 재난안전에 대한 긴밀한 협의를 하고 필요한 지원을 받도록 해야 한다.

중요 국제 행사의 경우 국내외에서 고령의 귀빈이 다수 참석할 수 있다. 또한 장시간 행사 진행에 따른 탈진, 탈수 등의 환자 발생도 우려되므로 의사, 간호사, 응급처치사 등으로 구성된 메디컬 센터를 운영하는 것이 필요하다. 또한 위급환자 발생에 대비하여 인근 대형병원과의 필요한 협력체계를 사전에 구축하고, 해당 병원의 구급차를 인근에 대기토록 한다. 지난 2012 서울 원자력 인더스트리 서밋의 경우 본 행사장 내에 메디컬 센터를 운영하고, 산업체 견학 시 응급처치 자원봉사자를 수송차량 별로 배치했다.

시설분야 별 안전성 점검 사항

○ 임시무대, 관람석 등 임시 구조물 설치에 따른 구조 안전성

○ 출입문 상태, 진·출입 통로 상 전도 위험

○ 병목현상 발생 예상 지역 안전성

○ 프로그램 진행상 화재 취약 요인

○ 소방·방재 시설

○ 필요한 전기용량(과부하 방지)

○ 발전시설, 배전, 조명설비 등 전기시설 안전

○ 모든 시설물에 대한 폭설, 폭우, 폭염, 태풍에 대한 대비
　※ 행사장 내 이동식 좌석은 쉽게 이동할 수 없도록 의자와 의자를 서로 묶어줌

주요 행사는 수개월에서 수년 전에 행사일이 결정된다. 계절별, 월별 평균적인 날씨는 예측이 되지만, 폭설, 폭우, 폭염, 태풍 등 기상이변이 발생할 수도 있다. 준비 사무국은 이런 기상이변에 대한 대비책을 강구해야 한다. 기상이변이 심각하여 안전관리에 문제가 발생할 가능성이 클 경우에는 행사를 취소하거나 순연시키는 것도 고려해야 한다.

2011년 8월 31일은 여름의 끝자락임에도 불구하고 한낮의 기온이 32℃까지 올라갔다. 행사 준비팀은 참석자 중 60대 이상의 귀빈이 100여 명으로 따가운 햇빛에 장시간 견디기 어려운 상황임을 인식하여 대응방안을 심각하게 논의했다. 그리고 행사 참가자 500여 명을 동시에 수용할 수 있는 햇빛 가림막(TFS 텐트)을 긴급하게 설치하고, 테이블 중간중간에 대형 선풍기를 준비했다. 또한 고령의 귀빈 좌석에는 물수건을 비치했다.

< 폭염에 대비한 대형 햇빛 가림막(TFS 텐트) 설치>

⑧ 식음료

행사에서 제공하는 식음료는 주최자가 참가자들에 대한 감사의 표현이자 배려의 측면에서 제공하는 것이다. 따라서 참가자들의 취향을 고려하여 식음료를 준비해야 한다. 메인 행사를 성공적으로 마쳤다 해도 연회장의 식음료가 맘에 들지 않으면 행사 만족도가 떨어지기 마련이다.

식음료 기획 시 참가자들의 배경과 욕구를 확인하고 참가자들의 음식 취향이나 종교적으로 필요한 특별한 음식이 있나 파악한다. 채식주의자와 돼지고기를 먹지 않는 참가자 요구에 대응하고, 직전 행사 메뉴를 확인하고, 그 당시 참가자들의 반응은 어떠했는지도 확인한다. 직전 행사에서 참석자들이 식사의 질과 서비스에 대해 만족했다면, 이번 행사에서 그 정도의 수준을 유지하지 못하면 만족도가 떨어질 수 밖에 없다.

식사란 아침, 점심, 저녁 식사를 의미하며, 커피타임과 칵테일 파티는 이에 포함되지 않는다. 어떤 참가자들은 아침 식사를 생략하거나 커피 한잔과 빵 한쪽으로 아침식사를 대신하는 경우도 있으므로, 성대한 아침식사 제공은 비용을 낭비할 수 있다. 며칠 계속되는 행사의 경우는 매일 저녁 식사를 제공할 필요는 없다. 대부분의 참석자들은 공식적인 저녁 식사 이외에 지역 고유의 음식을 맛보기 원하기 때문이다.

메뉴는 행사 예산에 맞춰 최고의 질과 서비스를 제공할 수 있는 메뉴를 선택한다. 일정량 이상의 식사를 하는 경우 행사장 임차료를 무료로 하는 경우도 있으니, 이도 함께 시설

보유 기관과 협의하여 행사 예산을 합리적으로 집행하도록 한다. 여러 날에 걸쳐 열리는 행사의 경우에 메뉴는 흥미를 끌 수 있는 다양한 음식이어야 한다. 아침 식사와 점심 식사에서는 고지방의 기름기가 많은 음식은 피한다. 참가자 단체의 규모도 메뉴 선택에 있어 중요한 결정요인이 된다. 대규모 인원을 위한 연회를 기획할 경우에는 미리 준비해둘 수 없는 음식은 선택하지 않는다. 조리하자마자 고객에게 서비스되어야 할 요리는 작은 규모의 모임에 더 적합하다. 식사 메뉴를 결정할 때는 참가자들의 식사 취향을 가능한 한 파악하고 고려해야 한다.

2012 서울 원자력 인더스트리 서밋의 경우 참가자가 확정된 다음 특이 식단자를 사전에 일대일로 파악했다. 파악 방법은 최종 참가등록 신청서에 본인의 특이 식단 내용을 기입하도록 하는 것이었다. 그 당시 15개 국가의 총 24명이 할랄미트(Halal Meat)를 포함해서 6종류의 특이 식단을 신청했다. 특이 식단자에 대해선 연회장 테이블에 구분 카드를 비치하고, 조리실에 특이 식단을 고려하도록 했다.

<2012 서울 원자력 인더스트리 서밋 연회 특이 식단자>

종류	Vegetarian	Halal Meat	No Beef	No Pork	No Seafood	No Milk
24명	4	12	1	4	2	24

<2012 서울 원자력 인더스트리 서밋 특이 식단자 구분 카드>

테이블에 제공되는 식사 서비스는 참가자들이 식사 테이블에 앉은 후 준비된 요리를 제공할 수 있다. 서빙하는 시간은 참가자들이 뷔페에서 음식을 고르는 시간보다 빠르다. 뷔페의 긴 식사 줄은 참가자들에게 부정적인 영향을 줄 수도 있다. 부득이 뷔페를 선택할 때는 너무 줄을 오래 서지 않도록 행사 인원을 고려하여 음식테이블을 비치해야 한다. 식사 중 연사를 모실 경우는 뷔페보다는 테이블로 식사를 제공하는 편이 낫다. 연사가 강의를 시작하기 전에 모든 참가자가 착석하도록 한다. 다음 세션 시작 전에 식사가 끝날 수 있도록 메뉴와 서비스 소요 시간을 미리 측정한다.

뷔페 서비스는 한 번에 모든 식사가 제공되며 선택의 폭이 넓다는 장점이 있다. 뷔페는 사람들이 한꺼번에 몰려드는 경우보다는, 제한된 시간 내에 와서 식사하는 경우와 아침 식사가 좋다. 뷔페를 대신한 여러 식사제공 방법들을 함께 사용하면 참가자들 개개인이 좋아하는 음식을 선택할 수 있다. 뷔페 서비스에 있어서는 음식소요 규모를 확실히 파악할 수 없으므로, 테이블에 제공하는 음식 서비스보다 일인당 더 많은 비용을 지불할 수도 있다.

리셉션과 칵테일 파티는 주류나 음료, 스넥 등을 제공하는 것도 행사 전체 프로그램 가운데 한부분이다. 이런 행사들은 이른 저녁이나 저녁 식사를 대신해서 열리며, 참가자들에게 사교와 휴식의 기회를 제공한다. 대부분의 리셉션은 하루의 후반에 있지만, 필요에 따라 어떤 시간대든지 기획할 수 있다.

어떤 종류의 주류(Liquor)를 제공하는가에 따라 예산에 중요한 부분을 차지할 수 있다.

1) Cash Bar: 손님이 자신의 음료 값을 지불하는 것이다. 기획자는 최소의 비용이 소요되지만, 주최 측의 반대가 있을 수 있다.
2) Per Person: 일인당 규정 금액을 지불하면 시설 공급자는 모든 주류와 소프트드링크를 제공하는 것이다.
3) Per Drink: 손님이 소비한 각 음료 당 가격을 주최 측이 지불한다. Open Bar라고도 불린다.
4) Per Bottle: 개봉된 병에 대해서만 지불하는 것이다. 대규모 행사의 경우 가장 효과적인 방법이다.

행사장 입구 또는 Conference Kit 안에 참가자를 위한 티켓이나 쿠폰을 지급하여 티켓 수만큼 소비를 제한하는 방법도 있다. 커피타임(Refreshment Breaks)은 15~20분 동안 오전과 오후의 세션들 사이에 제공한다. 이 시간은 계속되는 강의와 토론으로 지친 참가자들에게 휴식을 줄 수 있는 기회이다. 참가자들이 세션 룸을 나와서 다시 돌아가는 시간, 스낵 등을 즐길 수 있는 충분한 시간과, 그 밖에 여러 가지 개인적인 용무를 볼 수 있도록 여유 있게 시간을 부여한다. 커피, 차, 생수, 소프트드링크는 기본적으로 제공되지만, 이외에 과일주스, 가벼운 스낵 등을 제공할 수도 있다. 플라스틱 제품보다는 도자기 재료의 그릇을 사용한다. 이는 행사의 고급스런 이미지와 친환경적인 느낌을 준다.

식음료 비용(Cost)은 예상되는 참가자의 수를 확인하고 그 비용이 적절한가를 살핀다. 식사는 일인당 기준으로 지불되며, 사전에 세금과 봉사료 포함 여부를 확인한다. 행사 시작 최소 72시간 전에 식사 인원을 통보한다. 사전 통보한 예상 인원보다 참가 인원이 적을 경우에도 계약한 비용을 모두 지불해야 한다. 반대로 더 많은 인원이 참가한 경우에는 실제 참가 인원수만큼 지불한다. 호텔 식사는 보통 10% 정도를 초과하여 준비한다.

7. 영접 및 의전

사전적 의미로 영접은 '손님을 맞아서 대접하는 일'이며, 의전은 '예를 갖추어 베푸는 각종 행사 등에서 행해지는 예법'이다. 어찌 보면 동일한 의미로 받아들일 수 있지만, 의전은 공식적인 행사에서 기준과 절차에 따라 방문자 직위에 걸맞은 예우를 하는 것으로 볼 수 있다.

① 영접

일반적으로 부모님, 친척, 친지 또는 은사님 등이 자신의 집을 방문할 경우 교통 편의, 도착 편의, 방문 기간 동안의 편안함, 식음료 제공 등에 최선을 다하여 영접한다. 영접은 방문자와 방문 응대자 간의 관계성에 따라 많이 달라진다. 귀한 손님이나 부모님이 오실 경우는 문밖까지 나가 손님을 맞이하는 것이 예의라 할 수 있다.

행사를 준비하면서 준비 사무국은 참가자들에 대한 영접을 어떻게 할 것인가 고민해야 한다. 참가자가 행사장을 쉽게 찾을 수 있고, 행사 기간 중 불편함이 없도록 하고, 그들이 즐길 수 있는 식음료와 여흥을 마련하는 것 모두가 영접의 범위이다. 이런 의미에서 영접은 의전과 동일하게 해석하기도 한다. 다만 의전은 행사장 내에서 주로 이루어지는 반면에, 영접은 공항, 역, 터미널, 호텔 등에서 손님을 맞이하는 순간부터 시작된다. 행사가 종료한 후에 배웅 서비스도 영접의 마지막 부분이라 할 수 있다.

2012 서울 원자력 인더스트리 서밋의 경우 해외 참가자 직책과 신분에 상응하는 적절한 예우로 입국 편의를 제공하기 위해 별도의 영접 계획을 수립했다. 특히 공항 및 호텔 영접은 해외 초청자와 해외 주최측과의 첫 대면이므로, 환영 분위기를 조성하여 행사 전체에 대한 만족감을 충족시키는 데 중점을 두었다. 해외 참가자들의 입국 일정에 맞춰 인천국제공

항과 김포공항에 공항 안내 데스크를 운영했다. 참가자 편의를 위하여 사전에 KAL과 협약을 통해 할인쿠폰을 제작하여 KAL 리무진 할인쿠폰(2,000원)을 안내 데스크에 비치하고 배부했다. 안내 데스크 설치 및 운영 시 공항 측과 사전에 협의해야 한다.

1) 영접 계획 수립

(1) 예방 요청서 접수

예방 요청은 가급적 문서로 이루어져야 하며, 유선 요청일 경우 추후 문서로 요청을 받도록 한다. 요청 문서에는 방문 목적, 접견을 원하는 인사, 방문 시기, 방문자가 명시되어야 한다.

(2) 검토보고

요청을 접수한 후에는 방문 목적의 진의를 파악하고 방문의 타당성과 적절성을 검토한 후, 방문 예상 인사의 비서실과 일정을 협의한다. 일정이 정해지면 영접 기본 방향에 대한 검토보고서를 작성하여 국제관계 자문대사의 자문을 받아 행사 주관 기관장에게 보고한다.

(3) 예방 일정 통보

방침이 결정되면 예방 요청 기관에 예방 일정을 통보한다.

(4) 영접 기본 계획 수립

외빈의 방문 의의를 높일 수 있도록 뚜렷한 목적을 설정한 후, 그에 따라 행사 내용, 행사 일시, 장소, 참석 주빈, 초청인사 규모, 진행절차 및 소요예산 등 필요한 사항을 미리 정한다. 공식 회담, 조인식 등 본 행사 외에도 경우에 따라 행사의 의의를 높이기 위하여 식전 및 식후 행사를 거행할 수 있으며, 이와는 별도로 다과회, 기념식수, 현장시찰, 초청강연 등의 부대 행사를 연계하는 경우도 있다. 또한 이와 함께 행사에 영향을 줄 수 있는 외적인 변수, 즉 옥외 행사 인 경우에는 날씨, 멀리 떨어진 행사장인 경우에는 이동수단, 소요시간 등도 아울러 고려해야 한다.

영접 계획 수립 시 영접 대상자, 영접 장소(공항, 호텔, 행사장 등), 영접자, 영접 방법, 영접 절차 등이 포함되어야 한다.

영접 기본 계획에 포함되어야 할 사항
a. 방문 개요: 방문 목적, 규모, 주빈(단장)의 직, 성명과 주요 활동 계획
b. 활동 일정: 방문일정 위주로 일자별, 시간대 별 활동 일정을 구체적으로 작성하되 첨부 자료로 자국에서 출국 시부터 귀국 시까지 자세한 일정을 작성하여 면담자료 등으로 활용
c. 활동 계획: 주빈의 활동 일정 순으로 일시, 장소, 참석규모, 활동 내용, 주빈의 하실 일 등을 구체적으로 작성. 행사 진행에 필요한 합의서, 말씀 자료, 기념품 증정 계획 등을 별도로 작성하여 결재를 득함
d. 소요예산: 의전차량, 통역지원, 홍보물 제작, 환영 연회 개최, 자료 제작 등 영접에 소요되는 제반 비용의 규모와 재원확보 방안
e. 행정사항: 국기게양, 대외홍보, 행사 배석, 접견실 준비, 주차장 확보 등 타부서의 지원이 필요한 사항을 명확하게 분담
f. 보충자료: 대표단 명단(직위 순으로 직위, 성명), 외빈 국가(지역) 일반 현황, 행사 주관사와 방문 지역과의 관계 등

2) 영접 준비

영접 준비 시 사전에 요청자와 예방에 따른 구체적인 사항에 대해 협의한다. 협의 내용은 예방 인원수, 방문 시 이용하는 여행사, 숙박 장소, 차량 임차 방법, 면담 희망 인사, 방문 기관·시설 등이다. 협의가 완료되면 영접 준비사항 목록표를 작성하여 영접 계획에 따라 영접 업무를 수행한다.

<영접 기준표 예시>

등급 항목	A	B	C	D
기념품	○	○	○	○
국기 게양	○	필요 시	필요 시	게양 안 함
탁상기	○	○	필요 시	필요 시
꽃다발	○	○	증정 가능	증정 안 함
방명록	○	○	○	필요 시
현수막	현관, 회담장, 연회장	회담장, 연회장	회담장	-
연회 주관	조직위원장	행사 주관 기관장	사무국장	사무국장
영접인사	조직위원장	행사 주관 기관장	사무국장	실무팀장
환송	사무국장	사무국장	실무팀장	담당
경찰 선도	선도	특별한 경우	-	-
의전차량(임차)	3,500CC	3,500CC	3,000CC	2,500CC
공항 의전	○	필요 시	-	-

<영접 업무 진행순서 예시>

구분	준비사항
가. 초청(예방) 검토 및 영접 계획 수립	1) 예방 요청서(초청) 검토보고 2) 예방(초청) 일정 통보 3) 영접 계획 수립
나. 영접준비	1) 일정 협의 2) 준비사항 목록표 작성 3) 영접 세부일정 작성 4) 숙소 및 행사장 예약 5) 행사 별 자료작성 6) 유관기관 협조 요청 7) 방문단 제공 안내책자 작성 8) 차량지원 9) 통역 10) 선물 11) 환영 분위기 조성 12) 보도자료 작성, 배부
다. 영접	1) 공항 영접 2) 호텔 영접 3) 행사장 영접
라. 조직위원회 등 예방 및 오·만찬	1) 예방 전 사전준비 2) 현관 영접 3) 예방 4) 기념촬영 5) 오찬, 만찬
마. 유관기관 방문 및 시찰	1) 방문 대상지 협조 요청 2) 시찰 시 지원사항
바. 공항 환송	1) 환송인사 2) 귀빈실 이용 확인 3) 출국수속 4) 환송

3) 공항 영접

2012 서울 원자력 인더스트리 서밋 시 공항 안내 데스크를 설치하여 자원봉사자의 피켓 영접, 사진 촬영 및 차량안내 등 참가자 환영 및 문의 응대를 수행했다. 해외 초청자 중 6명의 VIP에 대해서는 의전 전문 인력을 활용하여 CIQ(세관, 입국, 검역) 수속을 돕도록 하고, 공항-호텔 간 의전차량을 제공했다. 그 외 일반 해외 참가자의 경우에는 환영 피켓 영접, 공항 리무진 버스 승차권 구입 및 탑승안내를 제공했다.

<해외 참기지 150여 명 영접 시례>

구분	영접 대상	차 량	영접 인력	제공 서비스
해외 VIP	WNA ○○○ 등 6명	의전차량 (에쿠스 급)	의전 전문 인력* 영접관**	게이트 영접 및 입국수속 편의제공
일반 초청자	CEO 및 수행자 140명	공항 리무진 버스	자원봉사자	승차권 구입 및 탑승

* 의전 전문 인력: CIQ(세관, 입국, 검역) 수속지원을 위한 외부 전문 인력

** 영접관: 해외 주재원 경험자 중 선발된 회사 간부직 인력(6명)

<2012 서울 원자력 인더스트리 서밋 영접 운영인력 구성>

의전 전문 인력 (외부)	영접관 (사내 인력)	피켓 인력 (봉사자)	안내 데스크 (봉사자+PCO)	사진 촬영 (봉사자)
6명	6명	8명	6명	2명

<KAL 리무진 할인쿠폰>

4) 호텔 영접

6명의 해외 귀빈에 대해 6명의 리에종(어학 특기자로 구성된 자원봉사자)이 숙박호텔 로비에서 영접을 수행했다. 또한 해외 초청자 중 조직위원회에서 선정한 CEO 40명에게는 조직위원장 명의로 된 Welcome Card와 꽃바구니를 해당 룸에 사전 세팅함으로써 행사의 품격을 알림과 동시에, 초청자에 대한 환영과 존중을 표함으로써 첫인상을 좋게 하고 우호적인 분위기를 만들었다.

준비 사무국에서 지정한 4개 호텔 로비에 외국어가 능통한 자원봉사자를 배치하여 환영인사와 함께 체크인을 도왔다. 그리고 참가자들에게 행사 홍보책자와 한국 관광 안내서를 배부하고 질문에 응하도록 했다. 또한 호텔 입구와 로비에 환영배너와 안내배너를 눈에 잘 띄는 곳에 비치하여 어색함과 불편함을 최소화했다.

5) 행사장 영접

행사장을 처음 방문하는 사람들은 행사 장소를 찾고 무엇부터 해야 할지 어려워할 수 있기 때문에, 행사장 입구에서 준비 사무국, PCO, 자원봉사자 등이 참가자들을 영접하는 것이 좋다. 곳곳에 안내배너를 설치한다 해도, 참석자들의 직책을 고려한 영접자를 선임하여 참가자들에게 예우를 갖추어 환영하고 안내하는 것이 좋다.

2012 서울 원자력 인더스트리 서밋의 경우, 공식 행사인 네트워킹을 위한 조찬 참가자 영접과 국무총리 영접으로 구분하여 운영했다. 모든 참가자들의 공식 일정은 네트워킹을 겸한 조찬시간부터 시작된다. 네트워킹 조찬 참가자 200명에 대한 영접은 조직위원장과 한국원자력연구원장이 수행했으며, 국무총리 영접은 조직위원장, 한국원자력 산업회의(KAIF) 회장, 한국원자력연구원장이 수행했다.

② 의전

의전은 메시지다. 의전은 개인 간의 단순한 예절 차원을 넘어서 조직이나 단체, 나아가 국가 간의 공식적인 관계 맺음을 지원하는 모든 행위를 의미한다. 의전은 시대가 변하면서 그 의미와 역할이 달라진다(『의전의 민낯』, 김효겸). 이제 의전은 편안하면서도 격식 있는 참석자 위주로 변화하고 있는 추세이다. 권위적이고 주최자 중심, 즉 경직되고 관행적인 방식에서 참여자 중심으로 모두가 공감할 수 있는 유연성과 효율성을 중시해야 한다. 참여자의 눈높이에 맞추고 자연스럽게 행사를 진행하기 위해 해당 부서(기관)와 사전협의가 반드시 필요하다.

1) 일반적인 의전예우 기준

정부 의전 행사에서 참석 인사에 대한 의전예우 기준은 헌법 등 법령에 근거한 공식적인 것과 선례에서 비롯된 관행적인 것이 있다. 공통으로 적용되는 서열 기준은 대통령, 국회의장, 대법원장, 헌법재판소장, 국무총리, 중앙선거관리위원장, 국회부의장, 감사원장, 부총리, 국무위원, 장관급, 차관급 순이다. 직위에 의한 서열 기준은 ① 직급(계급) 순위 ② 헌법 및 정부조직법상의 기관 순위 ③ 기관장 선순위 ④ 상급기관 선순위 ⑤ 국가기관 선순위 등이며, 공적 직위가 없는 인사의 서열 기준은 ① 전직(前職) ② 연령 ③ 행사 관련성 ④ 정부 산하단체 및 관련 민간단체장 등이 서열 기준이 된다.

2) 초청인사의 의전예우 기준

시도 단위에서는 광역시장이나 도지사, 의회의장, 교육감, 교육위원회 의장, 지방(고등)법원장, 지방(고등)검찰지청장, 군부대장(3성 장군) 등이 차관급이므로 이에 준하여 예우를 한다. 당해 행사와 관련성이나 계급(또는 직급) 등을 종합적으로 고려해야 하나, 지역주민의 손으로 직접 선출된 인사가 지역 대표성을 갖는 만큼 우대를 해야 한다.

3) 자리와 예우에 관한 기준

자리배치 시는 사람과 사람과의 상호존중 관계에 관한 준거를 기준으로 한다. 자리의 기준으로 할 때는 가장 우선이 중앙이며, 자리를 둘로 나눌 수 있는 경우에는 상대편이 보았을 때 좌측(당사자 입장에선 우측)이 우선이다. 각종 행사에서 특별한 역할이 있을 때는 서열에 관계없이 자리를 배치할 수 있다.

시간적으로 볼 때는 앞이 우선일 때도 있고 뒤가 우선일 때도 있다. 앞의 것이 공경스러울 때는 앞이 우선이고, 뒤의 것이 공경스러울 때는 뒤가 우선이다. 아랫사람은 윗사람에게 먼저 경의를 표시하고, 대등한 관계에서도 서로 경의를 표시한다. 예우의 서열에 일정한 기준은 없으나, 직위의 높고 낮음, 나이, 직위가 같을 때는 정부조직법상의 순서 등에 따른다.

4) 국기의 게양

국기는 항상 국가의 존엄성을 상징하기 때문에 잘 관리하고 적기에 바르게 게양해야 한다.

○ 행사장에서의 국기 게양

회의장이나 강당에서는 내부의 전면 앞에서 바라볼 때 그 전면 왼쪽 또는 중앙에 게양한다. 실외 행사장의 경우 기존에 설치되어 있는 주 게양대에 태극기를 게양하는 것을 원칙으로 한다. 행사 사정상 여의치 않을 경우에는 전면의 왼쪽 또는 중앙에 별도의 임시 게양대를 설치하여 게양한다. 실내든 실외든 스크린에서 태극기 영상으로 실물 태극기를 대체하는 것은 지양해야 한다.

○ 외국기와 같이 게양하는 방법

외국기는 우리나라를 승인한 나라의 국기에 한하여 게양한다. 다만 국제 회의 또는 체육대회 등에 있어서는 우리나라를 승인하지 않은 국가의 국기를 게양할 수 있다. 태극기와 외국기를 함께 게양하는 경우, 태극기를 포함한 총수가 홀수인 경우는 태극기를 가장 중앙에, 짝수인 경우는 왼쪽 가장자리에 게양해야 한다. 외국기의 게양 순위는 외국 국가 명칭의 영문 알파벳 순서에 따르는 것이 관례이다. 태극기와 외국기를 교차 게양할 경우에는 앞에서 보아 태극기의 깃면이 왼쪽에 오도록 하고, 태극기의 깃대는 외국기의 깃대 앞쪽에 오도록 한다. 유엔기를 함께 게양하는 경우에는 유엔기, 태극기, 외국기 순으로, 유엔기를 가장 위에 게양한다.

○ 차량에 태극기를 게양하는 경우

차량에는 앞에서 보아 왼쪽 전면에, 차량 전면보다 기폭만큼 높게 게양한다.

행사는 자연스럽고 무리 없게 진행되도록 해야 한다. 이를 위해 행사 총괄 책임자는 행사 순서를 기억하고, 진행자 옆에서 항상 대기해야 한다. 조직위원장 또는 행사 주관 기관장과 눈으로 대화하며 참가자들에게 편의를 제공하는 데 주력해야 한다. 위기 상황에 대처하고 가능한 한 빈 좌석이 없도록 하며, 어떤 경우라도 평정심을 유지하고 시간 관리를 철저히 해야 한다.

③ 좌석 배치

좌석 배치는 의전에서 아주 중요한 요소이다. 따라서 초청자 또는 참가자의 직책, 신분, 전직(前職), 나이 등을 고려하여 좌석 배치를 하고, 불가피한 경우는 사전에 이해와 양해를 구하는 것이 좋다. 좌석 배치는 의전예우 기준을 토대로 행사의 성격, 주관기관 여부 등에 따라 배치한다. 특히 공기업 대표들, 건설사 대표들 등 동일 계열 대표가 동시에 다수 참석할 경우처럼 서열이 모호한 경우에는 기관명(가나다 순), 기관장의 전직, 행사 관련성, 대리참석 여부 등 합리적인 기준을 만들고 배치 계획을 수립한다.

○ 단상좌석 배치는 행사에 참가한 최상위자를 중앙으로 하고, 그 다음 인사는 최상위자 자리를 중심으로 연단 아래를 향하여 우좌(右左)의 순으로 교차하여 배치

○ 최상위자가 배우자를 동반했을 때는 단위에서 아래를 향하여 중앙에서 우측에 최상위자를, 좌측에 배우자를 각각 배치

○ 3부(府)인사의 좌석 배치 순서는 관행상의 서열, 즉 행정, 입법, 사업부의 순에 의거하여 집단별로 배치하되, 각 부내(府內) 인사의 좌석 배치는 서열 또는 관행을 존중하여 배치

○ 행정부 내 동급 인사들의 경우는, 정부조직법에 의한 행정 각부의 순서 등에 의하여 좌석을 정하며, 입법부 내 요인 간의 경우에는 국회에서 관례적으로 사용하는 서열(국회의장, 부의장, 원내총무, 각 상임위원장, 국회의원, 사무총장 順)에 따라 배치

○ 각종 사회단체 대표자 간 또는 기타 일반 인사 간 좌석 배치 순서는 그 자체단체에서

정해진 서열이 있으면 그에 따르고, 정한 서열이 없을 때는 조직별 또는 집단별로 배치

○ 주한 외교단은 외교단장을 비롯하여 관례에 따른 서열, 즉 신임장을 제정한 일자 순으로 배치하며, 그 외의 외국인은 알파벳순으로 배치

○ 예외적으로 의전서열에도 불구하고 일반적인 예우 기준에 비추어 적절한 범위 내에서 우대할 수 있는 경우는 다음과 같다.
  - 행사 주빈을 대행하는 인사가 차하급 인사인 경우
  - 행사 주관기관의 장(연회에서 초청장)
  - 행사 직접관련 기관장 또는 인사
  - 행사에 있어서 역할(경과보고, 식사 등)이 있는 인사

○ 주빈의 안내가 필요한 경우, 주빈에 근접한 위치(앞 열 또는 뒤 열의 직근 위치)에 배치할 수 있음

○ 주관기관의 소속직원은 뒷면에 초청인사는 앞면에 배치

○ 행사 진행과 직접 관련이 있는 참여자(합창단, 악단 등)는 앞면으로 배치

<좌석 배치 예>

(귀빈이 있는 경우)

| | | | | | VIP | | | | | |

| ⑫ | ⑩ | ⑧ | ⑥ | ④ | ② | | ① | ③ | ⑤ | ⑦ | ⑨ | ⑪ |

(귀빈이 없는 경우: 일반적)

| ⑫ | ⑩ | ⑧ | ⑥ | ④ | ② | ① | ③ | ⑤ | ⑦ | ⑨ | ⑪ |

(귀빈이 없는 경우: 양분할 경우)

| 바 | 마 | 라 | 다 | 나 | 가 | | ① | ② | ③ | ④ | ⑤ | ⑥ |

각종 회의 시 좌석 배치는 원형, 타원형, 종장방형, 횡장방형, U자형 등이 있고, 연회장 좌석 배치는 원탁형, 종장방형, 회장방형, 주빈(MT)석형, 원탁(사각) 줄줄이형, 칵테일 다과형 등이 있다. 회의장과 연회장 좌석 배치 기준은 〈부록 1-4〉에 수록했다.

④ 경호

경호는 방문 귀빈에게 위험한 일이 일어나지 않도록 미리 조심하고 보호하는 것을 의미한다. 행사의 규모를 떠나 보통의 행사에서는 주로 영접과 의전에 머문다. 그러나 국제적으로 유명한 지도자, 정치인, 경제인, 기업가들에 대해서는 경호 계획도 수립하여 참석 귀빈의 안전을 확보해야 한다. 행사를 위해 참석한 귀빈에게 테러 등의 안전 위협은 사전에 차단해야 하고, 행사 개최 반대세력의 데모와 행사 방해 등에 대해서도 필요한 조치를 해야 할 것이다.

정부 계획 또는 정부 승인으로 개최되는 행사의 경우, 참석 귀빈의 직책에 따라 경찰청이나 청와대 경호처의 협조를 받아 경호를 받는 것이 좋다. 경찰 등 정부의 협조를 구하기 어려울 경우, 준비 사무국은 경호업체를 활용하여 사설경호를 수행할 수도 있다. 주요 귀빈에 대해서는 행사장 이외에 공항, 호텔, 산업체 견학 등 입국에서 출국 시까지 모든 동선에 대해 경호를 해야 한다.

2012 서울 원자력 인더스트리 서밋의 경우 후쿠시마 원전사고 1주기를 맞아 각종 시위에 대비한 경호안전 대책이 부각되어 청와대 경호처, 경찰청, 핵안보정상회의 기획단과 함께 회의 참석자들에 대한 안전대책을 수립했다. 행사장 외곽 경비는 강남경찰서 2개 중대가 담당했고, 행사장 건물 내부 경호는 강북경찰서가 담당했다. 행사장 주 출입구 2곳에는 금속탐지기와 전담인력을 배치, 운영했다. 또한 만찬장 수송차량과 산업체 견학 수송차량에 대한 경호와 교통안내는 서울지방경찰청과 견학코스별 관할 경찰서의 협조를 받았다. 공식 호텔로 운영했던 4개 호텔은 참석 귀빈이 머무는 동안 경찰 경호 인력이 배치되었다.

행사장 출입을 위해서는 사전에 이메일로 받은 출입 승인증을 출력하여 행사장 출입 통제선 입구에서 제시하도록 했다. 출입 통제선 통과 후에 등록 데스크에서 참석자 명찰을 발급 받은 이후에는 출입 시 명찰을 제시하면 되도록 했다. 일부 사전등록이 이루어지지 않은 수행자와 기자들은 신분증을 제시할 경우 행사장을 제외한 프레스센터, 전시장 등의 출입은 가능하도록 운영했다. 또한 국무총리 주재 만찬 참가자의 경우, 총리실에서 발행한 비표와 함께 별도의 만찬장 출입용 스티커를 부착하도록 하여, 일반 참가자 및 행사 진행요원들과의 차별화를 꾀했다.

<경호 Zone 지정, 운영 사례>

구분	Red Zone	Yellow Zone	Blue Zone
지역	주 행사장(회의장, 오찬장)	행사장 2층 전 지역	호텔 1층 출입구
경호 수준	국무총리 비표 승인자 출입	출입증 소지자 출입 (조직위원회 발급)	행사 안내 및 시위소요 예의주시
출입 대상	- 행사 참가자 - 사전승인 출입자 - KBS 중계인력 - 필수 진행요원	- 참가자 수행원 - Press룸 출입기자 - 진행요원	- 제한 없음 　(사위 등 행사 방해자 제외)
경호 방법	- 출입통제 띠 설치 - 사설경호 및 진행요원 배치	- 출입통제 띠 설치(5개소) - 통제 인원 배치	- 경찰 인력 배치 - 행사장 안내인력 배치

〈 출입승인증 〉

〈 참석자 및 진행요원 명찰 〉

<2012 서울 원자력 인더스트리 서밋 출입증과 목걸이 형 명찰>

8. 홍보

홍보는 행사를 단순히 알리는 데 머물지 않고 관련인들이 행사에 많이 참석하여 함께 공유함으로써 행사를 성공적으로 만들 수 있게 한다. 홍보는 시장 내에서 프로그램의 인지를 이끌어내고, 참가자의 목적에 다가가고, 행사 목적을 달성하는 과정의 한 측면이다. 잠재 참가자 창출을 목적으로 삼는 홍보 방법에는 DM 발송, 기사나 광고, 인터넷 홍보, 판촉물 등이 있다.

행사의 중요성과 적극적이고 다양한 홍보 활동이 필요한 경우에는 홍보 전문기관을 활용하는 것을 고려해볼 필요가 있다. 홍보 대행사는 홍보 전략 수립, 다양한 홍보 방법, 방송 및 신문 기고, 기자 섭외, 프레스센터 운영 등 홍보 전반에 대해 전문성을 갖고 행사 주관사를 대신할 수 있다.

① 홍보 전략 수립

홍보 전략을 수립할 때 전문인들을 위한 시장을 홍보 목표로 삼는 것이 좋다. 텔레마케팅, 팸플릿, 연사 선정, 제목 및 내용이 홍보에 있어서 매우 중요한 요소이다.

행사 프로그램에 대한 신뢰는 얼마나 훌륭한 연사가 참가하느냐에 달려 있다고 해도 과언이 아니다. 따라서 연사 선정은 신중히 고려되어야 한다. 또한 연사의 자질에 관한 정보를 제공하고 과거 행사 참가자들의 실제 증언 내용을 사용하여, 행사 참여를 통해 얻을 수 있었던 이점을 이용함이 좋을 것이다. 홍보에는 행사의 명칭이 중요하다. 가능하다면 분명한 이익을 알려줄 수 있는 표제를 설정하고 부제목을 잘 이용해서, 연례행사이지만 이번에는 과거의 행사와는 무엇이 다른지 알려주어야 한다. 정보를 짧게 요약하되 행사의 목적을 나타내고, 행사에서 가장 혜택을 입을 사람이 가진 일의 역할과 경험 수준을 설명함으로써 누가 참가해야만 하는지를 제시해야 한다.

팸플릿 등 홍보 인쇄물 제작 시 고려사항
1) 표지 디자인과 내용이 가장 중요
2) 내용을 설명할 수 있는 사진 선택
3) 사진 아래에는 항상 설명을 덧붙일 것
4) 상투적인 내용은 지양
5) 중요한 점을 강조
6) 진실을 말하라
7) 홍보물을 전달할 때는 봉투를 사용
8) 독자가 참가할 수 있는 기회를 줄 것
9) 신뢰성을 뒷받침할 수 있는 증언들을 이용

행사의 중요도와 규모에 따라 여러 단계로 나누어 홍보를 시행하여 행사 분위기를 조성해야 한다. 올림픽이나 월드컵 같은 매우 큰 국제 행사는 수년전부터 체계적으로 많은 매체와 방법을 통해 홍보한다. 2012 서울 원자력 인더스트리 서밋의 경우 홍보 목적을 설정하고 홍보 추진 전략을 수립하여 단계별 홍보 활동을 전개했다.

2012 서울 원자력 인더스트리 서밋 홍보 추진 전략
1) 행사 의미 및 국내 산업계 역할 등에 대한 집중 홍보로 일반 국민 및 원자력 산업계의 관심 제고
2) 국제사회에 국내 원자력 산업의 우수성과 역량 홍보
3) 다양한 온라인, 미디어, 커뮤니티를 활용한 홍보
4) 전시·영상물 등 시각 홍보
5) 단계별로 차별화된 홍보를 통한 효과 극대화
6) 정부와 유기적 협조를 통한 일관성 있는 홍보 추진

② 단계별 홍보 전략 수립 사례

다음은 2012 서울 원자력 인더스트리 서밋 시 시행한 단계별 홍보 전략이다.

1) 초기 홍보 단계(2011. 11)

이 단계에서는 초청 대상자를 대상으로 초청장 및 리플렛 발송, 국제 전문가 및 세계 유력인사들의 신문 기고와 인터뷰, 행사 관련 특집기사, 홈페이지를 활용한 행사 소개, 슬로건 공모를 통한 원자력 산업계 및 일반 국민들의 관심 제고 등의 홍보 활동을 수행했다.

2) 분위기 조성 단계(2011. 12)

행사 분위기 조성을 위해 D-100일 이벤트로 사전 워크숍을 개최하고, 일반 신문과 원자력 관련 매체에 사전 워크숍 계획에 대해 기고했으며, 정기적으로 뉴스레터를 발행했다. 행사 공동주최 기관과 기관장을 소개하는 등 한국 원자력 산업에 대한 심층 홍보를 전개했다.

3) 집중 홍보 단계(2012. 1~3)

집중 홍보 단계에서는 초청 대상자를 대상으로 공식 초청장 발송 및 리플렛 발송 등 2차 홍보를 시도하고, 저명인사 좌담회와 자원봉사단 발대식을 거행했다. 온라인 키워드와 방송매체(TV, 라디오, 케이블 등)를 활용한 홍보를 전개하고, 온라인 Press Release 및 SNS를 활용한 반복적 홍보를 시도했다. 행사 당일에는 출입기자 초청 간담회, VIP 언론 인터뷰와 현장 프레스 센터를 운영했다. 이외에 현수막, 가로등 배너, 입간판 및 실내 배너 등 옥·내외 홍보물을 설치하여 행사 분위기를 고조시켰다.

4) 행사 후 홍보 단계(2012. 4~)

행사 종료 후에는 행사 홈페이지와 온라인 커뮤니티를 활용하여 행사 결과와 성과를 홍보했다. 홈페이지에 행사 결과물과 행사 스케치 영상을 업로드했고, 감사 서한을 홈페이지에 팝업으로 게시했으며, 행사 백서와 기록 앨범을 제작했다.

③ 행사 분위기 조성

행사를 널리 알리고 관심을 유도하기 위해서는 단계별로, 그리고 점진적으로 사전 홍보를 해야 한다. 행사 분위기를 조성하기 위한 방법으로는 다음과 같다.

1) 행사 슬로건 및 캐츠프레이즈 공모 활용

성공적인 행사 개최를 위하여 참가자와 시민들의 관심을 이끌어내고 자발적인 행사 참여를 유도하기 위하여, 아이디어와 슬로건과 캐츠프레이즈를 공개적으로 모집하는 방법이 많이 활용하고 있다. 이런 공모는 사내 행사의 경우 직원들의 적극적인 참여와 지원을 이끌어내어 전사적 행사로 승화시킬 수 있다. 일반적으로 슬로건 공모 계획을 수립할 경우 공모 기간, 공모 대상, 공모 주제, 공모 방법, 응모 내용, 응모자 심사, 당선작 시상, 당선작 활용 방안 등을 포함한다.

선정된 슬로건은 공문, Letter, Memo 등 표준문서, 무대, 현수막, 배너, 입간판, 홍보 책자, 리플렛, 프로그램북 등과 같은 홍보물, 그리고 기념품, 가방, 서류봉투 등 부속물품에 표기 문구로 활용하는 것이 일반적이다.

2012 서울 핵안보정상회의 로고 및 슬로건 공모에서는 로고 533건(일반 364건, 대학생 169건), 슬로건 2,025건(일반 1,415건, 대학생 610건)이 응모되었다. 응모작 심사를 통해 총16개 작품(일반/대학생, 로그/슬로건 각각 1건)을 선정하고, 장관상(외교부장관상, 과학기술부장관상, 문화체육부장관상, 지식경제부장관상)과 50만~200만 원의 상금을 수여했다.

<2011 KEPCO 연구개발 성과 발표회 시 슬로건 공모작 활용 사례>

슬로건 문구	활용 사례
○ 세계인이 꿈꾸는 전력 산업의 미래! 전력 그룹이 함께 만든다!	무대 좌측 문구, 전시장 좌측 배너
○ KEPCO Vision을 R&D 성과로 달성한다!	
○ 꿈이 시작되고 미래가 완성되는 곳, 전력 연구원!	무대 우측 문구, 전시장 우측 배너
○ 내가 꿈을 이루면! 나는 누군가의 꿈이 된다!	
○ Leading Green Technology R&D Challenge & Innovation	가로등 배너, LED 전광판 문구
○ KEPCO WAY, MY WAY	만찬장 드롭 배너

2) 온라인 및 SNS 활용

　인터넷을 활용한 온라인 홍보와 휴대폰을 활용한 SNS 등의 온라인 매체를 이용한 홍보는 최근 들어 매우 유용한 홍보 수단이다. SNS는 관심이나 활동을 공유하는 사람들 사이의 교호적(交互的) 관계망이자 교호적 관계를 구축해주고 보여주는 온라인 서비스 또는 플랫폼을 말한다. SNS는 언제 어디서나, 그리고 누구나 쉽게 활용할 수 있고, 전파 속도와 파급력에서 가히 폭발적이라 할 수 있다.

　일반적으로 사내 행사가 아닌 어느 정도 대규모 행사의 경우는 대부분 행사 홈페이지를 오픈하여 한시적으로 운영한다. 홈페이지는 행사를 상세히 알리고 관심을 이끌어내는 주요한 수단이 되기 때문이다. 홈페이지를 통해 참가 예상자 또는 시민들의 궁금한 정보를 제공함과 더불어 그들의 의견이나 생각을 제시하게 할 수가 있고, 행사 참석 신청과 호텔 예약도 하게 할 수 있다. 또한 인터넷 포털에 기사 제공, 팝업 광고 등을 통해 행사를 알릴 수도 있으며, 이외에도 밴드, 페이스북, 카페 등을 활용한 행사 정보 공유, SNS 댓글 작성자에 대한 쿠폰 제공 등 다양한 방법으로 홍보할 수 있다.

　대규모 행사는 관련 기관과 이해관계 기관이 매우 많은 경우가 대부분이다. 이런 경우는 해당 기관의 인터넷 홈페이지, 기관 내 인트라넷 등을 활용하는 것도 홍보하는 데 매우 효과적이고 유용한 수단이다. 인터넷이 보편화되어 있고 방송 기술도 첨단화되어 있으므로 본 행사, 부대 행사를 인터넷과 방송으로 실시간 송출하는 것도 매우 좋은 홍보 수단이다. 인터넷 홍보의 특징은 수용자가 참여하는 관여도와 정보의 함유 능력이 높고 상호작용이 가능하다는 것이다. 또한 시공간적 제약에서 자유롭다. 인터넷 홍보 요령은 모든 사람에게 말하는 것처럼 하되, 짜임새 있게 유지하며, 사후점검을 반드시 수행해야 한다. 그리고 웹사이트의 속성이 비연관성이라는 것을 기억하고, 알려야 할 중요한 사항이 있어야 한다.

　2012 서울 원자력 인더스트리 서밋에도 행사의 인지도 증대와 신세대 네티즌들의 실시간 정보 욕구를 충족시키기 위해 양방향 매체로서 확산 속도가 빠른 SNS를 활용했다. 2012년 1월 6일 페이스북과 트위터를 오픈하고, 콘텐츠 연결 및 초기 인맥을 확보했다. 2월 6일부터 2주간 페이스북 & 트위터 오픈 이벤트를 실시하고, 총 80명을 추첨하여 커피 모바일 기프티콘을 증정했다. 2월 19일부터 3주간에 걸쳐 트위터 퀴즈 이벤트를 실시하여 총 15명을 추첨하여, 이들에게도 커피 모바일 기프티콘을 증정했다. 트위터에 총 115개의 글이 업로드

되었고, RT 28,124건, 총 팔로워 3,309명을 확보했다. 페이스북에는 총 82개의 글이 업로드되었고, '좋아요' 293건, 팬 182명이 확보되었다.

3) 언론/방송 매체 활용

언론과 방송은 가장 파급력이 큰 홍보 매체이다. 그렇기 때문에 언론과 방송을 활용하는 데는 비용도 많이 들 뿐만 아니라 어려움이 많다. 가장 쉬운 방법은 신문지면, TV 또는 관련 잡지에 광고를 내는 것이다. 공익적인 행사일 경우 공영방송에 공익방송 형태로 광고를 요청할 수도 있고, 관련 잡지나 관련회사 발행 소식지 등에 행사 소식을 실을 수도 있다.

행사 이전에 주기적으로 행사와 관련된 저명인사를 활용한 신문 기고, 좌담회, 기자간담회는 행사를 알리는 데 큰 역할을 한다. 특히 전기신문, 건설신문 등 관련 전문분야 일간, 주간 신문을 활용하면, 비교적 적은 비용으로 관련인 다수가 소식을 접하는 데 유리하다. 관련 분야 신문이나 잡지의 경우는 독자를 확보하고 독자들의 관심을 높이기 위해 많은 지면을 무료로 할애하는 경우도 많다.

중요한 행사는 행사 주관사 못지 않게 언론과 방송도 많은 관심을 갖는다. 특히 여수 엑스포, 동계 올림픽 등과 같은 오래전부터 준비하는 큰 행사의 경우 주관 방송사가 선정된다. 주관 방송사가 선정되면 주관 방송사와 충분한 협의를 통해 다양한 홍보 방안을 모색할 수 있을 것이다. TV를 통한 특집방송, 좌담회, 음악회, 공익광고 등과 같은 홍보 활동을 하면 좋을 것이다.

행사 성격에 따라 어떤 행사는 기자초청이 매우 어려운 반면, 어떤 행사는 보안과 행사장 공간 제약으로 출입 기자를 제한할 경우가 있다. 대부분의 행사는 방송, 언론(중앙, 지방), 전문 신문, 잡지사 등 많은 언론매체에서 많은 기자(취재기자, 촬영기자)가 오도록 노력한다. 많은 기자가 오면 그만큼 행사가 다양한 경로로 노출되고 홍보되기 때문이다. 외신기자를 많이 오게 하려면 국내에 있는 외신기자협회나 주한 대사관에 협조를 구하는 것이 좋다. 그러나 기자 출입을 제한할 경우는 어쩔 수 없이 출입 희망 기자들을 대상으로 일부를 선정하고 출입 승인을 해야 한다. 이런 경우에는 행사 주관사가 직접 기자들을 상대하는 것은 많은 어려움도 있고 출입 불허를 받은 기자들과 불편한 관계를 만들 수 있다. 그렇기 때문에 기자협회를 통해 협회에서 출입 대상자를 선정하도록 요청하거나 또는 다른 방안으로 홍보 대행사를 활용하는 것이 좋다. 홍보 대행사는 기자들과의 오래된 친분이 있을 뿐만 아니라 특성을 알기 때문이다.

<2012 서울 핵안보정상회의 관련 KBS 방송 사례>

방송 일시	매체	내용	비고
2/23(목), D-28 19:20~20:58	제1라디오	열린토론 <핵 안보, 한국은 문제없나?>	방송사 자체 기획
2/24(금), D-27 19:20~20:58	제1라디오	열린토론 <원자력 안전, 한국은 이상 없나?>	
3/11(일), D-12 20:00~20:58	제1TV	특별 다큐 <후쿠시마 그 후 1년>	
3/16(금), D-7 22:00~23:00	제1TV	특별 기획 <원자력, 공존의 길>	방송사-주관사 공동 기획
3/18(일), D-5 22:30·23:30	제1TV	다큐멘터리 3일(휴먼다큐)	
3/23(금), D-0 19:10~20:25	제1TV	특별 생방송 <세계 평화를 위한 동행>	
3/23(금), D-0 22:30~23:30	제1TV	특별 다큐 <핵안보정상회의, 이것이 핵심이다>	
3/25(일), D+2 17:30~20:00	제1TV	특별 생방송 <평화음악회>	조직위 협찬

4) 뉴스레터 등 소식지 정기 발행

행사 주관사와 관련 기관은 자신의 뉴스레터 구독자를 보유하고 있는 경우가 많다. 뉴스레터는 행사와 관련된 이모저모 소식을 주기적으로 전함으로써 참가 예정자는 물론 관심 대상자들에게 주기적으로 소식을 전하고 소통할 목적으로 사용한다. 뉴스레터는 행사 홈페이지와 관련 기관별 홈페이지에 게시하거나 정기 뉴스레터 구독자들에게 전자메일로 발송한다. 2012 서울 원자력 인더스트리 서밋에서는 기존의 뉴스레터 구독자 15만 명에게 고정 칼럼으로 발송하고, 행사 홈페이지에 게재하여 일반인과 언론에도 행사 관련 정보를 제공했다. 뉴스레터는 총 6회(1회에 평균 2건 기사)에 걸쳐 발행했다. 주요 내용은 ① 원자력 인더스트리 서밋이란? ② 워킹그룹 구성 및 운영 ③ 자원봉사자 모집 ④ 인도 교섭대표회의 참석 ⑤ 공식 페이스북 및 트위터 오픈 ⑥ 산업체 견학 및 배우자 프로그램 ⑦ 페이스북 및 트위터 이벤트 ⑧ 기자등록 개시 ⑨ 자원봉사자 발대식 ⑩ 주요 참석인사 ⑪ 기자 등록 현황 ⑫ 워킹그룹 운영 및 공동합의 도출에 박차 등이다.

5) 옥외 광고

옥외광고는 시민들로 하여금 자연스럽게 행사 개최 사실을 접하게 한다. 옥외광고의 종류는 주변 건물 외벽 대형 통천, 행사장 건물 외벽 현수막, 행사장 주변 가로등 배너, 교차로 인근 건물의 전자 광고, 전철이나 버스 내부 광고, 주요 호텔·백화점·공원·관광지 등의 게시판 벽보, 공항 입출국장 인근(복도, 전광판 등) 광고 등으로 매우 다양하다. 옥외광고는 비용이 많이 들기 때문에 행사 예산, 홍보 효과를 고려하여 행사에 가장 적합한 옥외광고를 선택해야 한다. 가장 보편적인 것은 행사장 외벽 현수막과 행사장 인근 가로등 배너라 할 수 있다.

④ 홍보물 제작

행사와 관련된 홍보물 제작 및 배포도 중요한 홍보 수단이다. 홍보물에는 본 행사 안내책자, 산업체 견학 등 부대행사 안내책자, 오찬·만찬 리플렛, 공연 리플렛, 언론방송을 위한 보도자료, 행사 전일 또는 행사 당일에 방문 기자에게 배부하는 프레스 킷(Press kit) 등이 있다. 이외에도 행사를 널리 알리기 위하여 제작한 볼펜, 부채, 종이모자 등과 같은 행사 기념품도 적은 예산으로 큰 홍보 효과를 내고 참가자 및 일반인들의 만족도를 높이는 좋은 아이템이다.

⑤ 전시

최근에는 대부분의 행사에서 기업의 신제품이나 산업 또는 기업 홍보를 위하여 행사장 주변에 전시관이나 전시 부스를 운영하는 것이 일반적이다. 이는 행사만 참석하면 너무 단조롭다는 느낌이 들기 때문에, 참가자들에게 보다 기억에 남는 이벤트를 제공하고, 행사를 기하여 제품이나 기관을 홍보하는 기회를 만드는 데 효과가 있다.

전시관은 행사 주관사가 독자적으로 할 것인지, 희망 기관을 참여시킬 것인지를 검토하고, 그에 따라 전시 공간과 소요 비용을 산출한다. 전시 참여를 희망하는 기관이 많고 전시 효과가 크다고 판단될 경우는, 전시 참여 기관에게 전시 부스 사용료를 부담시킬 수도 있다. 행사 주관사에서는 전시 계획 수립, 참여기관 모집, 전시관 운영을 담당하고, 전시관 구축은 전문 업체에 맡겨 업무 효율성과 효과성을 높이는 것이 좋다. 전시 부스별 설명과 방문자 안내는 참여기관에서 스스로 하도록 한다.

전시 효과를 높이고 많은 이들의 전시관 방문을 유도하기 위해 전시 패널 위주의 전시보다는 조형물, 유형물, 시제품 등도 전시 항목에 반영하고, 방문자들이 직접 체험할 수 있는 아이템을 포함하면 더 큰 흥미를 유발할 수 있다. 많은 기업이나 기관이 참석할 경우, 전시 부스 운영과 함께 취업 박람회를 병행하여 기관의 채용 계획을 소개하고 취업 준비생의 질의에 응한다면, 기관과 취업 준비생 모두에게 유익한 기회가 될 것이다.

전시 기본 계획 수립 시 고려할 사항
1) 전시 목적 및 전시 기본 방향
2) 전시 개요(기간, 장소, 관람 대상 등)
3) 전시 참여 대상 기관
4) 공간 배치 계획
5) 전시 주제(구역별 주제 포함)
6) 전시장 구성
7) 소요예산 및 예산조달 방안
8) 향후 일정 등

2012 서울 원자력 인더스트리 서밋에서는 행사 주제가 '핵 안보 및 원자력 안전 증진'이었

다. 후쿠시마 사고 이후 한층 부각된 안전의 중요성을 고려하여 전시의 기본 방향을 '원자력 안전성'으로 잡았다. 전시 주제는 '핵 안보 및 원전 안전성 증진 노력', '한국 신형 원전의 우수성', '한국 원자력 산업의 발전사 및 비전' 등 3개로 편성했다. 전시장 관람은 '회의장 출입', '휴식' 동안으로 제한하고, 전시 공간이 협소함을 고려하여 모형·동영상·패널 등을 적절히 활용했다. 동일 공간 내 등록대와 다과 공간을 조화롭게 배치하고, 정부 미디어센터와 연계하여 국가 차원의 종합적인 원자력 산업을 조명했다.

<2012 서울 원자력 인더스트리 서밋 전시장 구성>

주제	전시 내용	연출 형태
한국 원자력 산업의 발전사 및 강점 (Zone 1)	· 한국 원자력 산업의 발전사	패널
	· 한국 원자력 산업의 현주소	패널
	· 한국 원자력의 강점	패널
	· 원자력의 역할과 비전	패널
핵 안보 및 원전 안전성 증진 노력 (Zone 2)	· 한국의 핵 안보 이행 현황	패널
	· 고농축 우라늄 사용저감 노력	모형, 영상, 패널
	· 한국의 후쿠시마 후속조치	패널
	· 통합 리스크 감시 시스템 및 면진 장치	모형, 영상, 패널
한국 신형 원전의 우수성 (Zone 3)	· APR1400	모형, 영상, 패널
	· EU-APR/APR+	패널
	· 피동 보조급수 펌프	모형, 영상
	· 하나로 연구로	영상, 패널
	· SMART 원전개발	모형, 영상, 패널

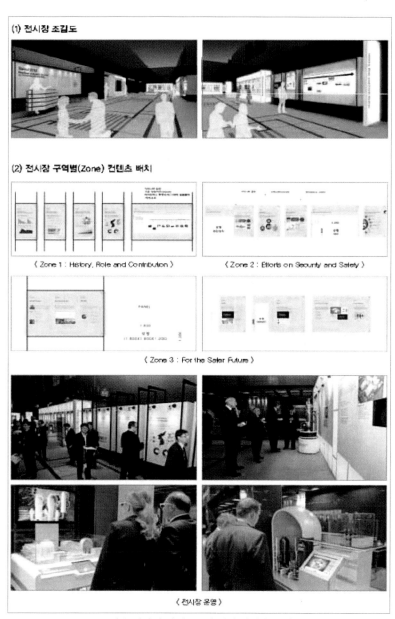

<2012 서울 원자력 인더스트리 서밋 전시장 구성 사진>

⑥ 동영상

정보통신 기술 발달로 인하여 다양한 방송 및 영상을 직간접적으로 접할 기회가 많아짐에 따라 영상을 보는 눈높이와 기대도 그만큼 높다. 동영상은 한글파일이나 파워포인트를 활용한 설명보다 효과가 훨씬 좋으며, 정보와 현상을 보다 생생하고 실감나게 전달해준다.

동영상을 기획할 때는 동영상을 '접하는 사람이 누구인지', '그들에게 무엇을 전달할 것인지'에 초점을 두고 방향과 주제를 결정해야 한다. 방향과 주제가 정해지면 동영상 구성과 내용, 내레이션과 자막, 영상 분위기, 상영 시기, 상영 시간 등을 검토, 확정한다. 동영상은 일반적으로 도입부(Prologue), 몸통(Body), 마무리(End) 등 3개 부분으로 이루어진다. 도입부에서는 배경, 역사, 목적 등에 대해, 몸통에서는 행사 주제와 관련된 내용을, 그리고 마무리에서는 비전, 희망, 약속 등을 반영한다. 구성비는 도입부 15~20%, 몸통 60~70%, 마무리 15~20%가 적당하며, 동영상이 5분 이상으로 길어지면 지루할 수 있고, 관람자의 집중도가 떨어질 수도 있다. 따라서 교육용 동영상이 아니라 행사 중간에 상영을 목적으로 한다면, 3~5분 정도의 분량이 적당하다.

동영상 기획 시 아나운서가 읽는 내레이션, 영상 자막, 필요한 사진이나 영상을 도입부부터 함께 표기하도록 동영상 제작사와 협의하여 동영상을 만든다. 동영상 제작 비용은 기존 자료 활용성 가능 여부, 분량, 제작 품질, 컴퓨터 그래픽 활용 정도, 아나운서 등에 따라 수백만 원에서 수억 원까지 많은 차이가 난다. 가장 쉬운 방법은 사진을 활용하여 동영상에 가깝게 슬라이드 쇼를 하는 것이다. 동영상 제작 시 주의할 사항은 관람자의 눈높이에 맞추어야 한다는 점이다. 동영상 시연회를 기관 내 고위직을 상대로 자주 하면 할수록 동영상의 본래 목적은 사라지고, 길이도 자꾸 늘어난다고 한다. 제작 방향과 시연회는 내부 인력도 좋지만, 홍보 전문가, 방송 전문가, 심리학자 등 외부 전문가를 활용하는 것이 효과적이다.

2012 서울 원자력 인더스트리 서밋의 경우 원자력에 대한 내용은 몸통 부분에서 50%만 담고, 도입부에 K-POP 등 한국 문화, 조선, IT, 자동차 등 한국 산업의 우수성에 대해 30%를 할애했으며, 마지막 20%에는 행사의 의미를 담았다.

동영상 기획안이 확정되면 아나운서를 잘 선정해야 한다. 동영상의 주제, 분위기에 따라 남성, 여성, 그리고 목소리 톤을 결정해야 한다. 아나운서의 실제 녹음은 2번으로 국한하여 불필요한 예산 낭비를 막는다. 초창기 몇 차례는 기계음으로 내레이션을 하여, 어느 정도 완성되면 아나운서를 투입하는 게 좋다. 아나운서의 경우 여러 명의 목소리 샘플을 받아 준비 사무국에서 토론을 거쳐 적합한 아나운서를 선택한다. 그리고 비용을 줄이기 위해 가능한 한 기존 자료를 활용하고, 새로운 촬영이나 자료수집, 작성을 최소화한다.

9. 연설문 작성

　행사에서 빠지지 않고 항상 들어가는 것이 연설문이다. 일반적으로 행사 주관 기관장이나 조직위원장의 개회사, 상급 기관장의 격려사, 초청 귀빈의 축사 등 3개 정도의 연설문은 필요하다. 모든 연설문은 정중하게 예의를 갖추도록 하고, 지나친 수식이나 과장을 피하며, 너무 길지 않고, 낭독하기 좋도록 한다.

　행사 준비 사무국은 개회사, 격려사, 축사 내용이 중복되지 않도록 많은 신경을 써야 한다. 따라서 연설자 중 가장 높은 직위자의 연설문을 먼저 확정하고, 차순위 연설문은 중복사항을 피해 보완 후 확정하는 것이 좋다. 주빈이 격려사나 축사를 하려고 하는데, 행사 주관 기관장이 개회사에서 동일한 내용에 대해 먼저 이야기하게 되면, 큰 낭패이자 실례가 된다.

　연설자의 직위가 높고 연설자와 참석자들이 눈 맞춤을 하는 것이 효과적이라고 생각할 때는 연설용 프롬프터(Prompter)를 활용하는 것도 고려해야 한다. 다만 프롬프터는 임대료가 비싸다는 단점이 있다.

　연설문에는 다음과 같이 여러 종류가 있다.

1) 경축사

　경축 행사에서 하는 글로, 주로 광복절, 제헌절, 개천절 등 경축식에서 대통령, 국회의장 등이 하는 축사를 말한다.

2) 축사

　일반적으로 축하의 뜻을 나타내는 행사에서 하는 축하의 말이나 글로, 경축식의 의의와 과정, 요망사항, 각오와 인사말을 쓰도록 한다. 축사를 여러 명이 할 경우 참석자 중 지위, 행사의 관련성 등을 감안하여, 상대적으로 지위가 낮은 사람이 먼저 하고, 높은 사람이 가장 나중에 하여 끝마치는 것이 일반적인 관례이나, 역순으로 하는 경우도 있다.

3) 기념사

국가와 사회, 기관과 단체의 기념할 만한 일이나 자리에서 기념의 뜻을 표시하는 글로서, 주로 행사를 개최하는 주최 인사(기관, 단체장)가 한다. 기념사는 3.1절 기념식, 한글날 기념식, 창립식, 개원식 등에서 사용된다. 기념식의 역사적 의의와 과정, 우리의 각오, 요망사항과 인사말 등을 쓰도록 한다.

4) 식사(式辭)

일반적으로 시상식, 수료식, 기공식, 준공식, 개막식, 개청식, 결단식 등 각종 의식 행사에서 행사를 직접 주관하는 기관의 장(주최자 또는 단체의 장)이 한다. 행사의 성격과 의의, 요망사항, 인사말 등을 쓰도록 하고, 예의를 갖추도록 한다.

5) 치사(致辭)

치하의 뜻을 나타내는 글로서, 잘한 일에 대한 치하, 공로에 대한 위로, 업적에 대한 찬양 등을 표시하는 것이다. 주최자가 아닌 행사 주관 기관장보다 높은 주빈 또는 외빈이 한다. 치사는 우선 인사(人事)를 하고 다음에 잘한 일에 대한 치사, 공로에 대한 위로, 업적에 대한 찬양 등의 내용이 들어가야 한다.

6) 격려사(激勵辭)

격려를 하기 위한 글로서, 장도에 오르는 선수, 대회 시 참석자의 활약을 북돋는 데 주로 쓰인다. 주로 내부만의 행사 시에는 기관장이 하고, 일반적인 행사 시는 주로 귀빈이나 외빈이 한다. 격려사는 출전식, 발대식, 체육대회, 경기대회, 창립 기념식 등에서 사용한다. 격려사는 인사를 하고, 한 일에 대한 감사와 앞으로 할 일에 대한 당부를 한 다음, 끝인사로 맺도록 쓴다.

7) 환영사

타 지역, 외부 인사 등 참석 인사 등에 대해 환영의 뜻을 표하는 글로서, 개최자, 주최자나 개최지 기관장이 한다. 주로 체육대회, 세미나, 전시회 등에서 사용한다. 참여에 대한 환영과 감사, 격려와 건강 등에 대한 축원을 표명한다.

8) 환송·송별사

송별회, 졸업식, 출정식, 정년퇴임식 등에서 재직자 또는 학생대표가 석별의 뜻을 표하는 글이다. 환송(송별)사의 내용은 인사말, 공로의 찬양, 석별의 정, 자기들의 각오, 가는 이의 건강과 행복을 축원하는 것을 골자로 쓴다. 출정식 등에서는 석별의 정은 물론 축하의 내용도 포함되어야 한다.

9) 답사(答謝)

환송사에 대한 대답의 뜻을 나타내는 글과 표창장 등을 받은 사람, 또는 수연 등에서의 축원에 대한 본인의 감사의 뜻을 표하는 글이다. 송별회, 졸업식 정년퇴임식, 명예퇴임식, 시상식, 수연 등에서 사용한다. 답사는 어떤 경우이건 고맙다는 인사와 주최 측에 대한 감사, 자신의 회고와 각오, 하객에 대한 건강과 행복의 축원 등을 표현하도록 쓴다.

10) 조사(弔辭) 및 추도사(追悼辭)

조사는 조상하는 글로 인생의 죽음을 슬퍼하는 글이고, 추도사는 죽은 이의 기일 등을 맞이하여 고인을 다시 되새기며 명복을 비는 글이다. 조사의 내용은 과거를 추억하며, 지난날의 두터웠던 정의를 말하고, 고인의 인간성, 기대했던 장래성, 재주와 공적, 슬픈 자기의 심정을 나타내도록 쓴다. 어려운 구절이나 감동적인 어구를 너무 많이 쓰지 않으며, 지나친 과장과 슬픔을 꾸미지 말고 진심에서 우러나오는 말로 쓴다. 경건한 마음으로 정중하게 쓴다.

11) 훈시(訓示)

주로 직원회의, 교육, 수련회 등에서 직무상의 가르침이나 주의사항 등을 아랫사람에게 전하는 글이다. 훈시는 먼저 인사를 하고 격려나 칭송의 말을 한 후, 권고와 훈유, 그리고 마무리 인사를 쓴다.

12) 담화문(談話文)

주로 정부당국에서 국민에게 상황이나 취지를 알리고 이해와 협조를 촉구하기 위하여 발표하는 글이다. 주로 질서 확립, 공명선거, 사회물의 사건처리 등에서 사용한다. 담화문은 결의를 표명하는 결의문과 다르며, 자기의 주장을 관철하기 위한 설명서와도 다르다. 어디까지나 사실의 정확한 발표로 이해와 납득을 촉구하기 위한 글이어야 한다. 정중하고 일반인이 알기 쉽게 쓰며, 어려운 용어나 외래어는 가급적 피한다. 내용을 구체적으로 명시하고, 이해나 협조를 구하는 만큼 오해의 여지가 없도록 써야 한다.

10. 인쇄 및 제작물

행사의 준비와 실행 과정에서 필요한 인쇄물은 초청장, 각종 안내서, 프로그램북, 발표 자료집 등으로 매우 다양하고 많다. 가장 먼저 제작되는 인쇄물은 초청장과 다양한 종류의 봉투이다. 초청장은 보통 4면으로 제작한다. 첫 면은 표지로서 행사명, 행사 일시, 행사 장소, 행사 주최 및 주관사 등이 기재되고, 둘째 면은 행사 주관 기관장 또는 조직위원장 명의의 '초대의 글'이, 셋째 면은 '행사 프로그램'이, 넷째 면은 뒤 표지로서 간략한 약도, 행사장 안내도, 연락처 등을 수록한다. 초청장은 전자 파일도 제작하여 참가 대상자에게 이메일로 발송하거나 홈페이지에 게시하기도 한다.

사전 안내서는 참가자들에게 더 많은 정보를 제공하기 위해 상세한 행사 내용, 참가자 제공 편의, 견학기관 소개 등을 작성하여 오프라인과 온라인으로 발송한다. 발표 자료는 주요 학술대회, 워크숍, 세미나, 회의 등에서 발표하는 내용을 묶어서 책자로 만든 것으로 주로 참가 등록 시 명찰과 함께 지급한다. 이외에도 공연안내 리플렛, 메뉴 카드, 합의문, 프레스 킷 등이 있다.

제작물은 행사장과 행사장 주변에 설치되거나 부착되는 물품과 인쇄물을 말한다. 행사장에 설치되는 것들은 현수막과 식순, 위치 표시, 포디움 부착물, 슬로건 또는 캐츠프레이즈 등이 있다. 행사장 주변이나 복도 등에 설치되는 것들은 홍보용 가로등 배너, 유도·안내 배너, 행사장 명판, 다양한 현수막, 피켓, 폼 보드, 현판, 대형 통천, 그래픽 백월, 안내간판 등이 있다. 2012 서울 원자력 인더스트리 서밋 시 주요 제작물은 〈부록 1-5〉와 같다.

<2012 서울 원자력 인더스트리 서밋 인쇄물 목록>

활용처	인쇄물명	내용	제작 수량
등록	프로그램북	행사 전체 프로그램	600
	공동 합의문	공동 합의문안	600
	발표 자료집	본 행사 발표 자료	800
	사전 안내서	사전 발송용 행사 안내서	200
공식 행사/회의	초청장 및 봉투	공식 초청장	200
	명패	개회식, 기조연설, 주제발표	290
회의	메모 패드	회의장, Press룸	600
	서면 질의서	회의장, Press룸	1,200
연회	메뉴 카드	오찬-특이 식단자 메뉴 안내	해당자
	리플렛	오찬 공연 프로그램	200
Press룸	프레스킷 책자	보도 참고자료집	300
시찰/관광	사전 안내서	산업시찰(코스)	100

<2012 서울 원자력 인더스트리 서밋 오찬공연 안내 리플렛>

<2012 서울 원자력 인더스트리 서밋 공식 초청장>

<2012 서울 원자력 인더스트리 서밋 제작물 목록>

구분	제작물명	내용
행사장소	현판	행사장 입구 행사명(입구 현판)
	현수막	계단 난간 대형 배너
	X배너(물통형)	주 출입구(행사장) 안내
	X배너	1층/2층 동선, 회의장/조찬/오찬 안내
	룸 사인	프레스룸, 프레스 오찬장, 인터뷰 룸, 사무국, VIP룸, Cloak룸, 수행원 대기실 등
공식행사/회의	현수막	본 회의장 내부 세로 배너
	X배너	본 회의장 통역채널 안내
	포디움 타이틀	본 회의장(사회자용, 연설자용)
	좌석 배치도	회의장
연회	포디움 타이틀	조찬/오찬장(사회자용, 연설자용)
	현수막	조찬/오찬장 내부 통천
	룸 사인	연회장 룸 안내 사인
Press룸	X배너	프레스룸, 프레스 오찬 안내
	무대 백월	프레스룸 무대 통천(백월)
	포토존 백월	프레스룸 로비 그래픽 백월(포토존)
	I배너	행사명 배너(프레스 인터뷰 시 배경용)
인터뷰룸	룸 통천	인터뷰 룸 백월
영접	폼 보드	환영 피켓, 공항 안내 데스크(상단)
	현수막	공항 안내 데스크(하단)
	X배너	안내 데스크 동선 안내
숙박	X배너(물통형)	셔틀버스 탑승 안내
수송	안내 사인	셔틀버스, 산업체 견학 버스 안내 사인
시찰/관광	폼 보드	코스 구분 피켓
등록	명찰	참가자 명찰

11. 진행요원

① 사회자

사회자는 메인 행사는 물론 각종 부대 행사에서 육성으로 순서에 따라 시나리오를 진행하는 사람이다. 따라서 행사, 회의, 연회에서 사회자의 역할은 매우 중요하다. 따라서 모임의 성격에 따라 적합한 사회자를 물색해야 한다. 사회자는 리더십, 포용력, 판단력, 통솔력을 두루 갖추어야 한다. 준비 사무국에서 사회자를 선정할 때는 행사 성격(축제, 기념식, 추도식, 연회, 학술대회 등)과 부합성, 전문성(행사에 대한 이해도, 해당 기술 분야 전문성 등), 유사경험 사례, 발음, 위기대응 능력, 이미지 등을 종합적으로 고려하여 후보자를 선정한다. 후보자를 선정한 다음 후보자별 종전의 사회 영상을 보고 평가하여 사회자 우선순위를 정하고, 선 순위자부터 섭외를 시작한다. 지명도가 높은 사회자를 활용할 경우는 수개월 전부터 일정 조율이 되어야 하므로, 가능한 한 빨리 사회자 후보를 결정하고 접촉을 통해 확정하는 것이 좋다. 행사 주관사나 준비 사무국이 이에 대한 경험과 전문성이 부족하다고 판단될 경우에는 행사 대행사(PCO)의 도움을 받는 것이 좋다.

사내 행사 또는 관련 분야 단체행사의 경우 외부에서 전문 사회자를 섭외하여 행사의 품격을 높일 수도 있으나, 기관 내에서 경험이 있는 직원들을 대상으로 사회자를 찾아도 좋다. 행사가 장시간 진행되는 경우는 한 명의 사회자가 전체를 진행하기보다는, 두 명이나 세 명이 함께 사회를 분담하는 것도 필요하다.

사회자는 다음과 같은 행동수칙을 인지하고 실행해야 한다.

1) 가능한 한 행사에 필요한 말만 해야 한다.
2) 말을 할 때는 이성적이고 논리적인 사고를 한다.

3) 불만이나 푸념 또는 부정적인 말은 하지 않는다.

4) 목소리의 속도와 높이, 키를 변화 있게 잘 조정한다.

5) 간결하고 명확한 문장을 구사한다.

6) 상대방의 반응에 적절히 대응한다.

7) 예의를 지킨다.

8) 행사 성격에 따라 상대방에게 말할 기회를 주고, 자기 말을 앞세우려 하지 않는다.

9) 무의미한 단어를 쓸데없이 반복하지 않는다.

10) 공통의 화제나 관심사를 빨리 찾아 대화를 부드럽게 진행한다.

사회자가 지녀야 할 자세는 다음과 같다.

1) 첫인상: 참가자들의 주목을 확보하고 사회자의 주체를 명확하게 해야 한다. 사회자는 어떻게 하면 첫인상을 좋게 할지 고민해야 한다.

2) 복장: 사회자의 복장은 동일 인물이라 하더라도, 행사 종류에 따라 정장, 캐주얼, 체육복, 한복 등으로 달라야 한다. 그럼에도 깔끔한 복장과 머리 등 용모를 단정히 한다. 사회자의 복장은 행사 주관사와 사전에 협의하는 것이 좋다.

3) 자세: 허리를 곧게 펴고 당당한 자세를 취한다.

4) 표정: 공식 행사에서 이상적인 표정은 조금은 긴장되고 경직된 표정이되, 옅은 미소를 띠는 것이 좋다. 다만 행사 진행 중 내용에 따라 적절히 변화를 주고, 즐거운 이야기를 할 때는 즐거운 표정, 진지한 이야기를 할 땐 진지한 표정을 짓는다.

5) 시선: 사회자의 시선은 참가자 모두에게 골고루 둔다. 다만 개회사, 축사 등 연설이 있을 경우에는 연사와 참가자를 교대로 보아 반응을 살핀다.

6) 제스처: 말의 설득력을 높이고 청중의 시선을 집중시키기 위해 상황에 맞는 적절한 제스처를 사용한다.

사회자 주의사항과 시나리오 작성 요령

1) 사회자는 행사에 필요한 말만 해야 하며, 주요 인사가 해야 할 날씨, 주변여건, 현재 상황 등의 행사와 관련 없는 말을 하지 않도록 주의해야 한다.

2) 내빈 소개를 할 필요성이 있을 경우, 가급적 개식 선언 전에 실시
  - 내빈 소개 시 행사 주관 단체의 장 및 임직원은 소개하지 않음

3) 주요 인사를 소개할 때는, 소개되는 주요 인사의 직위를 약칭(略稱)으로 소개하지 말고 공식 직위명으로 소개한다.

4) 매년 거듭되는 경축식이나 기념식은 '제 00주년', '1년에 여러 번' 또는 '수년에 한 번' 등을 사용하고, 부정기적인 행사는 '00회', 그 외는 행사명을 사용

5) 전체적으로 문맥은 부드럽고 보통 말하듯이 작성

6) 진행순서 소개는 '다음은 00께서 00를 하시겠습니다'라는 식으로 경어가 들어 있는 방식을 사용하거나 '다음은 00로부터 00가 있겠습니다' 하는 식으로 순서를 소개한다.

7) 표창 수여가 있을 경우에는 사회자의 안내로 수상자 호명과 등단(수상자가 많은 경우에는 대표 수상자 5~10명 정도)이 이루어지며, 훈격 별로 정렬이 되면 수여자에 대한 경례, 표창장 낭독(동일한 공적일 경우 훈격이 가장 높은 수상자 1명) 및 수여, 수여자에 대한 경례, 기념 촬영(필요 시), (뒤로 돌아서서) 초청 인사들에게 대한 경례, 퇴장 순으로 진행한다.

8) 시상 시 보조자를 단상에 지정 배치하여 표창장 및 부상품을 시상자에게 전달

9) 시상자와 수상자가 정 위치에 서서 표창장을 펴서 들었을 때에 맞추어 낭독

10) 사회단체 행사 시 내빈으로 참석한 기관장 및 단체장 표창이 있을 경우에는 주관 단체장 시상 이후 내빈 소개 시의 순서에 의거, 해당 기관장 및 단체장이 시상토록 함

사회자의 화술(발표) 기법은 다음과 같다.

1) 서두에 자극을 주며 시작하라!

2) 일화, 실례, 증거를 많이 사용하라!

3) 구어체를 사용하라!

4) 생생하게 묘사하라!

5) 긍정적으로 이야기하라!

6) 자신 있게 말하라!

7) 활기차게 말하되 목소리에 변화를 주어라!

8) 온몸으로 말하라!

9) 시각자료를 효과적으로 사용하라!

10) 요점은 보다 명확하게, 결론은 기억에 남게 하라!

사회자의 품위, 진행 능력에 따라 행사 분위기가 좌우된다. 나아가 경우에 따라 행사의 성패에 지대한 영향을 미친다. 그러므로 준비 사무국에서는 사회자 선정과 사전연습에 많은 신경을 써야 한다.

② 진행요원

행사의 원활한 준비와 진행을 위한 진행요원은 조직위원회, 준비 사무국, 행사 주관사 및 행사 대행사 인력으로 편성한다. 조직위원회 고위직도 VIP 영접, 환담, 연회 등에서 해야 할 역할이 있다. 따라서 행사 전반에 대한 분야별 진행요원을 선정하고 임무를 부여해야 한다. 진행요원들이 장소별, 시간대별 자신의 역할이 무엇인지 알 수 있도록 준비 사무국과 행사 대행사에서는 철저한 교육을 시켜야 한다. 진행요원들의 임무는 영접, 회의장 운영, 부대시설 운영, 의전, 출입관리, 리셉션, 수송, 안전관리 등 전 분야이다. 행사의 진행과 서비스, 그리고 진행요원의 원활한 임무 수행을 위하여 행사장 건물 내에 준비 사무국 사무실을 설치, 운영한다. 행사 진행요원 운영 계획 사례는 〈부록 1-13〉에 수록했다.

③ 통역사와 기록원

발표자 또는 사회자 그리고 참석자가 내국인과 외국인이 혼합되어 있을 경우 보다 명확한 의사소통을 위하여 통역이 필요하다. 통역의 유형에는 순차통역과 동시통역이 있다. 순차통역은 2개 언어에 국한된 소규모 회의에서 활용되며, 통역자는 종이와 연필을 준비하여 통역 시 이용한다. 동시통역은 2개 이상의 언어가 필요한 각종 컨벤션에서 통역 장비를 이용하여 통역한다. 이때 행사장 소음과 통역사의 음성이 서로 행사와 통역에 방해되지 않도록, 어느 정도 방음이 되는 통역 부스를 설치하여 운영한다. 회의 또는 행사 시간이 길 경우, 반드시 복수의 통역사를 준비해야 한다. 동시통역을 한 명의 통역사가 1시간 이상 하는 것은 무리이다.

통역사가 내용을 정확하게 잘 전달하기 위해서 행사 주관사나 준비 사무국은 행사 목적과 내용, 그리고 참석자 정보를 미리 잘 설명해주고, 연사의 연설문과 발표 자료를 미리 통역사에게 보내 사전준비를 하도록 하는 것이 좋다. 사회자 또는 진행자는 순차통역의 경우 연사와 발표자가 한 번에 너무 긴 문장을 이야기하지 않도록 사전에 연사와 발표자에게 주지시켜 통역하는 데 어려움이 없도록 해야 한다. 원자력, 군사, 항공 등 전문 분야의 경우 해당 분야 통역 유경험자를 섭외하는 것이 좋다.

통역사는 행사의 품격에 영향을 미치므로 준비 사무국은 통역사의 자질과 능력을 사전에 파악하여 통역사 선정 시 고려한다. 통역사에게 필요한 자질과 능력은 빠른 사고력과 순발력, 새로운 지식에 대한 풍부한 호기심, 강한 자제력, 지구력 있는 고도의 집중력, 능숙한 언어 구사력, 광범위한 분야에 대한 폭넓은 지식과 상식, 언어이해 분석기술, 논리전개 유추능력 등이다.

일반적으로 청중들은 통역사의 통역 내용이 100% 포함된다고 기대하고 있으며, 순차통역은 통역의 정확도가 현장에서 즉시 판명된다. 동시통역은 Source 언어와 Target 언어를 동시에 듣지 못하므로, 통역된 내용이 그럴듯하면 잘된 통역이라고 오판하기 쉽다. 청중들은 본인들이 익숙하게 알고 있는 전문용어의 번역으로만 통역사의 능력을 판단하는 오류를 범하는 경우가 많다.

행사에서 기록원이라 함은 행사의 시작과 종결까지 행산 전반에 대해 세부 활동을 기록으로 남기는 사람을 말한다. 행사 기록은 주로 진행요원이 함께하지만, 중요한 행사는 별도의 기록원을 두어 행사 이모저모는 물론, 참석자의 반응, 언론 동정, 그리고 행사에서의 문제점을 빠짐없이 기록하도록 한다. 그리하여 행사 결과 보고서 또는 백서 작성에 필요한 자료로 활용토록 한다. 행사 기록은 메모와 사진 및 동영상으로 남길 수 있으므로, 행사 준비 단계에서 어떻게 기록으로 남길지 검토하여 결정해야 한다. 일반적으로 행사 대행사인 PCO에게 사진과 동영상 촬영을 하도록 하고, 메모는 각 분야별 진행요원들이 자율적으로 수행하되 체계적으로 작성토록 한다. 2012 서울 원자력 인더스트리 서밋에서는 본 행사, 부대 행사, 사전 행사 등 모든 분야에 대해 사진과 동영상 촬영을 통해 대부분의 행사를 기록으로 남겼다.

<고품질의 동시통역 서비스를 저해하는 요인들>

구분	저해 요인	대응 방안
연사	· 쓰인 원고를 빠르게 읽는 경우	통역사에게 원고를 미리 전달하여 준비
	· 발음이 정확하지 않거나 조리 없는 전달이어서 요점 파악이 어려운 경우	순발력 있는 고급 통역사 섭외, 연사 교육
	· 마이크를 사용하지 않거나 음향 여건 불량으로 발표 내용이 잘 들리지 않음	연사의 발표 자료를 통역사에게 미리 전달
설비	· 통역 부스의 위치선정 잘못으로 무대 또는 스크린이 잘 보이지 않을 경우	
	· 통역장비 불량으로 통역사가 자신의 소리를 들으면서 모니터 할 수 없는 경우	엔지니어 대기
	· 수신기 불량 또는 작동 미숙으로 청중이 통역을 잘못 듣는 경우	
통역사	· 언어 구사력이 부족한 경우	통역사에게 원고를 미리 전달하여 사전준비. 동시통역은 반드시 복수의 통역사가 진행
	· 해당 주제에 대한 이해가 부족한 경우	
	· 통역사의 모국어와 목표언어의 구조적 차이가 클 경우	
	· 해당 언어 문화권에 대한 이해가 부족한 경우(지명, 음식, 농담 등)	
	· 작업량의 과부하로 피로가 올 경우	

④ 자원봉사자

행사 규모가 클 경우 행사 지원을 위한 인력이 많이 필요하다. 따라서 행사가 공공성이 있고 공익을 위한 행사라면, 자원봉사자를 모집하여 활용하는 것을 고려해야 한다. 물론 기관 또는 사내 행사라면, 해당 기관 행사의 경우 해당 기관 종업원을 대상으로 자원봉사자를 공개모집하여 활용하는 것도 좋을 것이다. 왜냐하면 그것이 부서별 인력 차출보다는 자발적인 참여와 행사 기여에 대한 긍지를 부여할 수 있기 때문이다.

자원봉사자는 어떤 일을 대가 없이 자발적으로 참여하여 돕는 사람이다. 사회나 공공의

이익을 위해 자신의 의지로 일을 하는 사람으로, 자신들은 물질적인 대가 대신 보람이나 만족과 같은 정신적 보상을 얻게 된다. 그래서 무보수가 원칙이지만 경우에 따라서 교통비·식사비와 같은 적은 금액을 지급한다. 준비 사무국은 자원봉사자의 활용 필요성, 활용 분야, 참가 가능성, 자원봉사 참여자 만족도 등을 종합적으로 고려하여 자원봉사자 운영 계획을 수립해야 한다. 단순히 부족 인력을 대가 없이 채운다는 생각에서 벗어나, 자원봉사자들에게 뜻깊고 보람 있는 행사가 되어야 한다.

2012 서울 원자력 인더스트리 서밋의 경우 2012년 1월 11일부터 17일간에 걸쳐 NIS 조직위원회 관련사 및 유관기관 직원을 대상으로 행사 홈페이지와 조직위원회의 협조 공문을 통해 자원봉사자를 모집했다. 상세한 내용은 다음과 같다.

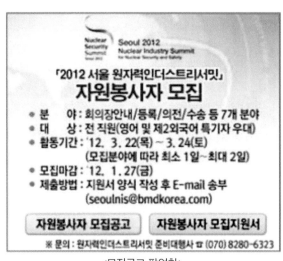

<모집공고 팝업창>

<2012 서울 원자력 인더스트리 서밋 자원봉사자 운영 사례>

구분	내용
모집 기간	2012. 1. 11(수)~1. 27(금) (총 17일간)
모집 대상	조직위원회 관련사 및 유관기관 직원(영어 및 제2외국어 특기자 우선)
모집 분야	영접(공항, 호텔), 회의장 운영, 의전, 수송, 산업체 견학(사진 촬영, 의료지원), e-reporter 등 7개 분야
모집 방법	행사 홈페이지를 이용한 공모 및 관련사 협조 공문
봉사자 혜택	자원봉사자증 수여 및 사내 봉사 마일리지 적립
심사 기준	- 1차 서류전형: 외국어 점수, 관련분야 특기, 경험 - 2차 전화 인터뷰: 외국어 구사능력, 행사 관련 지식, 국제 매너, 태도 등
선발 결과	9개 기관 지원자 중 총 80명(예비인력 31명 포함)
자원봉사자 발대식	2012. 2. 22(수) 10:30~12:00
자원봉사자 교육	2012. 3. 22(목) 10:00~12:00

<자원봉사자 발대식('12. 2. 22)>

<자원봉사자 배지>

<2012 서울 원자력 인더스트리 서밋 자원봉사자 업무부여 예>

구분	세부 구분	주요 업무	인원
공항 안내/영접	인천공항	안내 데스크	2
		Gate 영접	6
	김포공항	안내 데스크	1
		Gate 영접	1
참가자 등록	국내/해외	등록업무 및 언어 지원	5
		안내 및 등록 Kit 배부	2
행사장 안내 데스크		참가자 안내(문의사항 응대)	2
Press 등록	국내	등록업무 및 관련 응대 지원	3
		Press kit 배부	1
	국외	등록업무 및 관련 응대 지원	2
		Press kit 배부	1
부대시설	Press Room	Press Room 운영 관리	2
	VIP Room	VIP룸 영접	1
	사무국	사무국 보조업무	4
	전시장	전시장 관리 및 안내	2
	조직위 대기실	수행원 응대 및 운영	1
조찬장		조찬장 자리 안내	4
행사장		출입, 포토라인 안내 및 관리	4
		기념촬영석 안내, 무선 마이크	3
오찬장		안내, 명패/좌석/무대 확인	4
의전	해외 VIP	동선 파악, 근접지원, 안내	6
수송	셔틀버스	호텔-행사장 탑승 안내	2
	만찬장 이동	탑승안내 및 승하차 서비스	1
사진 촬영	행사장	행사 참가자 사진 촬영	2
	리셉션	리셉션 참가자 사진 촬영	1
	산업체 견학	산업체 견학, 문화탐방 사진 촬영	2
출입관리	2층 행사장	출입허가증 확인, 출입통제	6
	1층 이하	행사장 안내 및 출입통제	4
리셉션	등록	등록업무, 등록 kit 지급	3
	회의장 서비스	회의장 관리	1
	사회	리셉션 사회	1
의료	행사장	응급구조 의료 지원	5
	산업체 견학	응급구조 의료 지원	3

⑤ 초청연사

행사에서 격려사, 축사를 하는 초청연사에 따라 행사의 중요성과 품격이 달라질 수 있다. 따라서 조직위원회와 준비 사무국은 행사에 걸맞은 연사를 섭외해야 한다. 심지어 비중 있는 연사의 일정에 맞추어 행사 개최일을 정하는 경우도 있다. 가장 이상적인 연사는 행사와 관련된 상급기관의 고위직이나 기관장이 좋다. 그러나 불가피한 경우는 차하위자를 섭외하고, 이도 여의치 않을 경우는 전직자를 초청할 수도 있다. 지역행사의 경우 해당지역 지방자치단체장을 초청하여 축사나 환영사를 해도 좋을 것이다. 연사가 너무 많을 경우 참석자들이 지루할 수 있기 때문에, 개회사를 포함하여 최대 3명까지만 하는 것이 좋다. 다만 많은 국가나 기관에서 참석할 경우 약간씩 기회를 제공하는 것도 검토해야 한다.

대형 행사든 사내 행사든 개회사, 격려사, 축사 형태가 아닌 명사를 초청하여 20~40분 정도의 특강을 행사 식순에 반영하는 것도 의미가 있다. 특강 주제는 행사 주제와 가능한 한 연계하되, 참석자들의 흥미를 이끌어낼 수 있는 포괄적인 주제도 괜찮다. 포괄적인 주제란 당시의 사회적, 기술적, 환경적, 역사적 이슈 등을 말한다. 이공계 전문가들이 모이는 행사에서는 인문학, 사회학, 심리학, 음악, 미술 등 인문사회학적 특강이 좋을 수도 있다.

2012 서울 원자력 인더스트리 서밋 연사

○ 개회사: 조직위원장(한수원 사장)

○ 환영사: 한국원자력 산업회의 회장(한전 사장)

○ 축사: 국무총리

○ 기조연설
  - WNA: 핵 안보 전반에 있어 산업계의 역할
  - WINS: 핵 안보 최적 관행과 세계핵안보기구의 역할
  - WANO: 핵 안보와 원자력 안전
  - WEI: 2012 워싱턴 산업계회의 성과와 2012 서울 NIS에 거는 기대

12. 행사장 구축

① 메인 행사장

메인 행사장은 행사의 성격과 규모, 참석 대상 인원 등 감안하여 전체 공간을 효과적으로 활용할 수 있도록 구성해야 한다. 행사장은 일반적으로 단상, 단하, 초청인사석, 출입 통로, 주차장 등으로 구분하며, 행사 성격에 따라 영상설비 등 많은 설비들이 포함된다. 옥내행사의 경우에는 단상, 실내 좌석, 출입문 등 기존의 행사용 시설을 최대한 활용하는 것이 원칙이다. 기·준공식과 같이 원칙적으로 옥외의 현장에서 거행하는 경우에는 진입로와 퇴장로, 일조 방향, 전망 등 입지 여건을 감안하여 단상의 위치를 먼저 선정하며, 주차장 등 기타 필요한 공간을 확보해야 한다.

1) 단상

단상은 행사가 이루어지는 가장 중요한 공간이므로, 옥내행사의 경우에는 특별한 사정이 없는 한 기존 시설을 활용한다. 그러나 실내체육관과 같은 장소를 사용하는 경우에는 행사의 내용, 주빈 입·퇴장로 등을 감안하여 별도로 설치할 필요가 있다. 옥외행사의 경우 단상은 검소하게 제작하고, 참석자들과의 일체감을 조성하기 위해 참석인사 모두가 단상을 바라보도록 좌석을 배치하며, 행사 역할자만 단상의 마이크 등을 이용한 뒤 단하로 내려오도록 하는 것이 좋다. 옥외행사에서 단상의 위치는 햇빛 방향, 단상에서 바라보는 전경, 주차장의 면적과 위치 등을 고려해야 한다. 옥외 행사에서 단상의 크기는 단상 인사 인원수, 배치 구도, 연설대 및 사회자석의 위치 등을 감안하여 제작하며, 단상 뒷면에 행사 명칭 등을 알리는 현판과 기타 장식물을 설치한다.

2) 가구와 시설

가구와 시설에는 의자, 책상, 강의대, 화이트보드 등이 있다. 의자는 강당과 같이 고정식으로 설치된 경우에는 그대로 활용하면 되지만, 필요 시 단하에 귀빈석을 별도로 놓을 경우는 책상과 함께 준비한다. 특별한 경우를 제외하고는 가급적 탁자와 의자의 차별을 두지 않는다. 의자는 표준 사이즈(18×18×17인치)에서 적당한 것을 선택하되, 접이식 의자는 인원이 초과할 때만 사용하며, 낮은 의자는 식사 시에는 절대 사용하지 않는다. 의자에는 '안락 의자, 반 안락 의자, 일반 회의용 의자' 중에서 선택하되, 화려한 방석 등 지나친 장식품은 사용치 않는 것이 좋다. 책상은 대체로 30인치의 높이이지만, 형태는 여러 가지가 있다. 일치감과 표면이 불량한 상태를 가리기 위해 덮개를 씌워야 한다. 그러나 보통 기념식에서는 탁자보를 사용치 않는다.

강의대(Lecterns)는 연사가 원고 노트를 둘 수 있는 책상을 말한다. 강의대에 조명과 시계, 무대 마이크가 놓일 수 있어야 있다. 연사들이 요청할 경우 이동 가능한 화이트보드, 이젤, 차트를 놓을 수 있는 삼각대 등을 준비한다.

3) 시청각 장비

시청각 장비에는 마이크 시스템, 음향 시스템, 영상 시스템 등이 있다. 시청각 장비는 참가자의 학습 과정에 도움이 된다. 행사에 필요한 설비가 없을 경우에는 외부 장비대여 업체를 활용하며, 장비에 대해 어느 정도 지식과 작동 방법을 숙지한다. 사전에 연사가 활용할 시청각 장비를 파악할 필요가 있다. 먼저 마이크 시스템 중 연대 마이크(Lectern Microphone)는 연사의 키에 따라 위치를 바꿀 수 있어야 하고, 연사의 입 바로 앞에 위치시킨다. 소형 마이크(Lavaliere Microphone)는 연사가 자유롭게 이동하며 쓸 수 있는 마이크로서 옷에 부착하거나 목에 걸 수 있다. 패널 토론을 할 경우에는 의장이 각 연사들의 마이크를 통제할 수 있어야 한다. 청중의 질문은 통로에 설치된 고정 마이크로 받는 것이 가장 좋으나, 무선 마이크를 활용할 수도 있다.

음향 시스템의 경우 회의 시설은 설치된 스피커를 통해 증폭하는 고정 음향설비를 사용한다. 만약 고정식 시스템이 행사에 적합하지 못하면, 외부 서비스 공급업체와 협의하여 대여한다. 영상 장비(Visual Equipment)에는 슬라이드 프로젝터(Slide Projector), OHP, 빔 프로젝트(Beam Projector), Multi-Cube System 등이 있는데, 행사 또는 회의의 성격에 따라 적당한 것을 구비한다. 프로젝션 방식은 전면투사 방식(Front Screen System)과 후면투사 방식(Rear Screen System)이 있다. 중요한 행사의 경우 가능한 한 후면투사 방식을 사용하는 것이 영상의 질을 높이고, 참가자들의 눈의 피로를 어느 정도 줄여줄 수 있다. 영상화면 방식은 a. 중앙단면 방식 b. 단상 좌우측 2개면 방식 c. 앙코어 시스템(사면분할 방식) 등이 있다. 중앙단면 방식은 한 개의 화면을 생중계하거나 발표 자료를 띄우는 것이고, 단상 좌우측 2개면 방식은 참가들의 시청각 편의를 위해 동일한 화면을 양쪽에 띄우는 것이다. 물론 2개 화면에 서로 다른 내용을 띄울 수도 있다. 앙코아 시스템은 화면을 1개부터 4개까지 자유롭게 표출할 수 있는 최고급 방식이다.

〈 기본무대 구성 〉

〈 기념촬영 무대 시안 〉

<2012 서울 원자력 인더스트리 서밋 메인 행사장 앙코어 시스템>

4) 촬영대 및 조감도

일반적으로 행사의 중요도에 따라 TV를 통하여 실황 또는 녹화 중계가 되기도 하며, 일간지 등에 보도기사로 게재되기도 한다. 따라서 행사장 현장에서 보도 및 취재 편의를 위해 필요할 경우, 식장 내에 TV 및 사진 촬영 중계석 등을 설치한다. 다수의 기자가 참석할 경우 별도의 기자석을 준비하는 것도 바람직하다. 기공식, 준공식 등에 있어서 행사 분위기 조성과 참석자의 이해를 돕기 위해 조감도, 현황판 등을 설치하여 참석자들에게 설명하는 것도 좋은 방법이다.

5) 가두 장식 등 행사 장식물

행사와 관련하여 행사 장식물(현판 등)은 식장 내외에만 설치하는 것이 원칙이다. 하지만 기공식, 준공식 등 옥외행사의 경우와 같이 행사장을 직접 홍보해야 할 필요가 있는 경우에는, 행사장 위치를 잘 알려줄 수 있는 장소를 선정하여 홍보 탑, 현수막 등 필요한 최소한의 홍보물을 설치한다.

6) 행사용 꽃

행사용 화분, 꽃꽂이(수반)는 일반 행사에서는 주빈석에, 그리고 연회(오·만찬)의 식탁 등에 필요하다. 형식과 규격은 주변의 시야를 가리지 않을 정도로 다양하게 준비한다. 꽃목걸이는 개선하는 선수나 기타 개인의 특별한 업적을 축하해줄 경우에 준비하고, 조화·조농화는 사망 시 조의 표시, 국립묘지 및 순국선열 묘지참배 등을 위해 쓰인다. 화분은 용도가 가장 광범위하며, 행사장, 기타 실내장식용으로 많이 쓰인다.

7) 등록대 및 안내대

등록대와 안내대는 참가자 현황을 파악하고 참가자들에게 명찰, 발표 자료집, 프로그램북, 기념품 등을 지급하는 장소로서 출입구 인근에 설치한다. 등록대는 참가자들이 처음 접하는 곳이므로, 가능한 한 행사장을 쉽게 알아볼 수 있고 등록이 편리하도록 설계한다. 등록대에는 사전에 승인된 사람만 허용되는 행사를 제외하고는 현장 등록자를 위한 명찰 라벨기를 준비하거나, 현장 등록자가 적을 경우에는 빈 명찰을 준비하여 즉석에서 수기로 작성하여 명찰을 지급한다. 안내대는 참가자들에게 필요한 정보를 제공하고, 질의 등 서비스 요구에 대응하기 위해 행사장 입구를 비롯하여 여러 곳에 설치한다.

8) 국기 등 기타 시설물

기념식 등 공식행사의 경우 실내용 깃대와 국기를 준비하고, 국제 행사의 경우 행사장 내에 통역 부스를 설치한다. 포디움(연대)은 연사용와 사회자용으로 구분하여 준비하며, 연락이 용이하도록 전화기(일반, 행정, 비상)도 설치하고, 동절기의 경우 귀빈들이 입고 온 외투를 보관할 수 있는 옷장과 옷장 관리자를 두어야 한다. 옥외행사의 경우 간이화장실도 설치해야 한다.

② 부대 행사장

메인 행사장 이외에 행사 성격, 행사 규모, 참가자 등에 따라 접견장, 기자 대기실, 진행요원을 위한 공간 등을 추가로 준비해야 한다. 일반적으로 주요 귀빈들은 도착과 동시에 행사장으로 입장하지 않고 행사 주관 기관장의 안내와 영접을 받게 된다. 이를 위해 별도의 귀빈 접견실을 준비하여 잠시 환담과 휴식할 공간이 필요하다. 과거에는 귀빈 접견실에 고급 응접의자나 소파를 준비했는데, 최근에는 자리에 앉지 않고 서서 인사하고 대화하는 스텐딩 접견 방식을 많이 선택한다. 응접의자의 경우 서열에 대한 좌석 배치가 필요하나, 스텐딩 접견은 서서 자유롭게, 그리고 이동하면서 인사를 나눌 수 있는 장점이 있다.

접견실에는 방명록, 명찰 그리고 커피, 음료, 다과를 준비하여 제공하고, 동절기의 경우 외투를 걸을 수 있는 옷걸이나 옷장을 준비하는 것이 좋다. 접견장 역시 귀빈들에게 첫인상을 줄 수 있는 장소인 만큼 꽃꽂이(수반)나 간단한 장식을 준비하여 장내 분위기를 밝고 환하게 만든다. 참석 귀빈이 많을 경우는 직책이나 분야를 구분하여 접견실을 2개 이상으로 할 수도 있다. 접견실에 안내도우미만 배치하여 귀빈을 맞이하는 것은 결례이며, 행사 주관 기관에서 직위에 맞는 사람이 함께 영접하는 것이 예의이다. 접견장 운영 시간은 30분 이내로 짧게 하는 것이 좋다.

행사가 언론의 관심 대상이거나 행사에 대하여 국민의 관심이 높을 경우에는 기자들이 많이 방문하게 된다. 기자들의 취재와 편의를 돕기 위해 기자 대기실을 설치하여 기자들에게 배부할 자료(프레스 킷), 음료 및 다과를 준비한다. 또한 기사 편집과 언론/방송사로의 기사 송출을 위한 노트북 컴퓨터, 인터넷 그리고 전화기를 적정 수량 비치한다. 참석 귀빈과 기자와의 인터뷰를 위한 기자 간담회장과 공식 기자회견을 위한 프레스룸의 설치 여부도 검토한다.

대규모 행사의 경우 진행요원과 자원봉사자가 매우 많다. 이들에 대한 종합관리, 업무부여, 휴식을 위해 적당한 규모의 진행요원 사무실도 필요하다. 준비 사무국 사무실도 행사장 인근에 준비하여, 행사 전날부터 이곳에서 필요한 업무수행, 통제, 종합관리, 행정지원 등의 업무를 수행하도록 한다.

• 연회장(조찬장, 오찬장, 만찬장 등)

연회는 참가자에 대한 감사의 표현이자 참가자들 간에 사교모임을 가질 수 있도록 배려하는 장소이기 때문에, 일반적으로 연회장을 포함하여 행사장을 구축한다. 호텔과 같은 연회장이 잘 마련된 곳은 준비하는 데 큰 어려움은 없으나, 회사 내부 행사, 옥외 행사에서는 연회장을 준비하는 데 많은 신경을 써야 한다. 연회장에는 간단한 연설과 건배사를 할 수 있는 작은 연단, 사회자와 연사를 위한 포디움, 마이크 등 오디오 장치를 준비해야 한다. 귀빈들을 위한 별도의 헤드테이블을 준비하고, 헤드테이블에는 좌석 배치도와 작은 명패를 비치하여 본인의 좌석을 쉽게 찾을 수 있도록 한다. 연회는 축제의 장이기도 하기 때문에 행사를 알리는 대형 현수막, 풍선, 꽃꽂이 같은 장식을 설치하여 연회 분위기를 화려하고 환한 분위기를 조성하는 것이 좋다.

조찬 연회의 경우 부드러운 배경음악을 준비하고, 행사 주관 기관에서는 입구에서 간단한 영접과 안내를 하는 것이 좋다. 오찬 또는 만찬의 경우 식사 중 또는 식사 후 공연을 추가하는 경우가 있다. 행사의 성격과 참가자들의 취향을 고려하여 공연 출연진을 섭외한다. 외국인 참가자가 많을 경우는 국악이나 퓨전 국악도 추천할 만하다. 공연이 없는 만찬의 경우 당일 행사의 이모저모를 담은 사진 영상으로 슬라이드 쇼를 하면, 참가자들의 흥미를 배가시킬 수 있다.

13. 축하 공연

행사에서 공연의 비중이 큰 경우는 공연 기획이 잘되어야 한다. 공연이 예술적 상상력을 기반으로 대중들의 감성과 감동을 견인해내야 한다는 것은 분명하지만, 그것은 어디까지나 이미 존재하고 있는 음악과 출연자를 통해 이루어진다(공연 행사 제작 매뉴얼). 공연 기획과 연출에는 음악과 가수뿐만 아니라 새로운 무대장치나 조명 시스템 같은 기술적 요소들까지 포괄한다.

공연 기획은 시기, 장소, 출연진, 콘셉트 등 4요소로 구성된다. 객석 수, 시스템 사양(설비, 음향, 조명, 무대 등) 및 공연장 이미지를 고려하여 합리적인 공연장을 선택한다. 공연장은 공간일 뿐만 아니라 문화이기도 하다.

공연장은 무대와 조명 그리고 음향이 매우 중요하므로 디자인과 장식 그리고 장비품질에 대해 신경을 써야 한다. 음향은 본질적으로 스테레오이고, 조명은 연출의 의도를 담아내는 가장 효과적인 수단이다. 무대는 하나의 작은 우주가 되고 영상은 연출가의 의도를 가장 직접적으로 관객에게 전달할 수 있는 수단이 된다. 특수 효과는 공연을 화려한 무대를 만든다.

상업적 행사가 아닌 부대 행사로서의 공연임을 감안하여 출연진을 선택한다. 참가자들이 취향에 맞고 그 당시 인기가 있거나 트렌드가 있는 공연을 할 수 있는 출연진을 선택한다. 출연진의 궁극적 선택 기준은 참가자들의 만족과 감동이어야 한다. 인기 있는 출연진을 섭외하면 많은 비용이 들기 때문에 행사 관련사 직원들로 공연팀을 구성하거나 음악 전공 대학생이나 대학원생을 활용하는 것도 좋은 대안이다.

오찬 또는 만찬 등 식사를 겸한 공연은 참가자들의 몰입도가 낮을 수 있고, 공연이 너무 길면 지루할 수도 있다. 특히 오찬 공연의 경우 식사를 하면서 공연을 접하기에는 시간이 짧기 때문에 클래식 음악연주, 앙상블, 가곡, 국악, 재즈 등의 공연이 좋다. 만찬 공연의 경우 하루 일과를 마무리하고 쉬는 시간이기 때문에 흥겨운 공연이 적합하다. 유명 가수, 그룹사운드 등을 섭외하는 것이 좋다.

2012 서울 원자력 인더스트리 서밋 오찬 공연은 식사 중 Bella Strings(건국대 새천년기념관 전속 앙상블 팀)의 40분 공연과 식사 후 미지(6인조 국악 걸그룹)의 퓨전 국악 20분 공연을 제공했다.

<2012 서울 원자력 인더스트리 서밋 오찬 공연 팸플릿과 오찬 공연 모습>

행사를 사전에 홍보하고 행사 분위기를 고조시키기 위해 다양한 사전 공연을 기획하기도 한다. 행사장 인근에서 대형 축하공연을 개최하거나, 인파가 많은 거리에서 이동하며 하는 퍼레이드 공연을 하기도 한다. 퍼레이드 공연팀은 경험이 많은 출연진을 섭외하거나 버스킹(사람들이 많이 걸어 다니는 길거리에서 여는 공연) 희망자를 공개 모집하여 활용하기도 한다.

메인 행사, 공연 행사에서는 다양한 배경음악이나 영상을 여러 개 준비하는 것이 좋다. 일반 참석자의 경우 행사 시작 20~30분 전에 행사장에 입장하기 때문에 기다리는 데 지루함을 느낄 수가 있다. 이를 고려하여 행사 분위기에 맞는 배경음악이나 영상을 틀어주면 산만함도 줄고 집중도가 높아질 것이다. 공연 중심 행사의 경우도 미리 준비된 영상 이외에 여분의 스팟 영상을 준비하여 공연 도중 순서가 바뀌거나 출연진이 늦는 경우 등의 돌발 상황을 대비한다. 공연 영상 작업 시 실제 현장에서 플레이할 음향, 영상, 중계팀들과 사전 협의를 통해 스펙을 맞추고 점검하는 것이 좋다.

14. 행사 준비현황 보고 및 시나리오

① 행사 준비현황 보고

행사 준비가 어느 정도 되었을 경우 준비 사무국은 상세한 준비현황 보고서를 작성함으로써 준비사항을 점검하고, 조직위원회와 행사 주관 기관장에 대한 보고를 통해 행사 준비에 대한 우려를 줄여준다. 시기는 최소 행사 2~3주(D-14~20) 전에 하는 것이 좋다. 이후에도 수시로 진행사항을 점검하고 총괄 책임자와 조직위원장에게 보고한다. 보고 내용에는 각 분야별로 주관부서, 준비내용, 이후 준비일정, 협조사항, 애로사항 등에 관한 전반적인 내용을 포함한다.

세부 항목별 추진 일정표를 만들어 누락되거나 지체되는 일이 없도록 해야 한다. 2011 KEPCO 연구개발 성과 발표회 시 행사 D-45일에 보고하였고, 준비팀에서 공유한 세부항목별 추진일정 예시는 〈부록 1-14〉에 수록했다.

② 시나리오 작성

모든 행사 계획이 확정되면 행사 진행 시나리오를 작성한다. 진행 시나리오는 행사를 진행하는 사회자의 행사 진행 내용과 행사 역할자의 행동 등을 미리 파악하고 작성한 것이다. 행사 진행 시나리오의 문맥은 부드럽고 보통 말하듯이 작성하고, 적당한 경어를 사용한다. 모든 직위는 공식 명칭을 사용하고, 포상할 때는 훈격과 수상자를 각각 미리 호명한 다음 단상의 위치 상태를 확인하고, 그 후 수여자에게 경례를 한 뒤에 훈격이 가장 높은 수상자의 포상 내용을 낭독한다.

시나리오는 행사를 기획하고 준비한 실무 책임자가 작성하여 사회자에게 전달하고, 사회자는 읽고 발음하면서 자신에게 부합하는 문맥으로 다듬어 사용한다. 시나리오 구성은 사전 안내말씀(행사 5~10분 전), 본 행사 시나리오(실제 상황), 사후 안내말씀(본 행사 직후) 등 3개 부분으로 구분하여 작성된다. 사전 안내말씀에는 사회자 소개, 행사 순서 소개, 주의 및 협조사항(휴대폰, 카메라 사용 등), 본 행사 후 행동요령 및 이후 행사 안내 등이 포함된다. 본 행사 시나리오는 주빈의 입장부터 식순에 따른 행사 진행 부분이다. 사후 안내말씀은 퇴장 안내 및 이후 행사 안내 등이 포함된다. 행사 진행 시에 가장 주안점을 두어야 하는 것은 진행 과정에서 VIP의 역할이 물 흐르듯이 매끄럽게 진행되도록 하는 것이다. 따라서 VIP 동선에 따른 진행 시나리오는 보다 구체적으로 작성할 필요가 있다. 또한 각 파트별 진행요원과 봉사자들을 위한 시나리오를 별도로 작성할 필요가 있다.

시나리오에는 시간, 항목, 내용, 무대, 음향, 조명, 담당자를 표기하여 사회자, 콘솔 운영자, 진행요원이 함께 인식하도록 하여, 각자 자신의 역할을 행사 진행 상황에 맞추어 수행할 수 있도록 구성해야 한다. 2011년 원전안전 결의대회 및 중앙연구원 개원식에서 사용된 시나리오를 〈부록 1-15〉에 수록했다.

<2011 KEPCO 연구개발 성과 발표회 시 종합 준비현황 보고서>

준비항목	보고내용
1. 성과/계획	주관부서, 보고내용, 보고방법, 보고시간, 준비일정
2. 동영상 제작	주관부서, 제작사, Concept, 준비일정, 시나리오(안)
3. 초청 특강	주관부서, 초청강사, 강의주제, 강의료, 준비일정, 강사 이력
4. 유공자 표상	주관부서, 포상 대상자, 격려금 지급, 준비일정, 연락 체계
5. Best Practice 발표	주관부서, 준비일정, 발표 대상
6. 공중풍력 퍼포먼스	주관부서, 기본 개념, 준비일정
7. 전시보고	주관부서, 전시대상, 제작사, 준비일정
8. 한마음행사장	주관부서, 주요 장식, 준비일정, 디자인 시안
9. 만찬	주관부서, 준비일정, 메뉴(안), 건배주 후보
10. 한마음 행사	주관부서, 행사 진행, 행사 순서, 준비일정
11. 기념품 지급	주관부서, 지급 대상, 기념품 구입, 기념품(안), 준비일정
12. 팸플릿, 홍보물	주관부서, 디자인(안), 홍보물품(현수막, 배너), 거치위치, 현수막 문구(안), 준비일정
13. 인쇄물	주관부서, 인쇄물 종류, 준비일정, 표지 디자인(안)
14. 홍보	주관부서, 준비일정, 홍보기사 내용
15. 의전	주관부서, VIP별 담당자, 준비일정, VIP 방문일정
16. 좌석 배치	주관부서, 행사장별 참석자, 준비일정, 참석자 명단 및 배치도(안)
17. 주차 및 행사 안내	주관부서, 대상별 주차장 위치, 주차 안내자 배치, 주차표시판 설치, 준비일정, 주차장 배치도
18. 시나리오 작성 및 진행	주관부서, 시나리오 작성자, 행사장별 진행자, 준비일정, 시나리오(안)
19. 전시장 개장 　　 Tape Cutting	주관부서, 준비사항, 준비일정, 시나리오
20. 행사용품	주관부서, 네임택, 대회의실 명패, Tape Cutting 용품, 안내 표지판, 스텝 역할, 안내대, VIP 휴게실 등

③ VIP 동선과 역할

행사를 진행함에 있어 참석자 중 최고 직위에 있는 VIP는 사전에 행사장을 점검하거나 리허설 과정 없이 행사에 바로 참석하게 된다. 따라서 행사 준비 사무국에서는 비서실과 협의하여 VIP 동선과 행사 중 주요 역할에 대해 결정하고 미리 보내주어야 한다. 행사에 관심이 많은 VIP는 자신이 관심 있는 사항(동선)과 역할에 대해 미리 알려주거나 지시하는 경우가 있으나, 일반적으로는 참석 시간과 장소만 알고 있다가 행사장으로 이동 중 승용차 안에서 비서로부터 보고받는다. 따라서 가능한 한 행사장 별 VIP 역할을 분명히 안내하여 VIP가 사전에 인지하도록 해야 한다.

영접부터 행사장 별 안내 도우미는 VIP 역할이 매끄럽게 진행될 수 있도록 도와주는 행사도우미의 역할과 그들이 수행해야 할 역무를 구체적으로 숙지해야 한다. 대형 행사의 경우 VIP는 물론 준 VIP급도 많이 참석한다. 그러므로 준 VIP 역할이 있는 경우 그들에게도 동일한 방법으로 사전에 동선과 행사장 별 역할을 알려주어야 한다. 오찬 또는 만찬 시 건배제의 가능성이 있을 경우, 사전에 비서에게 건배제의 또는 간단한 축하말씀 시간이 있을 수 있음을 알려주는 것이 좋다. 행사가 장시간 이루어지고 행사 장소도 여러 곳일 때는 동선과 역할 안내에 더욱 더 신경을 써야 한다.

2011년 원전안전 결의대회 및 중앙연구원 개원식 때 CEO 행사장 별 역할 예시는 〈부록 1-6〉에 수록했다.

④ 진행요원 역할 시나리오

대규모의 행사를 준비하고 진행함에 있어 준비 사무국, 행사 대행사, 자원봉사자, 회사 내부 차출인력 등 많은 진행요원이 필요하다. 진행요원은 행사가 철저히 준비되고 참가자들의 편의를 도와 성공적으로 행사가 개최되도록 하는 데 중요한 역할을 한다. 따라서 준비 사무국에서는 행사 별 진행요원의 역할과 시나리오를 작성하고 함께 공유하여 계획대로 진행되도록 해야 한다. 특히 자원봉사자와 행사 직전에 차출된 인력에 대해서는 교육을 통해 그들의 역할을 분명히 인식시켜야 한다. 이런 시나리오에는 세부항목별 일시, 장소, 주요 역할, 담당자, 책임자 등이 포함되어야 한다.

2012 서울 원자력 인더스트리 서밋에서는 해외귀빈 영접, 귀빈 의전, 진행요원 점검, 리셉션 및 업무만찬, CEO 현장점검, 네트워킹을 위한 조찬, 등록, 사진 촬영, 부대시설 운영, 오찬 연회, 전시장 운영, 수송, 경호·통제, 메인 행사, 프레스센터 운영, 기자회견, 총리 주재 만찬, 배우자 프로그램, 산업체 견학 등 행사 관련 전 분야에 대해 원칙과 기본 방향, 진행요원 위치와 역할, 준비사항 등을 체계적으로 수립하여 운영했다. 특히 중요한 임무가 부여된 사회자, 통역자, 오찬 공연팀, 회의 시스템 운영팀, 행사 지원 호텔 관계자 등에 대해서는 준비 사무국에서 일대일로 협의를 통해 시나리오를 작성하고 준비토록 했다.

2012 서울 원자력 인더스트리 서밋 시 분야별 진행요원 역할 및 시나리오 예시는 〈부록 1-16〉에 수록했다.

⑤ 방명록

행사에 높은 직책의 귀빈이 참석하는 것은 행사의 위상을 새롭게 한다. 참석 귀빈들의 서명을 받은 방명록은 오래도록 보관하고 행사 증표로 삼곤 하는데, 최근에는 이런 방명록 서명 행사를 하지 않는 경우가 많다. 방명록을 받을 경우 서명 장소도 중요하다. 영접과 환담을 위한 별도의 장소가 마련되었다면 환담장 입구에서 도착 시 영접자의 안내로 서명하도록 하고, 별도의 환담 없이 행사장으로 입장할 경우는 현관이나 등록대에 방명록을 비치하여 서명을 받는다. 방명록 서명 행사를 할 경우 참석하는 귀빈에게 그 사실을 미리 알려주어 작성 글귀를 준비하는 것이 좋다. 또한 IT 시대임을 고려하여 태블릿 컴퓨터 등을 활용한 전자서명도 창의적이라고 할 수 있다. 또한 소속 직원들의 의지를 담은 문구에 최고 경영자나 상급 기관장이 의미 있는 문구를 적게 하는 것도 좋은 방식이다.

<2011 KEPCO 연구개발 성과 발표회 시 CEO 서명판>

15. 행사용품 준비

기념품은 행사를 상징하는 것이므로 준비 사무국은 기념품 선정에 많은 신경을 쓴다. 왜냐하면 참가자들의 기대가 있고 참가자들마다 취향이 다르기 때문이다. 기념품은 일상생활에서 사용하는 상용품, 행사를 오래도록 기억나게 하는 상징물, 특정 집단에서 사용하는 특수 용품으로 구분할 수 있다. 기념품 선정 시 주의할 사항은 행사 참가비를 고려하지 않은 저가 상품이나 쉽게 고장 나거나 작동하지 않는 불량품, 일상생활에서 용도가 전혀 없고 전시 가치도 없는 상품을 선정하지 않도록 해야 한다는 점이다. 따라서 기념품은 가격보다는 참가자들이 느끼는 가치를 고려하여 선정해야 한다.

또한 기념품은 행사 성격과 참가자 집단의 성격을 고려하여 선정하는 것이 중요하다. 그래야 행사 참가의 의미도 있고 참가자들의 만족도도 높일 수 있다. 예를 들어 안전결의 행사일 경우에는 비상약품 함, 안전도구 함 등을 고려할 수 있다. 산악 단체 모임일 경우는 등산에 도움이 되는 바람막이 옷, 등산용 지팡이, 등산용 모자, 수건 등을 선정하여 행사의 의미와 연계하는 것이 좋다는 말이다.

동일 행사에서 기념품을 차별하는 것은 좋지 않지만, 성격이 다른 외국인과 내국인, VIP급과 일반인 등 두세 개 군으로 분리하여 기념품을 달리 준비할 수도 있다. 기념품 선정 시 지급 대상에 따라 주의해야 할 한 가지는, 나라마다 선물을 받을 수 있는 금액에 한계가 있기 때문에, 고가의 기념품 받기를 꺼려하는 경우가 있을 수 있다는 점이다. 국내도 청탁 금지법이 제정되면서 이해관계가 있는 고위직을 대상으로 한 고가의 기념품은 법에 저촉될 여지가 있게 되었다. 그러므로 사전에 검토가 필요하다. 또한 행사를 개최할 때 기념품을 제공하려는 기업이나 단체가 있을 수 있다. 이는 행사를 계기로 자사를 홍보하려 하거나 강제성을 띨 수 있는데, 이런 기념품의 준비 요청이나 대가성으로 비춰질 수 있는 자발적 기념품을 제공받는 것은 특별히 주의해야 한다.

참가자 성격에 따른 기념품 예시는 다음 표와 같다. 그러나 기념품은 그 당시 상황에 따라 선호도가 다르기 때문에, 준비 사무국에서 다양한 후보를 대상으로 선호도 조사와 행사 기획사 등의 전문가 의견을 토대로 결정하면 된다. 해외 참가자들은 큰 여행 가방을 들고 장거리 이동을 하기 때문에 기념품은 쉽게 깨지지 않아야 하고, 부피와 무게 또한 부담스럽지 않는 것이 좋다.

2012 서울 원자력 인더스트리 서밋 참가자에게는 총 3가지의 기념품과 2개의 자발적 찬조 기념품이 제공되었다. 주 기념품으로 서울 핵안보정상회의 기념주화(액면가 5만 원의 프루프 금 은화), 그리고 조직위원회가 마련한 추가 기념품으로 민속화 크리스탈 큐브를 제공했다. 행사장 회의 테이블에 한국 전통 메모지를 제공했고, 자발적 기념품은 행사 주관사가 제공한 월드 시계와 원전 설계사의 홍보용품으로 제작한 USB 메모리였다.

<참가자 성격에 따른 기념품 예시>

구분		기념품 후보
외국인	상용품	가방, 노트, 넥타이, 고급 수건, 만년필 등
	상징물	전통 기념품(탈, 부채, 도자기, 자개 명함함 등), 기념우표, 기념주화, 전통차, 전통주 등
	전문용	전문 도서, 메모리 카드, 태블릿 컴퓨터, 아이돌 음악 CD 등
국내 고위직	상용품	넥타이, 명함 케이스, 가방, 전통주, 와인, 만년필, 화장품 등
	상징물	모형, 기념 책자, 기념 사진첩 등
	전문용	비상약품 함, 비상도구 함, 태블릿 컴퓨터, 전문 도서 등
전문가 집단	상용품	수건, 가방, 해당 분야 상용품
	상징물	모형, 기념 책자, 기념 사진 등
	전문용	해당 분야 전문용품
일반 성인	상용품	수건, 우산, 양산, 보조 메모리, 보조 충전기
	상징물	행사 상징물, 행사 사진첩
	전문용	-
학생	상용품	미니 노트, 학용품, 모자, 부채 등
	상징물	기념 우표, 기념 사진첩, 동영상 CD 등
	전문용	-

〈 주 기념품 〉　　　　　　　〈 추가 기념품 〉

〈 한국전통 메모지 〉　　　　　　　〈 월드시계 〉

<2012 서울 원자력 인더스트리 서밋 기념품>

　　기념품이 행사 참가자들에게 행사를 기념하는 의미로 제공된다면, 지급품은 행사 참가와 진행에 필요한 용품을 말한다. 예를 들어 등록 시 참가자들에게 프로그램북, 발표 자료집, 기념품, 팸플릿 등 지급되는 물품이나 자료가 많을 경우 이를 담아 들고 다니기 편하게 하기 위한 가방, 쇼핑백, 보자기 등이 대표적이다. 이외 회의장에서 필요한 필기구, 펜 접시, 메모지, 질의 노트, 음료용 컵, 컴퓨터 마우스 패드 등 행사에 필요한 용품 등이 있다. 이런 지급품은 행사의 성격과 참석자들의 직책을 고려하여 품질수준을 정해야 한다. 용도품은 행사 후 참석자가 기념으로 소지할 수도 있고 행사장에 두고 그냥 나갈 수도 있다.

　　일반적인 행사에서는 상용품을 구매하여 좌석이나 입구에 비치하지만, 책임 있는 고위직이 참석하거나 특별한 행사에서는 별도의 주문 제작이나 일반 상용품에 행사명이나 행사 로고 등을 인쇄하여 의미를 부여하는 것도 필요하다. 예를 들어 메모지 뒷면에 행사와 관련된 사진이나 글귀를 넣거나 외국인들이 참석하는 행사에서 우리나라 문화유적 사진을 메모지 등에 인쇄하는 것도 큰 의미가 있다.

　　공식 연회에서는 건배주가 빠지지 않고 등장한다. 건배(乾杯)는 사전적 의미로 '술좌석에서 서로 잔을 들어 축하하거나 건강 또는 행운을 비는 일'이다. 좋은 건배주는 연회를 더욱 빛나게 만들고, 행사 후에 어떤 건배주가 등장했는가가 많은 이들의 관심사항이 되기도 한다. 따라서 행사 조직위원회는 행사 성격을 고려한 건배주 선정에 많은 노력을 기울인다. 건배주 선정 시 행사 성격, 참가자, 지역, 당시 트랜드, 전문가 의견 등을 고려하면 좋다. 준비 사무국에서 건배주 선정이 어려울 경우 행사 대행사 또는 전문가들의 추천을 받는 것도 필요하다. 지방 행사의 경우 그 지역에서 생산되는 주류를 선택하는 것이 좋으며, 국내에서 개최되는 국제 행사의 경우 한국 전통주로 선정하는 것이 바람직하다. 독특한 향이나 도수가 높은 술은 건배주 후보에서 배제하는 것이 좋다.

2011 KEPCO 연구개발 성과 발표회에서의 건배주는 막걸리였다. 그 당시 선정 기준은 당시 술 트랜드와 지역 생산품을 우선 고려했다. 당시 국내에서 막걸리 열풍이 불고 있었기에 막걸리로 한정하고, 행사 개최 장소가 대전이었기에 막걸리 중에서 대전, 충남에서 제조, 판매되는 것을 대상으로, 자체 평가반을 구성하여 맛과 향, 인지도에 대해 평가하고 검토하여 선정했다. 당시 최종 선정된 주류는 대전에서 생산되는 '원막걸리'와 충남 공주에서 생산되는 '알밤막걸리'였다.

<건배주 선정 시 고려사항>

항목	내용
1. 행사 성격	축제, 기념식, 준공식, 외교 행사, 위로 행사, 체육 행사 등
2. 행사 의미	안전 기원, 다짐, 축하, 단합·화합, 위로 등
3. 참가자	국제 행사, 국내 행사, 지역 행사, 특정 집단 등
4. 맛과 향기	단맛, 떫은맛, 짙은 향, 무취, 딸기 맛, 사과 맛, 오렌지 맛 등
5. 주류 색상	붉은색, 무색, 주황색, 맑은색 등
6. 용기 재질, 디자인	유리병, 도자기, 플라스틱 그리고 용기의 멋, 용기 모양
7. 알콜 도수	무알콜, 낮은 도수, 중간 도수, 높은 도수
8. 행사 지역	대도시, 중소도시, 농어촌, 도서 지역
9. 당시 주류 트랜드	대중 인기 품종(막걸리, 와인, 증류주 등)
10. 술 전문가 평가	공식 술 전문가들의 평가 의견

<우리나라 전통주에서 건배주로 지정된 사례>

주류명	행사명
1. 금산 인삼주	ASEM 정상회의 공식 건배주(2000년)
2. 명인 홍삼주	
3. 오희(막걸리)	2018 평창 동계올림픽 건배주 후보
4. 복분자음	18대 대통령 취임식 공식 건배주
5. 세종 오가닉	세계 유기농 엑스포 공식 건배주
6. 황진이	2007년 남북 정상회담 공식 건배주
7. 문배술	1990년 남북 고위급 회담 공식 건배주
8. 울산 태화루	울산 옹기 문화엑스포 공식 건배주
9. 부자 자색 고구마	한일 정상회담 공식 건배주
10. 감와인	대통령 취임식(2008, 2013년) 건배주
11. 진토 아이스와인	국제 적조회의 환송회 (2012.11) 건배주
12. 영천 와인	2011 경주 세계문화엑스포 공식 건배주
13. 보해 복분자주	OECD 세계 포럼 공식 건배주
14. 녹고의 눈물	2016 세계 한상대회 공식 건배주
15. 풍정사계 춘(春)	2017 한미 정상회의 공식 건배주
16. 호담 산양산삼 생 막걸리	2017 우리 술 품평회 대통령상

제5부

행사 진행

1. 행사 대행사(PCO) 능력과 역할 활용
2. 사전 점검
3. 진행요원 배치
4. 등록 및 안내
5. 행사 진행
6. 홍보 지원
7. 환송

1. 행사 대행사(PCO) 능력과 역할 활용

일정 규모 이상의 행사는 보통 행사 전문기관인 PCO와 용역 계약을 체결하고 행사 준비와 행사 진행을 함께 한다. 행사 주관사는 행사 전반에 대한 전문성이 부족하고 경험이 없기 때문이다. 따라서 행사 주관사는 유능한 PCO를 만나는 것이 매우 중요하다. 행사 준비 사무국은 행사 목적, 행사 방향, 행사 규모, 행사 예산, 참석 대상자에 대해 명확하게 정의하고, 이런 내용을 PCO가 잘 숙지하고 창의적으로 행사 준비를 할 수 있도록 많은 부분을 일임하고 간섭하지 않아야 행사를 성공적으로 마무리할 수 있다. 행사 주관사나 준비 사무국의 일방적인 지시나 통보는 참가자들의 욕구를 충족시키지 못하는 진부한 행사를 만들 수 있다.

PCO는 행사 기획, 참가자 선정, 영접, 의전, 등록, 숙박, 홍보, 문화 탐방, 산업체 견학, 전시장 운영, 동영상 제작, 홈페이지 제작·운영, 사후관리 등 행사 전반에 대한 전문성이 있고, 그동안의 경험과 지식을 바탕으로 많은 아이디어를 창출할 수 있다. 또한 누구보다도 행사를 잘 수행할 능력과 열정이 있다. 그러므로 행사 책임자는 PCO의 능력을 신뢰하고 적극 지원하며 잘 활용하는 것이 행사를 성공으로 이끄는 지름길이다.

PCO가 제공할 수 있는 역할은 <부록 3. MICE 산업 현황>에 요약 기술했다.

2. 사전 점검

① 사무국 종합 점검

　행사 순비 사부국 종괄 책임자는 행사 전일 또는 행사 시작 2~3시간 전까지는 준비사항에 대한 종합 점검을 해야 한다. 주요 점검 대상은 식장 내 일반 준비물, 식장 준비물, 회의 시스템, 방송·영상 장비, 주요 귀빈 참여 현황 등이다. 일반 준비물은 연설문, 결의문, 선서문, 행사 진행문, 표창장, 감사장, 부상, 유인물(일정표, 안내문, 보고서, 현황 등), 필기구(필통, 볼펜, 연필, 메모지 등), 음료(생수, 커피 등)와 물수건, 휴지와 휴지통, 좌석 배치도, 좌석 명패, 명찰 등이다. 식장 준비물은 국기, 깃대, 현판, 안내판, 탁자 및 의자, 연대(포디움), 화분, 꽃꽂이(수반), 식순 및 회순, 비상용 전화기 등이 있다. 회의 시스템은 빔프로젝트, 화이트보드, 통역 설비와 조명, 음악 등의 제어 콘솔 등이다. 이외에 마이크, 확성기(앰프), 촬영대, 카메라 등에 대해서도 세밀한 점검이 필요하다.

　행사 대행사(PCO)가 있을 경우 준비 사무국은 PCO와 함께 준비사항을 점검하고 필요한 시정 조치를 현장에서 해야 보완시간을 단축하고, 사무국, PCO 그리고 진행요원이 동일한 이해를 할 수 있다. PCO는 회의장 준비는 물론 영접, 의전, 수송, 참가자 등록, 제작물 설치, 전시 운영, 연회, 프레스센터 운영 등 행사 전반에 대한 준비를 직접 수행했기 때문에 배경, 목적 등에 대한 상호의견을 교환하며 점검할 수 있다.

　2012 서울 원자력 인더스트리 서밋 시 최종 점검 리스트는 〈부록 1-7〉에 수록했다.

② 리허설

리허설은 행사 준비 상태를 종합적으로 실행하며 점검하는 단계로, 수립된 계획과 시나리오대로 행사를 잘 진행하기 위한 마지막 준비 과정이다. 리허설의 기본은 행사 참가자의 눈으로 봐야 한다. 최고 직책자의 눈높이와 그에 대한 의전에 초점을 둔다면, 행사가 딱딱하고 참가자들의 만족도를 떨어뜨릴 수 있기 때문이다. 리허설은 도상 리허설, 드라이 리허설, 드레스 리허설로 구분할 수 있다. 도상 리허설은 테이블 리허설로 시나리오를 갖고 회의실에서 관련자들이 함께 읽고 대화하면서 문제점을 찾아 수정하고 보완하는 방법을 말한다. 드라이 리허설은 현장 리허설로, 참가자들의 의상과 소품을 갖추지 않고 동선 및 소요시간, 그리고 사회자 등 진행자의 시나리오를 점검하는 방법이다.

드라이 리허설은 보통 행사 전날에 행사 책임자 주관으로 시행하는 것이 보통이다. 마지막으로 드레스 리허설은 실 상황 리허설로, 의상과 소품을 갖추고 하는 총 리허설이며, 실제 행사의 전반적인 분위기까지 점검하는 시간이다. 이때는 실제 사회자(보통 아나운서), 진행자, 출연자, 통역자, 제어 콘솔 운영자, 수상자 등 행사 관련자 모두가 참석하여 조직위원장이나 주관 기관장 입회하에 행사 총괄 책임자가 실제와 같이 진행한다. 드레스 리허설은 행사 개회 2~3시간 전에 하는 것이 일반적이지만, 행사 비중이 큰 경우는 12시간 전이나 전날 하기도 한다.

리허설은 실제 행사 때 드러나는 VIP의 동선을 점검하고 세부 행사 장소에서 식순별로 소요되는 시간과 행사 소품, 참석자의 위치 및 임무를 확인하는 시간이며, 사회자의 멘트나 역할자를 통해 행사의 흐름이 자연스러운지도 점검한다. 역할자들의 리허설은 참석자들의 긴장을 풀어주고, 행사가 유연한 분위기에서 진행되도록 준비하는 기능을 한다. 리허설의 시점은 주최 측이 어느 정도 준비되었을 때 시작하는 것이 좋다. 너무 이른 시점에 현장을 방문하여 리허설을 하면 점검할 사항들이 제대로 준비되지 않아 비효율적이다. 리허설을 통해 점검할 대상은 환담장, 방명록, 협탁, VIP 메시지, 프롬프터(필요 시), 공연, 조명, 음향 등이다.

리허설의 기능
1) VIP 또는 주요 귀빈의 동선 확인
2) 사회자 멘트 점검
3) 진행인력의 역할 확인
4) 행사의 자연스러운 흐름을 위한 조치
5) 진행요원 긴장 풀어주기

③ 조직위원장 또는 행사 주관 기관장의 사전 점검

행사의 최종 책임은 조직위원장 또는 행사 주관 기관장이다. 따라서 행사 준비가 완료되고 리허설이 끝나면, 준비 사무국장은 조직위원장을 모시고 메인 행사장, 부대 행사장, 주요 귀빈 동선, 연회장 등 모든 지역을 방문하여 준비 상황을 점검 및 보고해야 한다. 특히 아주 중요한 행사일 경우 메인 행사 최종 리허설을 참관하여 미흡한 부분이 발견되면 시정 조치를 지시해야 한다. 조직위원장은 일반적으로 개회사 또는 대회사를 하기 때문에 본인도 직접 연설문을 현장에서 낭독하여 마이크와 스피커 상태를 살피고, 동시에 자신도 예행 연습을 하도록 한다.

행사 당일 최종 점검사항

1) 행사장 집기 및 장식

ㅇ 국기의 게양: 게양 위치, 게양 상태

ㅇ 음향시설: 단상 연설대, 사회자 마이크, 합창·연주단 마이크 등

ㅇ 단상 탁자 및 의자: 상태, 식순, 음료수, 메모지, 필기구, 주요 귀빈 명단, 서열 및 역할 등

ㅇ 화분, 꽃꽂이, 장식물

ㅇ 현황판, 식순표

ㅇ 실내온도, 조명 상태

ㅇ 화장실, 간이 화장실, 음료수대, 우천 시에 대비한 대형 우산 등

2) 행사 준비물

ㅇ 기념사, 경축사, 경과보고 등 연설문

ㅇ 표창장, 부상

ㅇ 행사 진행 시나리오

ㅇ 접견실(의자, 좌석 배치, 음료수, 방명록 등)

ㅇ 행사에 대한 보도자료

ㅇ 비표 교환 및 안내에 관한 준비물

3) 행사 진행요원

ㅇ 귀빈에 대한 영접 및 환송인사, 위치, 출입 코스

ㅇ 기념사, 경축사, 경과보고 등을 낭독할 인사의 참석 확인

ㅇ 수상자 참석 확인

ㅇ 합창단, 연주단 참석 확인

ㅇ 음향, 조명, 전기, 사진 촬영 요원 등 행사 요원 정위치 여부

ㅇ 주차안내 등

<2012 서울 원자력 인더스트리 서밋 시 조직위원장 점검항목>

구분	점검항목	담당자
메인 행사장	무대, 사인물, 좌석 배치, 풀 기자단석, 촬영 부스, 통역 부스, 조명·음향 등	홍길동
탁자 준비물	명패, 펜/펜 접시, 메모지, 질의 요청지, 음료(생수), 음료수 컵 등	성춘향
시스템	앙코아 시스템, 발표 파일, 운영 시스템 등	○○○
조찬/오찬장	무대, 공연장소, 조명/음향, 사인물 등	○○○
부대시설	접견실, 프레스센터, 수행원 대기실 등	○○○
전시장	전시 패널, 모형, 설명자료 등	○○○
등록 및 안내	등록대, 지급품, 안내 데스크	○○○
통제 및 경호	통제구역 설정, 경호 인력 배치도	○○○
프레스	프레스센터, 개별 인터뷰 룸, 기자회견실, 프레스 킷 등	○○○
각종 사인물	현수막, X배너, 입간판, 안내표지, 방향유도 표시, 구역 표시, 통천 등	김갑돌

<2012 서울 원자력 인더스트리 서밋 조직위원장 현장 점검 동선>

시간	장소	점검항목	담당자
19:50~20:00	-	이동(집무실→행사장) - 동행자: - 이동 방법: - 현장 대기자:	홍길동
20:00~20:10	현관	도착 및 총리 동선 점검	성춘향
20:10~20:20	그랜드 볼룸 (II, II)	메인 행사장 점검 - 무대, 사인물, 좌석 배치, 탁자 비치물 등	○○○
20:20~20:35	"	주요 행사 진행 시나리오 및 앙코아 시스템 확인	○○○
20:35~20:40	로비	등록·안내 데스크 점검	○○○
20:40~20:50	그랜드 볼룸 (I)	조찬·오찬장 점검 - 좌석, 무대, 조명, 음향 등 - 앙상블 시연	○○○
20:50~21:00	로비	전시장 점검 - 전시장 구성, 동선, 동영상, 패널, 모형 등	○○○
21:00~21:05	부대행사장	수행원 대기실: 활용 집기, 좌석 등 접견실: 구성, 사인물, 좌석 등 준비 사무국: 근무자 현황, 집기, 주요업무 등	○○○
21:05~21:10	프레스센터	프레스 등록 시스템, 인터뷰 룸, 입구 사인물, 인터뷰 백월, 프레스센터 내부 상태, 프레스 오찬장 등	○○○
21:10~21:20	1, 2층 전역	자체 통제 시스템 및 구역, 경찰청 주관 MD 설치 상태	○○○

3. 진행요원 배치

　행사 총괄 책임자는 영화감독이나 오케스트라 지휘자와 같다. 따라서 행사가 무리 없이 계획과 시나리오대로 자연스럽게 진행되도록 해야 한다. 총괄 책임자는 사회자 옆에서 항시 대기하고 행사 전체 순서를 기억해야 한다. 조직위원장 또는 주관 기관장과 행사 중 눈으로 대화하며 필요한 조치가 바로 이루어지도록 하고, 참가자들에게 편의를 제공하는 데 신경을 써야 한다. 위기 상황에 대처하고 빈 좌석이 없도록 사전에 조치한다. 행사 중 평정심을 유지하고 시간 관리를 잘해야 한다.

　메인 행사장은 행사의 중심이기 때문에 잘 훈련되고 전문성이 있는 진행요원이 분야별, 장소별로 배치되어 주어진 업무를 수행한다.

　진행요원은 a. 준비 사무국 및 행사 대행사 전담인력 b. 행사 준비와 진행을 위해 일시적으로 활용하는 운영요원 c. 전문인력 d. 자원봉사자 등으로 구분할 수 있다. 준비 사무국과 행사 대행사 전담인력은 주로 분야별 책임자 역할을 수행하며, 일시 활용 운영요원은 영접, 의전, 참가자 등록, 수송, 이동안내 도우미 등 필요한 분야에 배치되어 분야 업무를 진행하는 역할을 수행한다. 전문인력은 전문성이 요구되는 사회자, 통역사, 사진사, 중계자, 공항 전문 의전관, 의사, 간호사, 응급구조사 등을 말하며, 자원봉사자는 모든 분야에서 책임자의 지시에 따라 주어진 안내, 사진 촬영, 통역 등의 업무를 수행한다.

　메인 행사장 진행요원 중 가장 중요한 사람은 사회자이다. 행사에 따라 다르겠지만, 중요 대형 행사를 기준으로 할 때 메인 행사장에 배치되는 진행요원은 행사장 입구 안내요원, 좌석 안내요원, 통역요원, 단상요원이나 연설자 이동안내 도우미, 시상도우미, 무선 마이크 전달자, 단상 집기(탁자, 의자 등) 이동자, 조명 조정자, 음향 조정자, 제어콘솔 운영자, 기자 통제선 유지자 등 많은 이들이 있다. 메인 행사장 밖 등록 데스크에는 등록접수요원, 참가자 지급품 전달요원, 안내요원 등 진행요원의 수를 행사 규모와 참가 인력에 따라 결정하여 배치한다. 그 밖의 진행요원은 영접과 의전을 위한 공항과 호텔에 배치되고, 행사장 주변에는 교통안내, 주차안내, 행사장 안내, 행사 홍보를 위한 진행요원이 곳곳에 배치되어 주어진 업무를 수행한다.

행사는 메인 행사장 이외에 연회, 전시, 공연, 현장 견학, 기념식수, 현판, 시삽, 발파 등 부대 행사장에서 다양한 분야에서 이루어질 수 있다. 이때도 많은 진행요원이 배치되어 업무를 수행하게 된다. 또한 참가자들의 산업체 견학, 문화 탐방, 외부공연 참가, 배우자 프로그램 등의 부속 프로그램에도 많은 진행요원들이 필요하다.

2012 서울 원자력 인더스트리 서밋 행사 시 진행요원 배치 현황은 〈부록 1-8〉에 수록했다.

4. 등록 및 안내

① 등록

참가자 등록을 위해 등록 데스크에는 노트북 컴퓨터, 프린터, 명패, ID카드, 참가자 리스트, 비표, 펜, 명찰, 등록 Kit, 등록 데스크 안내 배너, 테이블, 의자 등을 준비해야 한다. 참가자가 많을 경우 등록 데스크는 기관별, 분야별 또는 성명별로 구분하여 비치하는 것이 좋다. 특히 언론기관에서 취재를 위해 많은 기자들이 참석하는 경우에는 언론기관용 등록 데스크를 별도로 분리하여 운영하는 것이 좋다.

일반저으로 등록 데스크 운영 프로세스는 참가자 확인(필요 시 Pass 또는 신분증) → 명찰 및 비표 교부 → Kit 수령 → 좌석 확인 → 입장 및 착석 순이다. 등록 Kit에는 행사에 따라 다르겠지만, 2012 서울 원자력 인더스트리 서밋의 경우 인쇄물(프로그램북, 발표 자료집, 핵안보정상회의(NSS) 홍보책자, 강남구 홍보책자, 한국관광공사 홍보책자), 기념품(기념주화, 기념품) 그리고 NSS 홍보CD 그리고 가방(물품보관용) 등으로 구성되었다.

참가자를 공식 참석자, 기자, 보안요원, 진행요원, 준비 사무국 직원 등으로 구분하여 명찰이나 비표의 색상을 달리하면, 좌석 안내, 참석자별 식별에 효율적이다.

② 참석자 출입 및 안내

주빈은 초청장 또는 입장 카드 제시만으로 입장하도록 하고, 주요 인사 참석으로 경호 상 불가피한 경우에는 분야별, 좌석별 비표(리본) 색상을 구분하면 좌석을 안내하는 데 편리하다. 행사 성격상 참석자에 대한 인식이 꼭 필요한 경우(수상자 등)에만 명찰을 착용토록 하고, 주빈 또는 단상 인사에 대한 별도의 가슴용 코사지는 가급적 달지 않도록 한다.

방명록을 작성할 경우에는 입구에 방명록을 비치하고 초청인사 성명을 확인할 수 있어야 하며, 해당 인사에게 방명록에 서명할 것을 정중하게 요청한다. 행사장 입구에는 지역별, 그룹별로 초청인사의 얼굴을 아는 안내원을 배치하여 명단 확인을 돕고, 도착 시간을 조정하여 동일 시간대에 너무 붐비거나 혼잡하지 않도록 유의한다. 다른 행사장으로 이동해야 할 경우에는 각 그룹별로 함께 이동토록 안내원과 차량을 사전에 배치한다.

2011 서울 원자력 인더스트리 서밋 시 등록(ID) 카드 카테고리 구분과 지급 대상별 명찰 형태는 <부록 1-17>에 수록했다.

<2012 서울 원자력 인더스트리 서밋 출입(ID) 카드 사례>

안내요원의 자세

1) 기본자세

- 외부 초청인사에 대하여 안내요원 개개인이 소속기관을 대표한다는 인식 하에 행사장 도착 시부터 떠날 때까지 안내에 소홀함이 없도록 세심한 배려를 함으로써 좋은 인상을 남기도록 노력
- 이를 위하여 행사의 성격, 진행절차 및 소요시간, 입·퇴장로, 주차장 출입구 등 행사 전반에 대한 사항을 숙지한 후 안내에 임하도록 함

2) 옷차림

- 남자: 상하 흑·곤색 계통의 단색 정장
  흰색 계통의 와이셔츠에 넥타이 착용
  단정한 머리와 구두 손질
- 여자: 상의와 하의가 가급적 같은 색 계통의 투피스
  재킷의 앞여밈을 열지 않는 정장
  단정하고 수수한 느낌을 주는 화장

3) 마음가짐과 태도

- 행사 참여에 대한 높은 긍지와 자부심을 가지며, 밝고 정중한 인상을 주도록 함
- 개별적인 업무를 숙지한 후에 안내업무 전체가 원활히 진행될 수 있도록 협조
- 절도 있는 몸가짐과 공손한 말씨로 격조 있는 안내가 되도록 함
- 행사에 관련된 사항을 질문 받았을 때 충분히 이해할 수 있도록 응대
- 고령 또는 장애로 인하여 거동이 불편한 인사는 특별히 세심한 배려
  ex) 리본을 직접 정성껏 달아드린 후 식장 내부 좌석까지 안내
- 맡은 구역 내 모든 일에 처음부터 끝까지 책임 있게 대응
  ex) 초청인사의 물품보관 업무 등

5. 행사 진행

① 행사 진행 요령

사회자는 우선 행사 전반에 대한 내용을 완전히 파악하고 철저한 예행연습을 실시하여, 당황하지 않고 여유 있는 태도로 침착하게 시나리오에 의거, 진행한다. 또한 사회자는 개식 전에 실내외를 막론하고 장내를 완전히 정리한 다음, 행사 진행에 필요한 행사 요령과 간단한 주의 및 공지사항 등을 알려주어야 한다.

단체별로 참가했을 경우에는 각 단체의 인솔자에게 일차적으로 자리를 정돈하도록 한다. 특히 많은 사람이 참가하는 식장에서는 퇴장 시의 혼잡을 피하기 위해 퇴장 순서와 요령에 대해서도 개식 전에 알려주는 것이 좋다.

사회자는 행사 시작 전에 그 행사의 전체적인 진행 순서, 주빈의 환영 방법 등을 자세히 알려줌으로써 참가자들이 행사 중의 행동 요령과 행사 흐름을 미리 인식할 수 있도록 해야 한다. 또한 일반 참석자의 대기시간 중에 무료함을 해소하기 위하여 음악 연주단이 참여한 경우에는 참석자들에게 친숙한 민요, 가곡 등을 연주토록 하고, 연주단이 없을 경우에는 행사 성격에 맞는 음악을 들려주거나 유익한 동영상을 방영하는 것도 좋다.

행사 총괄 책임자는 행사 준비가 끝나면 최소 시작 1시간 전에 행사 시나리오에 따라 수상자, 사회자, 음악 연주단 지휘자 등 행사 진행요원 전원이 참가하여 각자의 임무와 행사 진행 중 행동 요령을 익히도록 한다. 예행연습은 단상 인사가 참석하기 전에 미리 참석한 참석자에게 불편함을 주지 않도록 간략하게 실시하도록 한다.

핸드폰 사용, 사진 촬영 등 행사 진행 중 유의사항도 개식 전에 주지시키고, 약식 절차는 야간, 체육 행사 및 기관 내부회의 등 부득이한 경우에 한하여 실시하며, 행사의 성격에 따라 '국기에 대한 경례' 절차만으로 진행할 수도 있다. 약식 절차로 행사를 진행할 경우 애국가 제창은 하지 않으며, 묵념도 생략할 수 있다. 이때 주의해야 할 사항은 '이하는 생략하겠습니다'라는 말을 써서는 안 된다는 것이다.

포상은 사회자의 안내에 따라 수상자 호명과 등단, 정렬, 수여자에 대한 경례, 가장 훈격이 높은 훈·포장 또는 표창 중의 대표 낭독, 개인별 포상, 수여자에 대한 경례, 기념 촬영, 참석자들에 대한 인사, 하단 순으로 진행한다. 최근에는 수상자와 수여자에 대한 위치에 있어 수상자가 주인공이므로, 수상자가 참석자를 바라보고 수여자가 무대를 바라보는 방향으로 배치한다. 사회자는 시상에 앞서 표창 대상자에게 수여 방법에 대한 충분한 예행연습을 실시하며, 시상 시는 수여자 옆에 보조자를 지정, 배치하여 표창장 및 부상을 전달토록 한다. 수여자가 표창장을 들고 있을 때 사회자는 표창 문안을 낭독한다. 표창장을 전수하는 경우는 수여권자 다음에 '대독'이라고 하나, 표창자가 수상자에게 직접 수여할 경우 사회자는 '대독'이라고 하지 않는다. 시상식에 음악 연주단이 참여할 경우는 경쾌한 전통 민요나 음악을 연주하여 행사장의 분위기를 높이도록 하며, 참석자들에게 축하의 박수를 유도한다. 시상이 끝나면 사회자는 시상 종료를 알리고, 불필요한 시상 보조대를 밖으로 신속하게 옮길 수 있도록 사전조치한다.

식사(式辭), 대회사(大會辭)는 해당 의식을 직접 주관하여 시행하는 기관의 장(주최자 또는 단체의 장)이 하는 것이 원칙이나, 부득이한 경우 차하위자가 할 수 있다. 일반적인 의식 행사에서 연사에게 경례는 하지 않는 것이 관례이다. 다만 기관 내부 행사로 연사가 기관의 장일 경우에 사회자는 '일동 차렷', '바로' 구령을 한다. 그러나 참석자가 앉아 있거나 기관장이 시계 내에 정렬되지 않았을 경우에는 사회자만 경례해도 무방하다.

사회자는 폐식 후 참가자들의 행동 요령을 주지시켜야 한다. 예를 들면 '이어서 ~에서 다과회가 있으니 내빈 여러분께서는 한분도 빠짐없이 참석해주시면 감사하겠습니다' 등이다. 참석자가 많은 행사의 경우 퇴장 시 순서와 차량 준비 등까지 미리 유의하여 충분히 준비함은 물론, 퇴장 시 예상 문제점 등을 현장에서 수시 파악하여 적절히 대책을 강구해야 한다. 특히 주요 인사가 참석한 경우에는 현지에서 완전히 떠날 때까지 세심한 주의를 기울여 불편이 없도록 안내해야 한다.

② 부대 행사 등 진행 요령

현장 시찰은 장시간 도보이용을 피하기 위해서 시설물의 주요 부분으로 한정하는 것이 바람직하다. 시찰 코스 주변의 환경정리와 근무 직원의 복장 등에 유의해야 하고, 시찰 코스에 안내판을 설치한다. 안전모와 별도의 복장(방호복 등)이 필요할 때에는 시찰 코스 입구에 준비하며, 출구에는 거울, 머리빗, 물수건 및 안전모 등을 벗어놓을 탁자 등을 준비한다.

다과회 장소는 건물 내부와 외곽의 상태, 참석 인원의 수용 능력, 냉난방 및 환기 상태 등을 고려하여 가급적 가건물을 사용하지 않는다. 다과회장의 준비는 전문 업체에 의뢰하는 것이 좋으며, 음식 테이블, 꽃 장식, 얼음 장식, 옷 보관 장소 등 실내의 장식물 배치에 세심한 주의를 기울여야 한다. 필요시 다과회장을 위한 별도의 음향시설을 준비하며, 규모가 큰 연회장인 경우 소규모 실내악단을 배치하여 여흥 분위기를 조성할 수도 있다.

기념탑 등 제막식 준비는 전문 업체에 의뢰하여 참석 인원수에 따라 휘장과 당김줄을 준비한다. 제막 후 기념탑의 설계자가 주빈에게 기념탑의 의미 등을 설명하는 순서를 포함시키는 것이 좋다. 발파는 모래, 백회, 색소가루 등을 두 겹으로 쌓아놓고 발파한다. 발파 장소는 식단으로부터 1~1.5km 떨어진 곳으로 가급적 단상 정면으로 하되, 3~4개소에서 동시에 발파하도록 함으로써 시각적인 효과를 높인다. 발파대는 참석 인원만큼의 스위치를 설치하되 주빈용에만 선을 연결하고 기타 스위치는 모형(거짓) 스위치로 한다.

오찬, 만찬, 다과회 등에서 건배제의를 할 경우, 미리 건배제의를 할 인사를 선정하고, 건배제의할 인사와 상의하여 건배제의 문안을 작성한다. 건배제의자는 행사와 관련 있는 인사를 선정하는 것이 타당하다. 사회자의 진행 순서에 의해 건배제의를 하며, 건배제의 시간은 최대한 짧고 간단하게 행사의 의미를 내포할 수 있는 말로 하도록 유도한다.

③ 진행요원 및 참가자 정위치

자원봉사자를 포함한 진행요원은 각자 맡은 임무를 수행하기 위해 정해진 시간에 해당 장소에 정위치해야 한다. 행사 총괄 책임자와 분야별 담당자는 진행요원의 정위치 여부와 임무 준비 상태를 사전에 점검하고 수시로 확인할 필요가 있다.

행사의 핵심은 참가자이다. 따라서 참가자들도 행사 시작 전에 제자리에 정위치하도록 해야 한다. 행사를 진행해야 하는데 예상보다 너무 적은 인원이 참가하든가 많은 이들이 행사 시작 후에 참석하는 경우는 낭패일 수 있다. 따라서 행사장 좌석 또는 입석 규모에 따라 참가 인원수를 예상하고 참석 방안을 수립해야 한다. 예상 인력보다 적게 참석할 경우를 미리 대비하는 대응책도 강구하는 것이 좋다. 사내 행사 또는 특정 단체 행사의 경우 좌석 또는 구역별로 부서, 기관, 지역을 처음부터 구분하고, 참석 인원수를 미리 할당하여 맡은 곳에서 책임지고 자발적으로 인원을 확보할 수 있도록 하는 것이 좋다.

참가 대상자들이 본연의 업무에 몰입하다 보면, 행사 자체를 잊는 경우가 종종 있다. 이를 방지하기 위해 행사 전날, 행사 시작 몇 시간 전에 행사 안내 방송을 하는 것이 좋고, 구역별 담당자를 지정하여 참석을 독려하고 좌석을 안내하도록 하는 것이 좋다. 행사 참석자를 인위적으로 동원하다 보면 많은 불만과 잡음이 생길 수 있다. 그러므로 이를 고려하여 사전에 행사장 규모를 검토하는 것이 좋다. 가능하면 자발적 참여를 유도해야 한다. 자발적 참여를 유도하기 위해서는 무엇보다 프로그램이 좋아야 하고, 참가자들에게 지급된 기념품, 다과, 유용한 자료 등에 대한 사전 공지도 필요하다. 또한 참가자들을 대상으로 경품을 추첨하여 기대를 갖게 하는 것도 좋은 방법 중의 하나이다.

④ 진행사항 모니터링 및 보완

행사 총괄 책임자는 행사 진행사항을 지속적으로 모니터링하여, 시나리오대로 잘 진행되고 있는지, 문제점은 없는지 관찰해야 한다. 행사를 진행하면서 계획과 시나리오대로 잘 진행되면 좋지만, 항상 돌발 상황이 발생한다는 것을 책임자는 인식하고 미리 대비해야 한다. 돌발 상황 발생이나 시나리오 변경이 필요할 경우는 조직위원장과 협의하여 즉각 대처하도록 한다. 사회자는 행사 시작 전에 비상시 대피 요령에 대한 설명을 하고, 필요시 슬라이드를 통해 행사장 구성도와 대피로에 대해 참가자들이 인지하도록 안내하는 것이 좋다.

<표 제목>

<행사 중 돌발 상황 사례와 대처 방안>

돌발 상황	대처 방안
1. 마이크, 음향기기 불량	- 유선 마이크로 교체 - 음향 전문가 긴급 투입 개선
2. 통역 음향 불량(잡음)	- 통역사에 주의 요청(원고 넘김 소리, 마이크와 거리, 음료 마시는 소리, 기침 등) - 통신기기 교체(해당 기기)
3. 정전 등 전기 이상	- 비상발전기 가동 전기 기사 투입 - 안내방송
4. 연사의 불참 또는 지각	- 대체 연사 섭외, 투입 - 연사 하위직에서 대리 연설 - 약간 지각 시 음악이나 영상 상영
5. 공연자의 지각	- 공연자의 과거 영상 파일 상영
6. 폭우, 폭설, 강풍	- 준비된 대형 우산 등 배부 - 설비 및 설치물 보강 - 강풍 비산물 대비(주의 안내, 대피)
7. 시나리오 변경(외부 요인)	- 가능한 원안대로 진행하되 불가피한 경우 관계된 모든 스텝(음향, 조명, 사회, 안내 등)에게 변경사항 공유 - 변경된 시나리오에 따른 역할 수행
8. 예상치 못한 귀빈 방문	- 긴급한 좌석 변경 - 간략한 방문 인사 기회 부여 - 연회장에서 소개 및 건배제의 기회 부여
9. 응급환자 발생	- 응급구조사, 의사, 간호사 긴급 투입 - 필요시 119 전화 및 병원 후송
10. 지진, 화재	- 행사 전 화재 시 대피 요령 공지 - 대응 지침에 따라 참가자 안내 및 대피 - 화재 및 지진 피해 최소화 노력
11. 진행 인력 결원	- 자원봉사자, 주관사 인력 긴급 차출
12. 전문 인력(통역사 등) 결원	- 해당 전문 인력 긴급 확보, 투입 - 행사 주관사 인력 중 가능한 자 물색
13. 주요 귀빈 조기 퇴장	- 행사 진행에 영향이 없도록 조직위원장 등 한두 명만이 환송

⑤ 포토세션과 기록관리

모든 행사는 참가자들에 대한 배려와 행사 기록을 위해 공식적인 포토세션 시간을 갖고, 행사 진행 전체를 카메라와 캠코더를 활용하여 사진과 영상으로 담는다. 이런 사진과 동영상은 제3의 장소로 중계, 언론사 기사 제공, 행사 기록 정리 등에 활용된다. 포토세션은 메인 행사에 참석한 귀빈들을 대상으로 하는 공식 포토 시간과 현판식, 기념식수 등 부대 행사 참석자들을 위한 포토 시간이 있다. 메인 행사에 참석한 주요 귀빈들의 공식 포토 사진은 행사 기념품으로 액자화하여, 환송 시 해당자들에게 제공하면 만족도도 높이고 마무리 인상을 깊게 할 수 있다.

행사 기록용 사진과 영상을 위한 전담자를 지정하여 가능한 한 빠짐없이 촬영되도록 해야 한다. 사진과 동영상은 행사 후 CD로 제작하여 보관함으로써 관계인들이 다시 볼 수 있도록 하고, 다음 행사 준비자들이 이전 행사를 벤치마킹하는 데에도 활용할 수 있다.

<2012 서울 원자력 인더스트리 서밋 참가자 기념사진>

⑥ 이동 및 퇴실

메인 행사가 끝나면 참가자들이 일제히 행사장을 빠져나오게 된다. 일시에 많은 인파가 출구로 나올 경우 혼잡하고, 주차장에서도 나가는 데 많은 시간이 지체될 수 있다. 따라서 행사 총괄 책임자는 귀빈들부터 행사장에서 퇴장하도록 사전에 공지하고, 사회자가 행사 후 다시 참가자들에게 양해를 구하는 것이 좋다. 또한 일반 참석자들도 퇴장과 이동 시의 혼잡을 줄이기 위해 퇴장 순서를 정하여 공지하고, 순차적으로 퇴장과 이동을 하도록 고려해야 한다. 메인 행사를 마치고 연회 등 다른 부대 행사장으로 이동 시 이동경로를 부대 행사 참가자들에게 사전에 공지하고, 행사장 출구, 복도에 유도 표지판이나 안내배너를 곳곳에 설치하여 이동을 돕는다. 행사 주관기관장, 조직위원장 또는 행사 총괄 책임자는 퇴장부터 다음 장소까지 주요 귀빈들을 직접 안내하도록 계획을 수립하고 이행해야 한다. 일반 참석자들의 이동 편의를 돕기 위해 안내요원을 코너와 갈림길마다 배치하여, 다른 길로 가지 않고 정해진 시간에 다음 행사장에 잘 도착하도록 안내해야 한다. 또한 진행요원은 행사장에서 참가자들이 퇴실한 다음 유실물이 없는지, 행사 중계는 잘 마무리되었는지, 행사장에 남아 있는 참가자는 없는지 등에 대한 확인 및 점검이 필요하다.

6. 홍보 지원

① 기자 등록 및 안내

준비 사무국은 기자들이 취재와 원고 작성, 그리고 본사에 원고 송부를 하는 데 어려움이 없도록 지원을 아끼지 않아야 한다. 이를 위해 신문사, 방송사, 전문지별로 어느 기자가 오는지 사전에 파악하고, 그들이 필요로 하는 것을 파악해두어야 한다. 기자들이 많이 오는 행사는 행사 참가자 등록 부스에서 분리하여 별도의 기자 등록 부스를 운영하는 것이 좋다. 가능한 사전등록을 받고, 부득이 예고 없이 방문하는 기자를 위한 현장 등록장소를 마련한다. 기자들의 사전등록을 위해 홈페이지를 활용한 온라인 등록 시스템을 구축, 활용하는 것이 좋다. 또한 기자 등록 시 개별 인터뷰, 기자회견장 참석 여부, 요청사항 등을 기재하도록 하는 것도 좋은 방법이다.

사전등록 기자와 현장등록 기자 모두에게 명찰과 취재 완장을 배부하고, 추가로 프로그램북, 발표 자료집, 행사 팸플릿 등과 기자들을 위한 Press kit을 명찰 배부 시 지급한다. Press kit은 행사 목적, 행사 내용, 주요 참가자, 행사 파급효과, 관련사업 내용 등 취재에 필요한 내용을 잘 정리한 자료로 제공하며, 현장에서 기사를 작성하고 본사에 송부하는 데 도움이 되어야 한다. 기자 및 취재 지원 전담 진행요원과 안내요원을 배치한다.

<2012 서울 원자력 인더스트리 서밋 시 기자 등록 승인 및 참석자 현황>

(단위: 건, %)

구분	매체	등록자	승인	승인률	참석	참석률
국내	TV/라디오	31	27	87.1	20	74.1
	일간지	66	57	86.4	26	45.6
	통신사	10	10	100.0	6	60.0
	온라인	4	2	50.0	2	100.0
	주간지	22	17	77.3	16	94.1
	월간지	9	3	33.3	1	33.3
	기타	17	6	35.3	5	83.3
	소계	159	122	76.7	76	62.3
외신	TV/라디오	67	56	83.6	8	14.3
	일간지	36	25	69.4	9	36.0
	통신사	37	30	81.1	14	46.7
	온라인	1	0	0.0	0	0.0
	주간지	2	2	100.0	0	0.0
	월간지	5	2	40.0	0	0.0
	기타	3	1	33.3	1	100.0
	소계	151	116	76.8	32	27.6
합계		310	238	76.7	108	45.4

② 취재 인프라

기자들이 보다 편안하고 편리한 환경에서 취재할 수 있도록 준비 사무국은 많은 신경을 써야 한다. 무엇보다도 전화, 인터넷(LAN), 팩스, 프린터 등 취재용 IT시스템을 구축해야 하고, 개별 인터뷰 지원을 위한 방송 전용 주 인터뷰 룸 및 보조 인터뷰 룸을 확보하며, 장시간의 행사 시간을 고려한 대기실도 확보한다. 또한 내외신 지원 전문 인력과 기자들을 위한 전문 통역사 운영, 그리고 통역 중계도 갖추어야 할 중요한 인프라이다. 아울러 Press kit, 보도 자료, 인터뷰 및 브리핑 자료 등의 취재자료도 넓게 보면 취재 인프라에 해당된다. 취재기자들도 장기간에 걸쳐 취재와 기사작성을 하는 일은 힘든 일이므로 커피, 음료, 쿠키 등 간식과 오찬 제공에 신경을 써야 한다.

무엇보다도 준비 사무국은 기자들이 가장 소중히 여기는 것이 기사작성을 위한 자료와 정보라는 것을 잊지 말아야 한다. 예를 들어 불편한 복도 귀퉁이에서 취재를 하더라도 도움이 되는 자료와 정보가 제공된다면, 그들은 매우 만족해한다는 것이다.

③ 중요 인사 개별 인터뷰

기자들은 행사에서 중요한 인물을 직접 만나서 궁금한 사항을 묻고, 행사와 관련하여 그들이 생각하는 것이 무엇인지를 취재하고 이를 기사화하고 싶어 한다. 따라서 준비 사무국은 기자들의 이런 욕구를 잘 파악하여 조직위원장, 주요 초청인사와의 일대일 파워 인터뷰 기회를 만들어주는 것도 중요하다. 그것은 행사를 알리고 홍보하는 데도 큰 도움이 될 것이다. 개별 인터뷰는 행사장을 배경으로 하기도 하고 별도의 인터뷰 룸을 확보하여 할 수도 있다. 별도의 인터뷰 룸을 활용할 때는 룸 벽면에 행사를 알 수 있는 통천이나 백 월(back wall)을 설치하는 것이 좋다. 진행요원은 개별 인터뷰를 위한 기자와 참가자와 만남과 원활한 인터뷰 진행을 위해 사전에 교육을 받고 안내해야 한다.

<2012 서울 원자력 인더스트리 서밋 프레스룸 통천>

④ 프레스센터 운영 및 기자회견

    중요 행사로 많은 취재기자들이 방문하는 경우, 보도자료 배포, 취재편의 제공 등 언론 매체의 취재 활동을 지원하는 한편, 각종 기자회견, 참석자 인터뷰 등 언론노출을 극대화하며 행사를 홍보하고, 행사의 성공적 개최를 위하여 프레스센터를 운영한다. 프레스센터는 행사장과 격리된 별도의 방으로 마련하여 기자들이 상주하면서 취재, 기사작성, 기사편집, 기사송출 등의 업무를 하도록 하는 곳이다. 준비 사무국은 프레스센터 운영요원을 별도로 배치하여 기자들의 편의를 돕고, 그들의 요구사항에 대해 조치하거나 준비 사무국에 전달하도록 해야 한다. 기자회견은 보통 조직위원장 등 주요인사들이 참석하여 다수의 기자들을 대상으로 진행한다. 먼저 조직위원장이 간략하게 기자회견을 발표하고 기자들과 질의응답 시간을 갖는다.

<2012 서울 원자력 인더스트리 서밋 프레스센터 운영 사례>

○ 시간: 2012. 3. 23.(금) 08:00~18:00
○ 장소: 그랜드 인터콘티넨탈호텔 2층 국화룸
○ 대상: 국내 주요 신문/방송기자, 주한 외신기자(사전 등록자)
○ 일정

시 간	행사 일정	프레스센터 일정
07:30~08:30	등록 및 조찬	오픈 준비 및 오픈(08:00)
08:30~09:50	개회 및 기조연설	참고자료 배포
09:50~10:20	Coffee Break	보도자료 배포, 인터뷰
10:20~12:20	주제 발표	취재 지원, 인터뷰
12:20~14:00	오찬(오키드룸)	기자회견(13:40~14:00)
14:00~16:00	패널토의, 합의문 채택	취재 지원, 인터뷰

7. 환송

행사 책임자는 참가자들이 행사장을 완전히 떠날 때까지 신경 써야 한다. 특히 주요 귀빈에 대한 환송은 의전의 마무리이며, 행사를 평가하는 데 중요한 역할을 한다. 이를 위해 행사 책임자는 귀빈별 또는 전체 인사에 대한 환송인사 결정, 꽃다발 증정, 출국수속 편의 제공, 공항시설 이용 등에 대한 환송 계획을 수립하여 운영한다. 요즘은 촬영한 사진을 인화하고 편집하는 데 시간이 많이 걸리지 않으므로, 환송 시 행사 사진, 체류기간 중 활동사진을 담은 기념 사진첩을 제공하면 만족도를 높일 수 있다.

① 차량 탑승과 도보 안내

초청자 중 정부인사, 상급 기관장, 국내외 주요 인사에 대한 환송은 조직위원장이나 행사 주관 기관장이 직접 하는 것이 예의이다. 환송은 행사장에서 하는 것보다는 차량 탑승장에서 하는 것이 좋다. 환송 대상자가 많을 경우 최고 직책의 인사부터 환송하고, 여러 명인 경우는 환송 책임자를 각각 배정하여 환송에 소홀함이 없도록 한다. 행사장에서 차량까지 도보이동 시간이 긴 경우에는 이동경로를 미리 알려주고, 장거리 이동이 불편한 장애인이 있는 경우는 휠체어 등 별도의 이동 보조수단을 미리 준비해야 하며, 비나 눈이 내릴 경우를 대비하여 우산을 준비한다. 또한 환송자가 이동기간 중 건물, 설치물, 나무 등에 대한 간략한 설명 자료를 미리 준비하여 함께 이동하면서 자연스럽게 설명하도록 하는 것이 좋은 방법이다.

② 기념사진과 기념품 제공

행사 준비 사무국은 자체 인력이나 행사 대행사를 활용한 진행요원으로 하여금 행사 전반에 대한 사진과 동영상 촬영을 동시에 진행하고, 특별히 주요 귀빈에 대해서는 그들의 활동 장면을 촬영하여 사진첩, USB, CD 등에 담아 환송 시 또는 행사 후 우편으로 전달하면 큰 호응을 얻을 수 있다. 사진과 동영상 촬영은 귀빈들이 행사에 참석하고 진행하는 데 방해되지 않도록 주의를 기울여야 한다. 촬영된 사진과 동영상은 메인 행사 후 연회장이나 퇴장 시 화면으로 상영하는 것도 좋은 방법이다.

행사 공식 기념품과 후원기관이 제공하는 자발적 기념품, 홍보용품 등은 참가 등록 시 지급하는 경우와 행사 종료 후 퇴장 시 지급하는 경우가 있다. 행사 공식 기념품을 제외한 나머지 기념품은 일괄적으로 지급하지 않고, 본인의 희망에 따라 각자 집어가도록 하는 방법도 있다. 기념품만 그냥 지급하기보다는 가방, 쇼핑백 등 기념품을 담아 편하게 갖고 다닐 수 있도록 해야 한다. 귀빈들이 기념품이나 쇼핑백을 직접 들고 다니는 것은 모양새도 좋지 않고 예의가 아니므로, 비서나 기사를 통해 전달하거나 행사 후 방문 감사 인사 시 지급하는 것도 좋은 방법이다.

<2012 서울 원자력 인더스트리 서밋 참가자 기념사진 배부>

제6부

마무리 및 사후관리

1. 감사 인사
2. 행사 결과 정리
3. 설치 및 홍보물 철거
4. 홈페이지 폐쇄
5. 뒤풀이
6. 사후관리

1. 감사 인사

조직위원회와 준비 사무국은 모든 행사를 마치면 참석자들에 대한 감사 표시를 하는 것이 좋다. 진정 어린 감사 인사는 행사 도중에 있었을지 모를 실수도 좋은 이미지로 바뀔 수있고, 행사 여운을 오래도록 남게 한다. 감사 인사는 주요 참가자에 대한 감사 서한 발송, 행사 준비와 진행에 크게 기여한 자에 대한 공로패·감사패 증정, 언론매체를 활용한 감사메시지, 홈페이지를 통한 감사 인사, 그리고 주요 인사에 대한 조직위원장과 준비 사무국장의 감사 전화(해피콜) 등이 있다.

① 주요 인사 대상 감사 인사

행사를 무사히 마치고 나면 준비 사무국은 조직위원장 명의의 감사 서한을 이메일이나우편으로 발송한다. 감사 서한은 행사 종료 후 가능한 빨리 보내는 것이 좋다. 해외 인사들의 경우 사무실이나 집에 도착했을 때 감사 서한이 도착해 있으면 참석했던 행사를 되새기게 될 것이다. 감사 서한은 모든 참석자들에 동일하게 작성하기보다는, 행사 참석자들의 역할과 기여도에 따라 수신자별로 내용을 달리하여, 역할과 기여도에 대한 구체적인 감사 인사를 해야 보다 감동적이다.

② 행사 준비와 진행 공로자에 대한 감사패 증정

중요한 대규모의 행사를 준비하고 진행하는 데는 많은 단체와 개인들의 도움이 필요하다. 따라서 행사를 마치고 나면 행사 총평회나 조직위원회 해단식 등에서 행사 공로자에 대한 시상식을 겸하는 것이 필요하다. 포상, 감사패, 공로패는 준비 사무국에서 공로를 명확한 기준에 따라 평가하여 대상자와 포상 등급을 정한다.

<2012 서울 원자력 인더스트리 서밋 참가자에 대한 감사 서한>

<2012 서울 원자력 인더스트리 서밋 행사 공헌 감사패 증정 현황>

대상	주요 공적 내용
서울 강북경찰서	행사장 내 경호경비(MD 운영 등), 만찬 수송 지원
서울 강남경찰서	행사장 외곽 경비 및 교통 통제, 만찬 수송 지원
㈜비엠디	고품격 행사 기획 및 행사 진행(무대, 회의 시스템, 전시장, 동영상, 견학 등)
김경표 (KAERI 소속 파견)	국제 회의 운영자문, 워킹그룹 운영 및 합의문 도출 실무 작업 참여

③ 언론매체(신문/방송)를 활용한 감사 메시지 전달

대규모 행사의 경우 행사 참가자, 행사 준비자, 자원봉사자는 물론 행사 지역 지방자치단체, 관할 경찰서, 소방서, 일반 시민 등 많은 이들이 행사에 직·간접적으로 도움을 주거나 불편함을 감수해야 한다. 특히 행사 지역 주민들의 경우 교통 통제, 소음 등으로 불편을 겪을 수도 있다. 따라서 조직위원회는 신문, 방송, 지역발행 소식지 등 언론매체를 활용하여 행사 협조에 대한 고마움을 표시하는 것이 좋다. 감사 메시지는 행사 협조에 대한 고마움 이외에 지역 특색, 지역 특산물, 주요 여행지 등에 대한 소개를 실어, 행사 이후에 많은 이들이 행사 지역을 다시 찾도록 배려하는 것도 좋은 방법이다.

④ 홈페이지를 통한 감사 인사

행사를 준비하면서 오픈한 행사 홈페이지는 행사가 종료된 이후에도 일정 기간 많은 이들이 방문한다. 따라서 행사 준비와 행사 진행 과정의 이모저모를 홈페이지에 게시하여 행사 참가자들에게 여운을 갖게 하고, 여건상 불가피하게 참석치 못한 이들에게 행사를 간접적으로나마 체험하게 한다. 참가자와 행사 기여자에 대한 감사의 글을 게시하고, 행사에 따른 불편을 드린 점에 대한 미안함과 협조에 대한 감사 인사도 감사의 글에 포함한다. 특히 차기 행사 주최 측에서는 많은 관심을 갖고 차기 행사를 준비하는 데 반영하고자 한다. 행사 사진과 동영상 이외에 주요 연설문도 전문을 공개하여, 참석자들에게 다시 한번 열람하게 하거나 관심 있는 사람들에게 주요 인사가 어떤 말을 했는지 알려주는 기회가 되게 한다.

⑤ 주요 인사를 대상으로 한 해피콜(Happy Call)

해피콜은 행사를 주관한 사람이 행사에 참석한 인사, 행사 준비 역할을 한 사람들에게 직접 전화해서 감사 인사를 전하고 만족도, 불편함, 문제점 등을 들어보는 행위이다. 연사 등 주요 인사에 대한 해피콜은 조직위원장이나 행사 주관 기관장이 직접 하고, 언론사 기자, PCO, 진행요원, 전문요원, 자원봉사자 등은 준비 사무국에서 격에 맞는 해피콜 수행자를 정하여 하도록 한다. 해피콜은 행사 협조에 대한 감사 인사 이외에 행사 중 불편했던 사항, 건의사항, 개선사항 등에 대해서도 말미에 물어보는 것이 좋다. 이는 행사 주최 측에서 인지하지 못한 것들을 파악하여 차기 행사에 반영하는 데 도움이 되고, 불편하게 느낀 점에 대해서 사과하는 계기도 되기 때문이다.

<2012 서울 원자력 인더스트리 서밋 후 홈페이지에 게재한 연설문>

구분	연사	주제
기조연설	John Ritch(WNA 사무총장)	핵 안보 전반에 대한 산업계의 역할
	Roger Howsley(WINS 이사)	핵 안보 Best Practice
	Laurent Stricker(WANO 회장)	핵 안보 증진을 위한 국제협력 방안
주제발표	Takuya Hattori(JAIF 회장)	후쿠시마 1년 후 현황 및 교훈
	Sun Qin(CNNC 사장)	Security와 Safety 강화를 위한 산업체 간 지역 협력
	Philip Beeley(Professor of univ. khalifa)	New Comer로서의 3S 인프라 구축
	장순흥(KNS 학회장)	Nuclear Security Beyond 2012

2. 행사 결과 정리

행사를 마치고 나면 준비 사무국은 결과 보고서를 작성하여 조직위원회에 보고하고, 행사 결과를 기록으로 남기기 위해 행사 백서를 발간하고 화보 앨범 및 동영상을 제작한다.

① 행사 결과 보고서 작성

결과 보고서는 행사 전반에 대한 사실에 입각하여 기록을 남기는 것이다. 따라서 결과 보고서는 축소나 확대보다는 실제적인 보고서라야 가치가 있다. 결과 보고서는 행사 개요, 추진 경위, 행사 결과, 시사점 등을 포함하여 분야별로 작성하고 한 팀에서 종합한다.

'2011 원전 안전 결의대회 및 중앙연구원 개원식 결과 종합 및 시사점(예시)'은 〈부록 1-9〉에 수록했다. 또한 '2012 서울 원자력 인더스트리 서밋 행사 결과 보고서 목차'는 〈부록 1-10〉에 수록했다.

2011 원전 안전 결의대회 및 중앙연구원 개원식 결과 보고서 목차

1. 행사 개요: 개최 목적, 개최 일시, 개최 장소

2. 추진 경위: 기본 계획(안) 수립, 정부협의, 행사 준비기구 발족, 행사 대행사 계약체결, 종합 리허설 등

3. 행사 결과

　　○ 참가 인원: 정부, 유관기관, 내부, 퇴직 선배 등

　　○ 행사 내용: 원자력 산업회의 조직위원회, 원전 안전 결의대회, 중앙연구원 개원식/현판식/기념식수, 전시장 투어, 만찬 및 한마음 행사 등

　　○ 환경 조성: 한밭터, 본관 건물 외벽, 현수막, 배너, 입간판, 비행선, 명패 및 명찰, 행사장 안내도 등

4. 결과 종합 및 시사점

　　○ 행사 의의
　　○ 긍정적인 면
　　○ 미흡한 면

붙임: 행사 초청장, 리플렛, 개원 및 비전 선포문, 전시장 구성도, 안전 성명서, 주요 참석 귀빈 명단, 언론보도 내용, 행사 사진, 각종 사인물 등

② 행사 백서 발간

　백서(白書, White Paper)는 원래 정부가 특정 사안이나 주제에 대해서 조사한 결과를 정리하여 보고하는 책을 의미했다. 영국 정부가 만들어 의회에 제출한 보고서의 표지를 하얀색으로 했던 데서 명칭이 생겼다. 하지만 최근에는 정부뿐만 아니라 기업이나 연구소 등이 특정 주제에 대해 연구 조사한 결과를 발표하는 문서에도 '백서'라는 표현을 사용하고 있어, 보다 넓은 의미의 종합적인 조사 보고서라는 의미를 갖게 되었다. 또한 백서는 정부의 특별한 공적 이슈에 대한 공적 정부의 지위를 나타낸다. 예를 들면, 외교 백서, 국방 백서, 위안부 백서, 언론개혁 백서 등이 있다. 행사 성과를 정리한 백서로는 『2010 서울 G20 비즈니스 서밋 행사 매뉴얼』, 『세계 원자력 산업계 CEO들과의 만남, 2012 서울 NIS 백서』 등이 있다. 세계정상회의, 올림픽, 월드컵과 같은 규모가 매우 큰 행사는 행사 종료 후 행사 전반에 대하여 행사 결과 보고서 이외에 백서를 발간하는 것이 일반적이다. 백서에는 행사 개최 배경, 목적, 준비사항, 공식 행사, 부대 행사, 주요 성과, 중요 화보가 실린다. 2012 서울 원자력 인더스트리 서밋 백서의 목차는 〈부록 1-11〉에 게재했다.

<행사 백서 2종 표지>

③ 화보 앨범 발간과 행사 동영상 제작

행사 결과 보고서와 백서는 행사 전반에 대한 많은 정보를 수록하는 반면에, 화보 앨범
은 행사 진행의 일련 과정을 진행 순서대로 사진으로 정리, 편집하여 앨범으로 제작하는
것을 말한다. 이는 사진을 보면서 행사 전체의 준비 상황, 진행 상황, 행사 분위기를 파악하
는 데 도움을 준다. 또한 최근에는 활동사진 이외에 행사 진행 전 과정을 동영상으로 촬영

<2012 서울 원자력 인더스트리 서밋 화보 일부>

하여 파일로 남기는 사례도 많다. 동영상은 화보 앨범과 달리 참가자들의 움직임, 음악, 목소리, 조명, 행사 전경 등을 모두 동영상으로 제작함에 따라 보다 실감나게 하고, 차기 행사 준비자들에게 많은 도움을 준다.

<2012 서울 원자력 인더스트리 서밋 행사 결과 동영상 DVD>

3. 설치 및 홍보물 철거

① 행사를 위해 사용한 설치물

　메인 행사장, 부대 행사장, 전시장 등은 행사가 종료되면 가능한 한 빨리 원상복구해야 한다. 일반적으로 행사장 임대계약 시 설치물 철거와 원상복구에 대해 계약서에 명시한다. 행사장 설치물에 대한 철거는 직접 설치한 업체가 하는 것이 철거 용이성과 원상복구 측면에서 유리하다. 그러므로 행사장 구축 업체와도 이런 것에 대해 사전에 분명히 해야 한다. 준비 사무국은 철거 과정 중 안전관리와 원상복구에 대하여 끝까지 신경 써야 하고, 철거 완료 시 행사장 소유자와 함께 점검하고 행사장 사용을 종료한다. 다만 기관 내부에서 행사를 진행하는 경우는 일정 기간 행사장, 전시장을 그대로 유지하여, 행사 시 참석 못 한 직원들과 이후 방문자들이 참관하도록 하는 것도 필요하다. 이 경우는 행사장 구축 업체와 사전에 행사장 및 전시장 추가 활용 기간에 대해 협의하고, 업체 소유 설비의 추가 사용에 따른 경비는 별도로 부담한다.

② 옥외 설치물

　행사 알림과 참가자 편의를 위한 많은 옥외 설치물들이 있다. 대표적인 설치물은 현수막, 입간판, 유도 안내표지, 주차장 안내, 가로등 배너, 건물외벽 통천 등으로 매우 다양하다. 행사가 종료되면 가능한 한 빨리 옥외 설치물을 철거해야 한다. 옥외 설치물 철거도 설치 업체가 직접 하는 것이 안전하고 완벽하게 할 수 있다. 준비 사무국은 철거가 완료되면 철거 업체와 함께 완벽한 철거와 원상회복에 대한 점검을 해야 한다.

다만 행사 주관사 부지 내에 있는 옥외 설치물은 행사 분위기를 당분간 유지하기 위해 일정 기간 철거하지 않고 그대로 두는 경우도 있다. 이런 지연철거 효과와 철거 시기는 준비 사무국에서 관계부서와 합동 검토를 거쳐 결정한다.

4. 홈페이지 폐쇄

　　행사 전용 홈페이지는 행사가 끝나면 그 목적을 상실했기 때문에 폐쇄하는 것이 당연하다. 하지만 행사 참가자들에게 홈페이지를 통해 정보를 공유하고 행사 평가, 참석자 소감, 건의사항 등을 수렴하는 데 좋은 도구이다. 따라서 행사 홈페이지는 행사 후 최소 3개월간은 그대로 유지하는 게 바람직하다. 그러나 규모가 큰 국제 회의, 시사성이 큰 행사의 경우는 1년 이상 홈페이지를 운영하는 것도 고려한다. 홈페이지를 통해 폐쇄 시기와 폐쇄 후 정보공유 방법 등에 대해 사전에 공지하는 것은 참가자들과 행사 관심자들에 대한 배려일 것이다.

5. 뒤풀이

행사가 종료된 후에 조직위원회는 준비 사무국 파견자들에 대한 뒤풀이 자리를 만들어 주는 것이 좋다. 뒤풀이 시간을 통해 행사 준비 과정에서 있었던 오해와 불편함을 풀고 행사 성공을 자축하는 시간이 되기 때문이다. 그러나 뒤풀이가 자칫 또 다른 행사가 되어서는 안 된다. 준비 사무국 구성원들이 편하게 행사를 회상하며 즐기는 자리가 되도록 배려해야 한다.

준비 사무국은 함께 행사를 준비한 행사 대행사(PCO), 홍보 대행사, 지방자치단체 공무원, 자원봉사자들과도 뒤풀이 자리를 만들어 행사 과정에 대한 즐거움, 어려움, 난관, 의견 충돌 등에 대하여 격의 없는 즐거운 시간을 가짐으로써 관계가 잘 마무리되도록 한다.

6. 사후관리

① 사후관리 부서 지정

행사 준비를 기존 조직에서 수행하는 경우가 있는 반면, 규모가 큰 행사의 경우 일반적으로 한시 조직으로 행사 전담기구(조직위원회, 행사 준비 사무국, 행사 TF 등)를 구성하여 행사를 준비하고 진행한다. 행사 전담 한시 조직은 행사가 종료되면 일정 기간 후에 조직이 해체되고, 파견 인력들은 원 소속으로 복귀하게 된다. 이럴 경우 자칫하면 행사와 관련된 제반 자료(기본 계획, 시행 계획, 시나리오, 행사 비 정산서류 등)가 특정 부서로 이관되지 않고 방치되어, 몇 년 후에 찾을 수 없는 경우가 발생하기도 한다. 따라서 행사 계획을 처음 입안할 때 행사 후 사후관리 부서를 명시하고, 행사 전담인력에 사후관리 부서원 일부도 참여시키는 것이 좋다.

② 업무 인수인계 및 기록 보관

행사 준비 사무국은 행사 후 관련 자료를 사후관리 부서에 공식적으로 인계인수하여 자료가 잘 관리되도록 한다. 사후관리 부서가 여러 부서일 경우에는 업무별로 인수인계해야 한다. 또한 행사 결과 보고서, 행사 동영상, 화보 앨범, 백서 등의 자료는 기관의 자료실, 기록관실에 복사본을 비치하는 것도 고려할 필요가 있다. 행사 준비 과정에서 생성된 문서 파일은 기관의 중앙서버에 올려서 이후에 관심 있는 사람들이 열람하도록 하는 것도 좋은 방법이다.

③ 행사비 정산

행사의 규모와 중요도에 따라 많은 예산 집행이 수반되기도 한다. 준비 사무국이 공식적으로 해체되기 전에 행사 대행사(PCO), 홍보 대행사 등 용역사와의 용역비 정산과 대가를 지급한다. 준비 사무국은 자체 집행분, 용역분, 투자분으로 구분하여 전체 행사비 집행 실적을 정리한다. 또한 행사 수익금(참가비, 판매비 등)에 대해서도 정산한다. 그리고 행사에 따른 무형 효과(광고 효과, 고용창출 효과, 지역경제 효과 등)에 대해서도 외부 전문기관을 활용하여 평가해보는 것도 좋다. 물론 기관 내 행사의 경우 불필요한 일이 될 수도 있으니, 필요성을 신중하게 검토해야 한다.

④ 유형 전시물 등 자산관리

행사를 위해 구매하거나 제작한 유형물이 있을 경우, 기관의 자산관리 기준에 따라 자산화하고 별도의 활용 방안을 강구한다. 이를 위해 기관 내에서 필요한 부서를 사전에 조사하여 인계하고, 기관 내에서 활용 가치가 없을 경우에는 학교, 지방자치단체, 기업 등에 유·무상으로 이전한다.

참고자료 목록

1. 『2012 서울 원자력 인더스트리 서밋 백서』 (조직위원회, 2012. 6)

2. 『2010 서울 G-20 비즈니스 서밋 행사 매뉴얼』 (조직위원회, 2010)

3. 『대통령 의전의 세계』 (김효겸, 알에치코리아, 2013. 8)

4. 『사회자 백과』 (조원환, 갑진미디어, 2016. 1)

5. 『의전의 민낯』 (허의도, 글마당, 2017. 8)

6. 『서울시 의전실무 편람』 (서울특별시, 휴먼컬처아리랑, 2015. 12)

7. 『문화행사 기획 입문』 (유용범, NOSVOS, 2017. 8)

8. 『옥외 행사장 안전 매뉴얼』 (경기도, 휴먼컬처아리랑, 2016. 3)

9. 『공연행사 제작 매뉴얼』 (탁현민/이슬/장이윤/최희성, MSD미디어, 2012. 8)

10. 『회사 행사 운영 매뉴얼』 (현대경영연구소〔편저〕, 승산서관, 2012. 10)

11. 『대통령 글쓰기』 (강원국, 메디치, 2014. 2)

12. 『품격 있는 행사 의전 매뉴얼』 (제주특별자치도, 2012. 12)

13. 『의전실무 편람』 (전라남도교육청)

14. 『의전행사 매뉴얼』 (서울특별시교육청, 2010. 6)

15. 『의전행사 매뉴얼』 (전라북도 익산시, 2008. 2)

16. 『큰 강은 소리 내어 흐르지 않는다』 (행정자치부, 2005. 11)

17. 『국제의전』 (고용노동부, 2006. 2)

18. 『국제협력 매뉴얼』 (행정안전부, 2009)

19. 『국제 의전업무 편람』 (경기도)

20. 『국제 회의 개최 지침서』 (서울컨벤션서비스)

부록 1

행사 기준 및 사례

1-1. 행사 시행 계획 예시

1-2. 행사 주관사 제안 요청서 표준(한국PCO협회)

1-3. 행사 점검 체크리스트 예시

1-4. 좌석 배치 기준

1-5. 각종 제작물 사진

1-6. 행사장 별 CEO 역할

1-7. 행사 전 종합점검 항목(Check List) 예시

1-8. 행사 진행인력 배치 현황 예시

1-9. 행사 결과 종합 및 시사점 예시

1-10. 행사 결과 보고서 목차 예시

1-11. 행사 백서 목차 예시

1-12. 행사 준비 항목과 부문별 주요 준비 일정 예시

1-13. 행사 진행요원 운영 계획 사례

1-14. 행사 세부 항목별 추진 일정 예시

1-15. 행사 시나리오 사례

1-16. 행사 분야별 진행요원 역할 및 시나리오 예시

1-17. 행사 ID카드 카테고리 구분 및 명찰 형태 사례

1-1. 행사 시행 계획 예시

<u>\<사례 1\></u>

I. 행사 개요

    1. 행사명: **KEPCO 연구개발 성과 발표회**

    2. 일 시: 2011. 1. 20(목) 14:00~20:00

    3. 장 소: 전력 연구원(대회의실, 대강당, 제2연구동 등)

    4. 참석자: 경영진, 본사 처·실장, 발전6사 CEO, 연구원 등

    5. 행사 비전: Leading Green Technology

      - 캐츠프레이즈: R&D Challenge & Innovation

II. 행사 주요일정

    1부(성과·계획 보고, 대회의실)

    2부(전시 보고, 전시장): 녹색기술 8건, 연구부서 6건, 발전회사 6건 등 총 20개 부스

    3부(본 행사, 대강당): R&D 활동 동영상, BP 발표, 유공자 포상, 초청강연, 다짐 행사 등

    4부(한마음 행사, 제2연구동 로비)

III. 주요 항목별 준비사항:

    ① 성과·계획 보고 ② R&D 활동 동영상 제작 ③ 초청강사 특강 ④ 유공자 포상 ⑤ BP 발표 ⑥ 미래를 향한 도전과 다짐(공중풍력 퍼포먼스) ⑦ 전시 보고·전시 부스 ⑧ 한마음 행사장 배치 및 장식 ⑨ 만찬 ⑩ 한마음 행사 ⑪ 기념품 지급 ⑫ 행사 팸플릿 및 배포용 인쇄물 ⑬ 홍보 ⑭ 현수막 및 배너 ⑮ 의전 ⑯ 행사장별 참석자 및 좌석 배치 ⑰ 주차 및 행사장 안내 ⑱ 행사 시나리오 작성 및 진행 ⑲ 전시장 개장 축하 Tape Cutting 행사 ⑳ 행사 용품 및 기타

IV. 부서별 분장업무

【붙임】 항목별 세부내용

<사례 2>

2012 서울 원자력 인더스트리 서밋 행사 추진 종합 계획

I. 목적

II. 추진 경위

III. 주요 현안

IV. 추진 계획

    1. 회의 주제 선정
    2. 공동 합의문(코뮤니케) 작성
    3. 행사 프로그램 구성
    4. 국내외 컨센서스 형성
    5. 참가자 초청
    6. 전략적 홍보 추진

V. 향후 계획

【붙임】

1. 추진 일정
2. 2010년 워싱턴 원자력 산업계 회의 행사 개요
3. 2012 서울 핵안보정상회의 추진 현황
4. 핵안보정상회의 준비 2차 교섭대표회의 결과
5. 원자력인더스트리서밋 조직위원회 현황
6. 핵 안보 관련 주요 용어 및 국제기구. 끝.

<사례 3>

2012 서울 NIS 프레스센터 운영 계획

1. 목적

○ 기자회견, 인터뷰 등 성공적인 회의 홍보를 위한 언론노출 극대화

○ 보도자료 배포, 취재 편의제공 등 원활한 취재 활동 지원

2. 운영 개요

○ 운영 시간: 2012. 3. 23(금) 08:00~18:00

○ 장소: 인터컨티넨털호텔 2층(주 행사장 주변)

○ 대상: 국내 주요 일간지 및 방송, 주한 외신기자, 핵안보정상회의 참석 해외 매체 등 약 200
여 명

3. 운영 방안

○ 기자회견 및 취재 편의제공을 위한 프레스룸(130명 수용) 운영

○ 개별 인터뷰 지원을 위한 인터뷰 룸 운영

○ Pool 기자단(40인 규모)을 구성하여 체계적인 본 행사장 취재

○ 전화, 인터넷, 팩스, 중식 및 다과 등 취재편의 제공

○ 프레스킷, 보도자료, 인터뷰·브리핑 자료 등 취재자료 제공. 끝.

<사례 4>

제3회 원자력의 날 기념행사 프로그램

구분	시간(분)	행사 내용	비고
기념식	10:00~11:00 (60)	등록	한빛홀 로비
	10:40~10:55 (15)	티타임 (장관 등 30여 명)	무궁화 2홀
	11:00~11:05 (05)	개회 및 국민의례	사회: ○○○
	11:05~10:10 (05)	영상물 상영	
	11:10~11:15 (05)	개회사	○○○ 사장
	11:15~11:40 (25)	유공자 포상 및 기념촬영	교과부/지경부
	11:40~11:45 (05)	격려사	지경부 차관
	11:45~11:50 (05)	결의 다짐	산학연 대표
	11:50~12:00 (10)	폐회 및 오찬 이동	
오찬	12:00~13:00 (60)	오찬(아리랑홀, 69명)	일반: 위즈넷
전시장 관람	13:00~13:10 (10)	장관 이동	한빛홀→호텔
	13:10~13:20 (20)	Nu-tech 2012 성과물 관람	호텔 전시장
Nu-tech 2012 종합발표회	14:00~14:10 (10)	개회 세션	개회사: ○○○
	14:10~14:30 (20)	특별 강연	○○○ 원장
	14:30~16:10(100)	Nu-tech 2012 종합발표	핵심기술 5건
	16:10~16:30 (20)	Coffee Break	
	16:30~17:00 (30)	Nu-Tech 2030(안) 설명회	○○○ PD
	17:00~18:00 (60)	종합토론	좌장(1), 토론(5)
만찬	18:00~20:00(120)	만찬	약 240명

<사례 5>

2012 서울 원자력 인더스트리 서밋 전체 프로그램

구 분		시간(분)	행사 내용	비고
3/22(목) 사전 행사		08:00~22:00	참가자 입국	공항 영접
		17:0~17:40 (40)	환영 리셉션	아이리스
		17:40~18:00 (20)	○○○사와 MOU 체결	아젤리아
		18:00~20:00(120)	주요 기관장 만찬	마르코폴로
3/23(금) 본 행사	등록	07:25~08:25 (60)	등록 및 네트워킹 조찬	그랜드볼룸(Ⅰ)
	입장	08:25~08:30 (05)	참석자 입장 및 장내정리	그랜드볼룸(Ⅱ+Ⅲ)
		08:25~08:30 (05)	총리 영접 및 VIP 입장	
	영상	08:31~08:36 (05)	오프닝 영상(원자력 산업)	
	개회	08:36~09:00 (24)	개회사(조직위원장) 환영사(원산회의 회장) 축사(국무총리)	
	연설	09:00~10:00 (60)	기조연설(외국 참가자 4명)	
	촬영	10;00~10:10 (10)	기념촬영(참가자 200명)	무대
워킹그룹		10:30~12:20(110)	후쿠시마 이후 안보와 안전의 연계 (12명)	그랜드볼룸(Ⅱ+Ⅲ)
오 찬		12:20~14:00(100)	지식경제부 장관 주재	그랜드볼룸(Ⅰ)
기자회견		13:40~14:00 (20)	조직위원장, 국제기구 대표	국화룸
패널 토의		14:00~15:40(100)	4개 주제	그랜드볼룸(Ⅱ+Ⅲ)
합의문 채택		15:40~15:55 (15)	조직위원장	
폐회		15:55~16:00 (05)	○○○연구원장	
3/24(토) 부대행사		07:00~23:00	A코스: 발전소+불국사	산업체견학 및 문화탐방
			B코스: 중공업+통도사	
			C코스: 연구소+창덕궁	

※ 본 행사일(3/23) 배우자 프로그램 별도 운영(N타워 투어, 한복 체험)

1-2. 행사 주관사 제안요청서 표준(한국PCO협회)

<u>Ⅰ. 제안의 일반사항</u>

1. 용역사업 개요

○ 사업명:

○ 사업 내용:

○ 추정금액: 금 0000원정(₩000,000원)/제세 포함

○ 입찰 마감, 장소, 담당자

    - 마감 일시: 2010년 0월 00일 00:00까지

    - 장소:

    - 담당 및 문의처:

2. 계약 방식: 협상에 의한 계약

○ '국가를 당사자로 하는 계약에 관한 법률'(이하 '국가계약법') 시행령 제43조에 의거 협상에 의한 계약체결 방식 적용

3. 입찰 참가자격

○ 국가계약법시행령 제12조 및 동법 시행규칙 제14조의 자격요건을 갖춘 자

○ 관광진흥법 제4조(등록) 규정에 따라 등록된 국제 회의업체

○ 국가계약법시행령 제76조 규정에 의한 부정당업자로 입찰 참가자격 제한을 받은 자는 제외

○ 입찰 공고일 기준 최근 3년간 정부(지자체 포함), 민간업체 및 협회가 발주한 단일 용역계약 규모가 본 입찰 예정가의 70% 이상의 국제 행사를 대행한 실적이 있는 업체. 단, 용역계약 규모가 5억 원 미만의 제안서의 참가자격은 제한 없음

○ 입찰 참가 시 조직위(또는 발주기관)의 선정방식에 이의가 없음을 확약한 업체

4. 사업자 선정

○ 협상 적격자 선정: 기술평가(90%)와 가격평가(10%) 점수 합계가 70점 이상인 자

    - 점수가 동일하면 기술능력에서 고득점자를 선순위자로 선정

    - 위 점수가 동일하면 기술능력 중 배점이 큰 평가항목에서 고득점자를 선순위자로 선정

    - 심사 일시, 장소는 추후 개별통보 예정이며, 선정위원회가 사업제안서, 프리젠테이션 및 질

의응답 실시 후 평가

- 최고 점수자와 우선협상하며, 동일 점수일 경우 점수 배분이 높은 항목의 고득점 업체를 선수위자로 결정

- 협상범위는 협상 대상자로 선정된 업체가 제안한 과업 내용, 이행 일정, 제시 가격 및 선정위원회에서 권유한 사항 등을 협상 대상으로 하며, 협상을 통해 그 내용의 일부를 조정할 수 있음

- 평가항목과 기준 및 평가점수는 공개하되, 선정위원 명단은 비공개

- 제안 기관은 적합한 평가과정을 통해 진행된 평가결과에 대하여 이의를 제기할 수 없으며, 이에 대해 확약서(양식 제7호 서식)를 제출하지 않는 기관은 평가 대상에서 제외함

- 평가점수가 70점 이상인 자가 없는 경우 재공고 입찰

- 낙찰에서 탈락한 업체의 제출된 서류는 우선협상 대상자와의 협상 완료 후 일주일 내로 반환하는 것을 원칙으로 함

○ 평가항목(예시)

구분	평가항목	세부평가 기준	배점
기술 능력 평가	업체의 신뢰도	- 제안 업체 일반 현황 - 재정상태 견실도 - 유사 사업 수행실적 - 전문인력 보유 현황 - 유치 참여회사 가산점 - KAPCO 회원사 가산점	20
	사업계획의 적절성	- 행사에 대한 이해도 - 사업계획의 적정성 - 사업계획의 구체성 - 행사 기획의 창의성 및 독창성	35
	사업수행 방안의 타당성	- 사업계획의 실현 가능성 - 사업추진 일정의 타당성 - 투입 인력의 적정성 - 비상 시 대비 계획 - 주최 측과의 업무협조 방안	35
입찰가 격 평가	가격 적정성	적절한 가격 산정 ※ 입찰가격이 추정가격의 80% 이상인 경우 ※ 입찰가격이 추정가격의 80% 미만인 경우	10

5. 입찰 보증금

○ 입찰 참가 신청 시 입찰금액의 5/100 이상을 국가계약법에 관한 법률 시행령 제37조 2항 규정에 의한 보증서로 납부

○ 단, 낙찰자가 정당한 이유 없이 소정 기일 내에 계약을 체결하지 않을 경우 입찰 보증금은 조직위(발주기관)에 귀속됨

○ 보험기간의 초일은 입찰신청 마감일 이전이어야 하며, 보증기간은 입찰신청 마감일 다음날로부터 30일 이상이어야 함

6. 청렴이행 계약 준수

○ 본 입찰에 참가하는 자는 반드시 청렴계약이행각서를 제출해야 함

7. 기타 입찰에 필요한 사항

○ 입찰 등록 시 제안서 및 가격 입찰서는 반드시 사용 인감으로 날인

○ 제안서는 허위나 단순 예상으로 작성하지 않으며, 모든 기재사항을 객관적으로 입증할 수 있어야 하고, 허위로 작성한 사실이 발견된 경우 심사 대상에서 제외됨

○ 입찰 참가자격이 없는 자와 입찰 참가신청 서류가 미비한 경우 입찰자격을 무효로 처리함

○ 낙찰자가 정해진 기일 내에 계약을 체결하지 않는 경우, 차 순위 업체와 협상함

○ 발주기관은 입찰 참가자에게 추가 제안이나 자료를 요청할 수 있으며, 이에 따라 제출된 자료는 제안서와 동일한 효력을 가짐

8. 제출서류

① 입찰참가신청서 1부

② 입찰서 1부

③ 제안업체 현황 조사서 1부

④ 제안업체 소개서 1부

⑤ 전문인력(투입인력) 보유 현황 1부

⑥ 실적확인서 1부

　　※ 실적확인서를 대체할 수 있는 자료 제출 가능(원본대조필 사본 가능)

⑦ 확약서 1부

⑧ 청렴계약이행각서 1부

⑨ 가격제안서 및 가격 세부산출 내역서 요약본, 세부 산출내역서 각 1부

※ 입찰서, 가격제안서, 가격 세부산출 내역서 요약본 및 세부산출 내역서는 봉투에 법인 인감날인 후 밀봉 제출

⑩ 제안서 00부

⑪ 사업자등록증 및 관광사업등록증 각 1부

⑫ 법인인감증명서 1부

⑬ 법인등기부등본 1부

⑭ 국제, 지방세 완납증명서 각 1부

⑮ 최근 3년간 재무제표 1부

⑯ 입찰보증보험증권(입찰 금액의 5/100)

⑰ 기타 입찰참가 자격을 증빙할 수 있는 서류

II. 제안요청 내용

1. 과업명:

2. 과업 목적:

3. 용역 대상:

4. 용역업무 범위:

III. 제안서 작성 지침

1. 작성 방법

○ 제안서에는 본 제안요청서에서 요구하는 모든 사항이 기술되어야 하며, 제안업체의 제안이나 아이디어를 별도로 제시할 수 있음

○ 일반 사항보다는 본 사업에 실제로 적용될 수 있는 사항 위주로 작성

○ 제안서의 내용은 명확한 용어를 사용하며 '~ 수도 있다' '~ 이 가능하다', '~을 고려한다' 등과 같은 모호한 표현은 불가능한 것으로 간주함

○ 제안 내용 확인을 위하여 추가 자료요청 시 입찰 참가자는 이에 응해야 함

○ 제안 내용 중 기술적 판단이 필요한 부분은 증빙자료가 제시되어야 함

○ 입찰참여 업체는 입찰 과정과 계약이행 과정에서 취득한 각종 정보를 발주기관의 사전승인 없이 제3자에게 누설할 수 없음

○ 본 제안요청서 및 제안서의 전체 또는 일부를 제안서 제출 외의 다른 목적으로 사용할 수 없음

○ 위 사항을 위반하여 문제가 발생한 경우 모든 책임은 제안 참여 업체에게 있음

2. 제안서 목차

I. 제안개요
　1. 제안개요 및 주요내용

II. 일반사항
　1. 사업자 일반 현황 및 연혁 등
　2. 유사사업 수행실적 (최근 3년간)
　3. 전문인력 보유 현황 및 이력사항

III. 사업수행 부문
　1. 부문별 용역 수행방안
　2. 부문별 추진일정 계획
　3. 수행조직 및 업무분장

IV. 기타: 용역대행 관련 특이사항 등

3. 제안서 작성요령

1-3. 행사 점검 체크리스트 예시

점검일:

항목	점검 항목	기한	담당자	상태
1. 제작물	1.1 대상물 확정	12/2	홍길동	완료
	1.2 문구 및 디자인 초안	12/6		완료
	1.3 문구 확정			
	1.4 디자인 확정			
	1.5 현장 설치			
2. 의전	2.1 접견실 확정			완료
	2.2 귀빈 참석자 확정			1차
	2.3 의전·영접자 선정			1차
	2.4 수행원 대기실 확보			
3. 포상	3.1 포상 계획 수립			준비 중
	3.2 수상 후보자 추천 요청			
	3.3 포상 심의 및 확정			
	3.4 수상자 명단 작성			
4. 발표자료	4.1 연설문 초안 작성			작성 중
	4.2 발표자료 보고 및 확정			
	4.3 연설문 확정			
	4.4 발표자료 인쇄			
5. 전시	5.1 전시 계획 수립, 보고			
	5.2 전시 협조 공문 발송			
	5.3 사내 연구개발품 전시			
	5.4 협력사 연구개발품 전시			
	5.5 중소기업 기자재 전시			
	5.6 전시물품 확인			
6. 오찬	6.1 오찬 계획 수립			
	6.2 오찬장 세팅 확인			
7. 정책토론회	7.1 토론회 세부 계획 입수			
	7.2 토론장 구성(의자, 명패)			
	7.3 토론장 참석자 배정			

항목	점검항목	기한	담당자	상태
8. 기술교류회	8.1 기술교류회 계획 수립			
	8.2 발표자료 취합			
	8.3 발표자료 인쇄			
	8.4 발표자료 인수, 배부			
9. 기념품	9.1 기념품 선정			
	9.2 기념품 구매 의뢰			
	9.3 기념품 인수 및 검수			
10. 스텝 구성	10.1 분야별 스텝 구성			
	10.2 스텝 교육			
11. 시나리오 및 리허설	11.1 시나리오 초안 작성			
	11.2 도상 리허설			
	11.3 1차 현장 리허설			
	11.4 시나리오 완성			
	11.5 최종 현장 리허설			
	11.6 CEO, 원장 역할표 작성			
12. 참석자	12.1 참석자 목록 작성			
	12.2 연락체계 수립			
13. 좌석 배치	13.1 좌석 배치도 작성			
	13.2 테이블 등 집기 재배치			
	13.3 좌석명패 작성 및 비치			
14. 식음료	14.1 오찬 메뉴 선정			
	14.2 건배주 선정			
	14.3 다과 준비 계획			
	14.4 팝콘부스 대여 및 설치			
15. 인프라	15.1 마이크, 스피커, 조명			
	15.2 난방 상태			
	15.3 빔프로젝트와 스크린			
	15.4 탁자, 포디움 등 가구			
16. 환경미화	16.1 청소 상태			
	16.2 화분, 사방화 비치			
17. 기타	17.1 임시 의무실 운영			
	17.2 배경음악 선정 및 설치			

1-4. 좌석 배치 기준

<u>1. 단상 좌석</u>

가. 귀빈 참석 행사

(1) 단독 참석

(2) 부부동반 참석

나. 귀빈 없는 경우

(1) 일반적

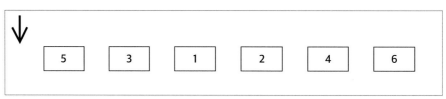

(2) 양분할 경우

<u>2. 회의장</u>

회의에 참석할 인원이 5~7명의 경우 원형으로, 9~10명 정도의 경우에는 장방형으로, 그리고 12명 이상의 경우에는 U자형으로 좌석을 배치하는 것이 일반적이다. 회의에 참석하는 참석자 간의 좌석 배치순서는 이미 정해진 서열이 있으면 그에 의하여 사회자(주재자)석을 기점으로 배열

하거나, 참석자간에 특별히 정해진 서열이 없으면 회의에서 사용하는 주공 용어 또는 가나다순에 의한 성명 순서에 따라 배치한다. 외국인이 많이 참석하게 되는 경우와 국제 회의의 경우에는 영어의 알파벳순으로 국명 또는 성명의 순서에 따라 정하는 것이 일반적인 관례이다.

책상에 회의 참석자의 명패를 준비하여, 공직을 가진 자에게는 명패의 양면에 그 직위의 명칭이나 성명을 기입하여 참석자 상호간에 볼 수 있도록 한다.

가. 협의회 형

(1) 앞을 상석으로 할 경우

(상대측)	①		(1)	(주최측)
	②		(2)	
	③		(3)	
	④		(4)	
배석자	⑤		(5)	배석자
	⑥		(6)	
	⑦		(7)	
	⑧		(8)	
	⑨		(9)	
	⑩		(10)	

(2) 중앙을 상석으로 할 경우

(상대측)	⑨		(8)	(주최측)
	⑦		(6)	
	⑤		(4)	
	③		(2)	
배석자	① 수석대표		(1) 수석대표	배석자
	②		(3)	
	④		(5)	
	⑥		(7)	
	⑧		(9)	

※ 국제 회의등 양쪽이 대표성을 가지고 회의나 협상 등을 할 때 활용

나. 지시 형

(1) 소수인일 때

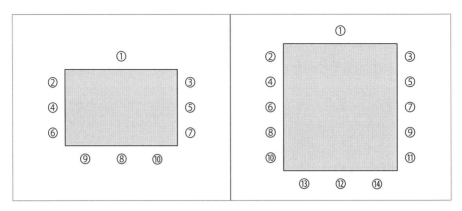

(2) 다수인일 때

○ U자형

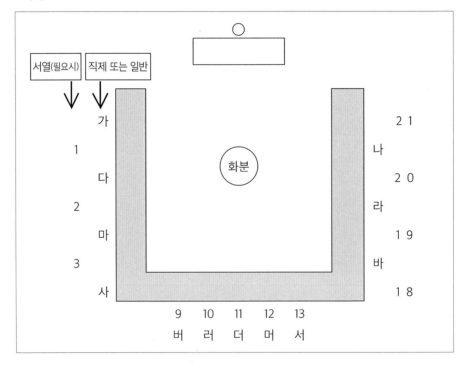

○ ∩자형

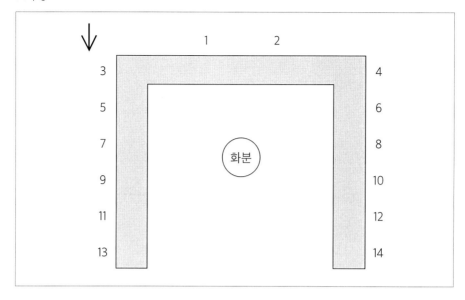

3. 연회장

가. 원탁 형 좌석

(1) 주인 중심의 경우

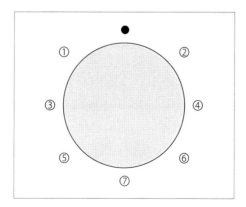

(2) 대좌 또는 혼성의 경우

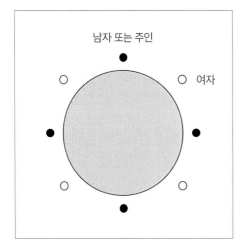

(3) 부부동반 손님 위주의 경우

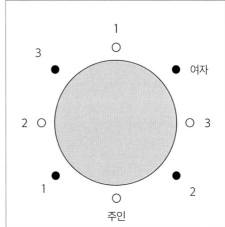

나. 종 장방형

(1) 일반적인 경우

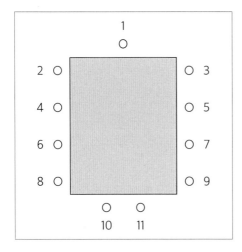

(2) 혼합 혼성의 경우

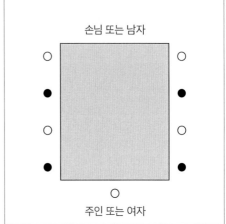

(3) 대좌형의 경우

- 중앙을 상석으로 할 때

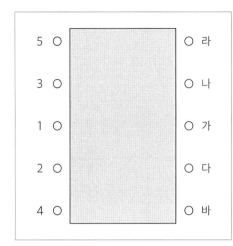

- 위의 끝 쪽을 상석으로 할 때

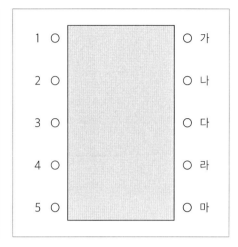

다. 횡 장방형

(1) 일반적이 경우

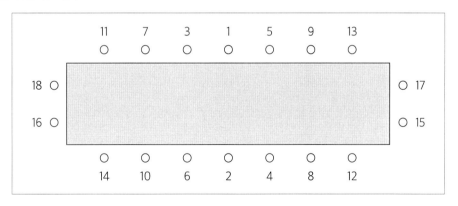

(2) 대좌형의 경우

- 중앙을 상석으로 할 때

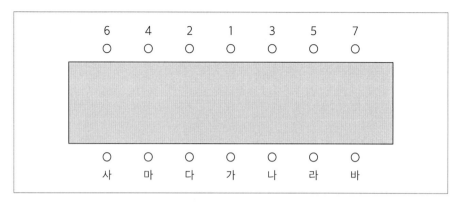

- 끝 쪽을 상석으로 할 때

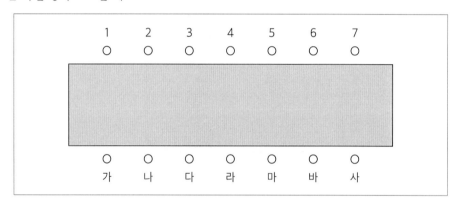

라. ㄷ자 장방형

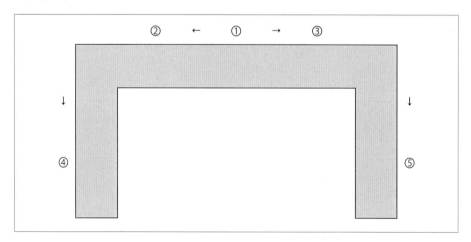

마. ㅁ자 장방형

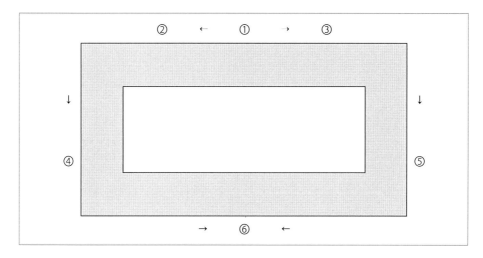

바. 주빈(M·T)석 형

(1) 식사 겸 간담회를 할 때

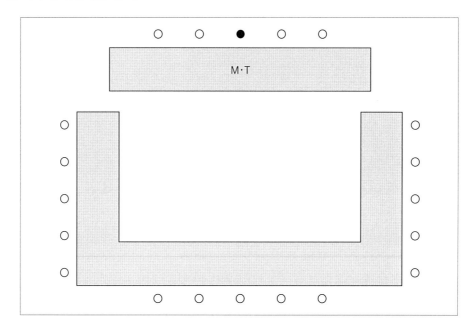

(2) 식사 위주로 할 때

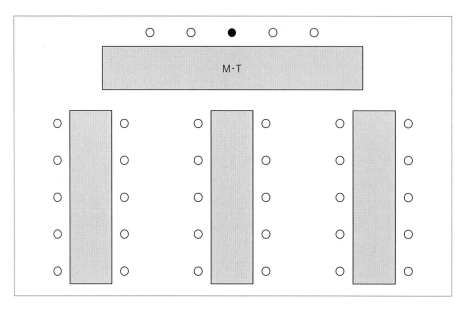

사. 원탁(사각) 줄줄이 형

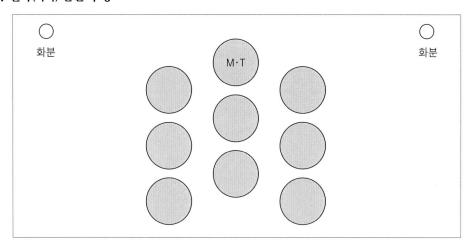

○ 주빈석을 마련하고 그 외 인사는 순서 없이 앉게 할 때

○ 조별(분임별)로 앉게 할 필요가 있을 때, 이때에는 식탁 위에 번호판을 놓으면 좋음

○ 식탁별 환담 등 화기 있는 분위기를 조성하고자 할 때

○ 의자 사용이 적정하며 가급적 식탁 치마를 두름

○ 식탁별 중앙에 소형 꽃병을 놓으면 좋음

○ 연회장 구석 편에 적정한 크기의 화분을 배치

아. 칵테일 다과형

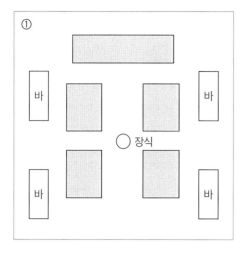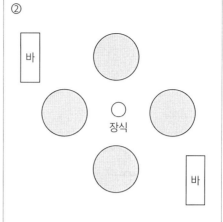

ㅇ 기립식 다과·칵테일 연회에 좋음

ㅇ ①형은 1식탁 당 30~40명, ②형은 20~30명 규모가 적정

ㅇ 중앙에 적정한 규모의 얼음조각으로 장식하면 좋음

ㅇ 식탁에는 식탁 치마를 두름

ㅇ 바(Bar)는 수용 인원에 따라 적정하게 설치

ㅇ 연회장 가에 쉴 수 있는 의자를 적절히 놓는 것도 좋음

4. 응접용 의자

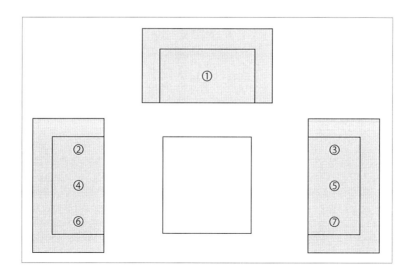

5. 행사장

가. 행사장(Function Room)의 의미

행사장은 호텔이나 컨벤션 센터와 같이 계획된 행사와 이벤트가 열리는 모든 장소를 의미한다. 이는 숙박을 위한 객실과는 구별된다. 방에 비록 침대가 있더라도 이 방이 객실이 아닌 의무실이나 연사실로 사용된다면, 이 방은 행사장으로 간주한다.

나. 배치(Room Setups)

방에 가구와 기기를 배치하는 것을 Room Setups이라 한다.

   (1) 극장형(Theater or Auditorium Style)
- 극장 형은 참가자들이 연사나 중앙 무대를 바라보며 앉게 하는 방법이다.
- 연사를 위한 공간에는 단지 마이크와 강단을 두거나 때로는 무대, 플랫폼, 의자나 프로그램 사회자를 위한 책상을 둘 수도 있다.
- 좌석은 직선형이나 휘어진 날개형, V형이나 반원형으로 배치될 수 있다.
- 참석자들의 효율적인 이동에 적합한 좌석의 길이를 정하고 통로를 만들어야 한다.
- 좌석이 고정된 회의실의 경우에는 고정된 배치 안에서 배치를 해야 한다.
- 극장식의 좌석 공간을 계산할 때, 무대와 연사를 위한 공간, 복도와 시청각 기기를 위한 공간을 만들어야 한다.
- 관중석과 무대는 2~2.5m 정도의 공간을 띄어둔다.

   (2) 교실형(Classroom Style)
- 교실형은 책상과 의자가 연사를 향하도록 배치한다.
- 책상이 차지하는 공간 때문에 극장 형만큼의 인원을 수용하지 못한다.
- 책상은 참가자들이 한쪽 면에 앉아 일렬로 연사를 바라보도록 배치할 수 있으며, 책상 양쪽 면에 참가자들이 앉아 연사를 기준으로 수직 형으로 책상을 배치할 수도 있다.
- 또한 V형으로 책상을 배열해 참가자들이 연사를 바라보며 책상 한쪽 면에 앉게 할 수도 있다.
- 교실형의 좌석 공간 계산 방법도 극장식의 방법과 같다. 그러나 책상이 차지하는 공간을 마련해야 하며, 참가자들이 앉거나 일어설 때 필요한 의자공간을 반드시 고려해야 한다.

(3) 토론형(Conference Style)

  ○ 토론형도 책상을 사용하지만 연사를 위한 공간이 없다는 점에서 극장형과 교실형과
    는 다르다.

  ○ 다른 형보다는 사용 가능한 여분의 공간이 많다

  ○ 토론형은 그룹 멤버 간의 커뮤니케이션을 돕기 위한 디자인이다.

  ○ 토론형에는 U형, 말굽형, E형, T형, 원형 등이 있다.

(4) 가구와 시설(Furniture & Equipment)

  ○ 대부분의 의자는 18×18×17(인치)의 크기이다. 접철 식 의자는 인원이 초과할 때만
    사용하며, 의자가 낮을 수 있으니 식사 시에는 절대 사용하지 않는다.

  ○ 책상은 대체로 30인치의 높이이지만 여러 가지 형태가 있다. 일치감과 표면의 상한 것
    을 가리기 위해 덮개를 씌워야 한다.

  ○ 강의대(Lecterns)는 연사가 원고 노트를 둘 수 있는 책상이다. 강의대에 조명과 시계,
    무대 마이크가 놓일 수 있어야 있다.

  ○ 어떤 연사들은 삼각대나 이젤에 차트를 두고 사용한다. 칠판(화이트 보드)은 이동 가
    능한 것도 있고 벽에 고정된 것도 있다.

  ○ 시청각 그리고 무대설비: 행사 프로그램의 특별한 부분에 필요한 모든 아이템을 무대
    설비라고 할 수 있다. 각종 시청각 설비와 프로젝터, 스크린과 포인터 등이 이에 포함
    된다.

1-5. 각종 제작물 사진

(1) 입구 현판/계단 난간 대형 배너

(2) 안내 배너 4개(Grand Ballroom, Plenary, Networking Breakfast, Luncheon)

(3) 룸 사인 7개

(4) 통역 채널 3개

(5) 회의장 좌석 배치도

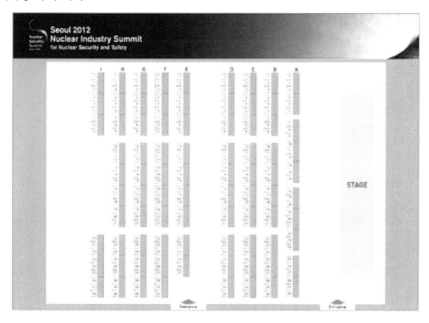

(6) 조찬/오찬장 포디움 타이틀

(7) 조찬/오찬장 내부 통천

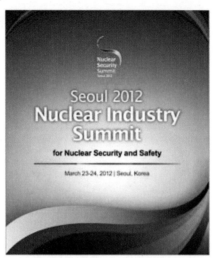

(8) 프레스룸 통천, 프레스룸 로비 그래픽 통천

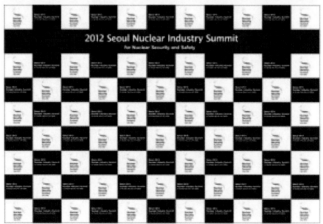

(9) 환영 피켓

(10) 공항 안내 데스크 간판(하단)

(11) 안내 데스크 동선 안내 배너

(12) 셔틀버스 탑승 안내 배너

(13) 셔틀버스 전면 안내 사인

(14) 산업시찰 버스 전면 안내 사인

(15) 코스 구분 피켓

(16) 참가자 명찰

1-6. 행사장 별 CEO 역할

행사명	시간	역할	비고
안전결의대회	14:55	- 차관 일행과 함께 행사장으로 이동	현관 영접
	15:10	- 사회자 멘트에 따라 무대 좌측으로 올라가서 개회사 낭독	도우미 안내
	15:45	- 사회자 멘트에 따라 안전결의 다짐 선서 시 자리에서 일어남	모든 참석자
연구원 개원식	16:05 ~ 16:18	- 사회자 멘트에 따라 무대 좌측으로 올라가서 개원 선포문 낭독 - 선포문 낭독 후 탁자에 올려놓음	도우미가 선포문 전달
		- 원장의 비전 선포문 낭독 후 사회자 멘트에 따라 무대 중앙으로 이동하여 원장으로부터 비전 선포문을 전달받고 잠시 후 도우미에게 전달	도우미에게 비전 선포문 전달
		- 연구원 대표직원의 R&D 비전 달성 서약 후 선서자로부터 비전 서약서를 받음	선서자가 서약서 전달
		- 비전 서약서를 도우미에게 맡김	도우미 받음
		- 사회자 멘트에 따라 도우미로부터 중앙연구원 표기를 받음	도우미가 표기 (리본) 전달
		- 원장이 들고 있는 회사 깃대 위에 중앙연구원 표기를 꽂아줌	원장이 기를 들고 옴
		- 원장이 기를 좌우로 흔들고 나면 무대에서 내려옴	
장소 이동	16:18	- 짧은 공연을 보고, 귀빈들과 함께 현판식장으로 이동	원장 안내
현판식	16:20 ~ 16:27	- 도우미가 안내하는 곳에 위치	
		- 사회자 멘트에 제막 줄을 잡아당김	
		- 사회자의 멘트에 따라 현판 아래에서 기념촬영 장소에 위치	위치 안내
장소 이동	16:29	- 사회자의 멘트에 따라 귀빈들과 함께 기념식장으로 이동	원장 안내

행사명	시간	역 할	비 고
기념 식수	16:30 ~ 16:37	- 도우미가 안내하는 곳에 위치	
		- 사회자 멘트에 따라 시삽	
		- 사회자 멘트에 따라 사진 촬영(사진 촬영은 차관과 두 분만)	
장소 이동	16:40	- 원장의 안내로 SVIP와 함께 연구시설 투어 장소로 이동	원장 안내
연구 시설 투어	16:44 ~ 16:54	- 기술동 1층 도착	
		- 회전기기 상태 감시 및 진단 시스템 설명 청취	○○○수석 연구 원 설명
		- 엘리베이터를 탑승하여 4층에 있는 MMIS 설명 청취	○○○수석 연구 원 설명
		- 엘리베이터를 이용하여 1층으로 내려온 다음 유리화 시험실로 이동	
		- 폐기물 유리화 실험실 청취	○○ 소장 설명
차관 환송	17:00	- 연구시설 투어를 마치고 차관 환송	대전역까지 ○○가 환송
장소 이동	17:08	- 차관 환송 후 귀빈들과 함께 원자력 기술 전시관으로 이동	원장 안내
전시장 순시	17:10	- 기술 전시관 순시, 설명 청취	○○ 소장 설명
장소 이동 및 휴식	17:40	- 전시관 순시 후 귀빈들과 함께 제1접견실로 이동 및 환담	원장 안내
장소 이동	17:55	- 안내에 따라 만찬장으로 이동	원장 안내
만찬 및 한마음 행사	18:01	- 사회자 멘트에 따라 환영인사 말씀	
	18:05	- 사회자 멘트에 따라 귀빈들과 함께 축하 케이크 절단	
	18:09	- 사회자 요청에 따라 건배제의	
만찬 종료 및 귀임	19:30	- 모x든 행사를 종료하고 귀임	원장 환송

1-7. 행사 전 종합 점검항목(Check List) 예시

구분	점검항목	담당/책임자
1. 해외귀빈 영접	○ 공항 영접 　- 영접관, 의전 전문관 브릿지 영접사항 　- 환영 피켓 　- 비상연락망과 사무국과 연락 체계 　- 공항-호텔 이동 시스템: 차량, 안내자 ○ 호텔 영접 　- 비상연락 체계 　- 영접자 　- 객실 입실수속 지원 　- 행사 안내 　- Premeeting 참가 대상자 안내	
2. 귀빈 의전	○ 의전 대상 및 의전 담당자 확인 　- 해외: VIP, 해외 일반 　- 정부: 국무총리, 장관, 차관 　- 행사 주관사: CEO 등 임원 　- 국내: 국내 참가 VIP ○ 이동 동선 및 이동방법 ○ 환영 인사자 ○ 주요 기관장 리셉션 ○ 영접 및 환송: 총리, 장관, 차관	
3. 진행요원 점검	○ 사회자: 재확인, 시나리오, 러허설 계획 ○ 통역자: 재확인, 개별수행 통역사, 연설문·발표자료 전달, 리허설 계획 ○ 오찬 공연팀: 재확인, 리허설, 현장 튜닝 ○ 시스템 운영자: 앙코아 시스템, 제어콘솔, 조명, 음향, 통역시스템 등 ○ 진행요원 역할 부여 및 재확인 　- 사무국 및 행사 대행사 요원 　- 자원봉사자, 행사도우미 　- 호텔 관계자: 부문별 책임자	
4. 리셉션 및 업무 만찬	○ 장소 예약 및 준비 상태 확인 ○ 환영 리셉션 참가자 등록 시스템 ○ 워킹그룹 업무 만찬 진행 ○ 워킹그룹 회의: 시나리오, 회의준비물 ○ 패널토의: 시나리오, 회의 준비물	

구분	점검항목	담당/책임자
5. 네트워킹 조찬	○ 현장 재확인 - 식음료, 음향, 조명, 배경음악, 테이블 - 빈 좌석 안내, 환영 인사자 4인 예약석 ○ 출입 제한: 참가자, 수행자 여부 확인 ○ 환영 인사 ○ 네트워킹 조찬 서비스 점검 ○ 퇴장안내 및 회의장 이동 안내	
6. 등록	○ Security Pass 식별번호 확인 ○ 데스크와 참가자 대기 라인 1m 간격 ○ 비표배부 운영 Flow ○ 미등록 수행원 현장등록 체계 ○ 등록 KIT 확인: 등록가방 등 - 한국문화책자, 만찬초청장, 좌석 배치도, 산업체 견학 안내, 기념 품 등 ○ 기념품: 기념주화, 큐브 등 확인 ○ 등록 데스크 운영요원 확인 및 교육 ○ 물자 및 시스템 확인 - 노트북, 프린터, LAN, 비품, 리스트 ○ 등록 데스크 예행연습	
7. 사진 촬영	○ 사진 촬영 포인트 ○ 행사 /인물 사진 촬영자(전문가, 봉사자) ○ 회사 홍보용 사진 ○ 장소: 리셉션, MOU 체결, 조찬, 행사장, 오찬장, 프레스룸, 로비 등 ○ Group Photo 촬영, 액자 제작, 배부 ○ 행사 스냅사진 전송 시스템 등	
8. 부대시설 운영	○ 대상: 접견실, 수행원 대기실, 준비사무국, 메디컬 센터, KBS방송 사무국 등 ○ 준비 사무국 조성 - 전화, 인터넷, 컴퓨터, 프린터, 펙스, 복사기, 문구류 등 - 활용 대상: 사무국, 행사 대행사 ○ 접견실 조성 - 접견용 탁자, 소파, 꽃 수반, 커피/음료 - 좌석 배치 형태	

구분	점검항목	담당/책임자
9. 전시장	○ 모형, 전시물 상태 점검 ○ 운영요원·보수요원 비상대기 ○ 안내 및 설명자 대기 ○ 질서유지 및 주요 동선 확인 ○ 총리 방문 시 설명자 및 리허설 ○ 커피 브레이크 운영	

10. 수송	○ 호텔-행사장 간 수송
	  - 수송 안내요원 배치 현황
	  - 차량 배차 및 동선
	  - 모범택시 활용
	○ 행사장-만찬장 수송
	  - 이동 및 만찬장 수송 안내 방송
	  - 수송 전담인력 5명 배치
	  - 만찬버스 탑승 확인(비표, 버스 번호)
	  - 만찬장 도착시 버스 정차 위치
	  - 경찰 호위차량 담당자와 교신
	  - 호텔 귀임 상태 파악 및 보고 체계	

11. 경호/통제	○ Zone별 차등 출입 내역 ○ 금속탐지기 운영(경찰청, 총리실 협조) ○ 구역별 출입 통제자 및 안내자 ○ 준비사항 - 통제띠, 통제봉, 참가자 목록, 무전기, 비상연락망, 행사장 배치도, 중식권 ○ 비상연락망: 현장 사복경찰, 자체 통제 인력, 출입통제 담당, 등록 데스크 등 ○ 사복경찰 ID카드 배부 및 근무 확인 ○ 자체 통제 인원 전체 집합 예행연습 ○ 경찰인력 및 금속탐지기 철거	

12.프레스센터	○ 풀 기자단석, 프레스룸, 인터뷰 룸 확인
	○ 자원봉사자 및 운영인력 교육, 배치
	○ 현장중계 시스템
	○ 기자회견 장소 및 준비물
	○ 업무체계
	  - 총괄: 준비 사무국
	  - 홍보대행사: 내신, 외신, 통역 전담
	  - 자원봉사자: 내신, 외신기자 안내 및 룸 운영	

구분	점검항목	담당/책임자

13. 행사장 현장 확인	○ 연단, 포디움, 좌석 배치
	○ 앙코르 시스템, 운영제어 콘솔
	○ 조명, 음향
	○ 통역부스 및 이어폰 확인
	○ 탁자 배포물 확인
	  - 프로그램북, 발표 자료집, 메보지, 음료
	○ 풀 기자단석 점검
	  - 좌석 배치, 포토라인, 완장, 인터넷 등
	○ 현장중계 점검
	  - 중계 카메라, 중계 시스템, 현장 중계음, 통역 수신기, 현장운
	    용 컴퓨터
	○ 자원봉사자 교육, 스텝 명찰 전달
	○ 프레스센터 확인
	  - 등록 시스템, 등록대, 명찰 출력 시스템
	  - 등록기자, 풀 기자, 총리비표, 근접촬영자 명단
	  - 인터뷰 룸, 인터뷰 계획, 수행자 대기실
	  - 오찬장, 오찬 메뉴
	  - 기자회견 백월, 연단 좌석, 음향시설
	  - 입구 안내 배너, 위치 안내 배너
	  - 프레스룸 좌석 배치, 고정시설
	  - 전화, 인터넷, 팩스, 프린터, 비품
	  - 명찰, 비표, 식권, 프레스킷, 가방, 볼펜, USB, 프로그램북, 발
	    표 자료집, 주차권 등 배포물
	  - 보도자료, 기타 배포자료
	  - 담당자별 위치 및 응대 계획	

14.프레스센터 운영	○ 등록 준비
	  - 명단, 총리비표, 명찰, 배포물 점검
	○ 프레스룸 운영준비
	  - 비품, 전력, 다과, 통역시스템 등
	○ 오전 기자등록
	  - 촬영 기자, 근접촬영, 풀기자단 안내
	  - 보안패스 확인
	  - 등록미디어 대리 참석자 확인
	  - 미등록 미디어
	○ 프레스룸 운영
	  - 취재 지원 및 인터뷰 지원
	  - 오전 사진 프레스 제공	

구분	점검항목	담당/책임자
14.프레스센터 운영	○ 중식제공 관리 　- 오찬안내 멘트 　- 식권 회수 　- 오찬장 관리 및 응대 ○ 기자회견장 준비 　- 백월, 테이블, 음향, 마이크, 사회자, 통역석 　- 회견인사 자료, 기자석 자료 ○ 기자회견 시나리오 　- 사전준비: 세팅 확인 　- 기자회견, 질의응답, 회견 종료 ○ 프레스룸 클로징	
15. 총리주재 만찬	○ 만찬 참석자 선정 및 좌석 배치 ○ 수송버스 탑승 계획 점검 ○ 개인별 셔틀버스 및 테이블 번호 ○ 명찰 표기 및 제작물 확인 ○ 사전 확인사항 점검 　- 버스 및 기사 　- 버스 대기장소 및 승차장 확보 　- 경찰 교통통제 계획 　- 수송 책임자 및 버스별 진행요원 ○ 만찬장 미 참가자 교통편 ○ 호텔 귀임 시 개별 이동자 파악 ○ 귀임 상태 파악 및 보고 시스템	
16. 배우자 프로그램	○ 관광 가이드 및 승용차 준비 ○ 피켓 및 참석자 확인 절차 ○ 점심식사 메뉴 확인 ○ 현지 영어 해설사 확인 ○ 동행자, 사진 촬영자 확인	
17. 산업체 견학	○ 사전답사 현황 및 문제점 공유 ○ 코스별 진행인력: 가이드, 통역, 사진 촬영, 구급대원 등 ○ 코스별 참가자 현황 ○ 교통편(KTX, 버스, 항공) 재확인 ○ 가이드와 사무국 연락체계 ○ 특이 식단자 사전파악 및 별도 메뉴 ○ 문화탐방 기념품 구매, 지급 ○ 방문기관별 보안출입 절차 ○ 사전 안내서 확보 ○ 간식준비 ○ 진행인력 교육 및 배치 ○ 오찬 및 만찬 준비사항 ○ 현장 경찰 경호 및 안내 협조사항	

1-8. 행사 진행인력 배치 현황 예시

(1) 행사 주관사 및 행사 대행사(PCO) 인력

구분	장소	업무 내용	인원
공항 영접	인천공항	안내 데스크, Gate 영접 등	7
	김포공항		
Press	프레스센터	안내 데스크, Press kit 지급	4
		룸 운영지원	
부대시설	VIP룸	VIP룸 운영 상태 확인	2
	준비 사무국	사무국 업무	2
	수행원대기실	수행원 서비스	1
행사장	행사장 (회의/오찬장)	무대/조명/음향 확인	3
		좌석 및 기념촬영석 안내, 사진 배부	
		전시장 유지관리	5
		사인물, 음료, 명패 확인	
의전	호텔/행사장	국내외 VIP 동선 파악, 행사장 안내	7
출입관리	호텔2층 행사장	출입허가증 확인, 무단출입자 제지	7
	호텔 1층 이하	행사장 안내, 무단출입자 통제 등	6
리셉션	등록 데스크	등록업무, 등록 kit 지급	1
	회의장	좌석안내, 질의응대 등	3
총인원			48

(2) 운영요원

　○ PCO가 자체 부족인력을 보충하기 위한 단기 활용 인력

　○ 공항 영접, 진행, 통역, 참가자 등록, 사진 촬영, 행사장 운영, 수송 등의 업무를 자원봉사
　　자와 함께 수행

구분	장소	업무 내용	인원
공항 안내/영접	인천공항	안내 데스크	2
		Gate 영접	4
	김포공항	안내 데스크	1
		Gate 영접	1
참가자 등록	등록 부스 (국내/해외)	등록업무 및 언어지원	5
		안내 및 등록 kit 배부	2
안내 데스크		참가자 안내(문의사항 응대)	1
부대시설	사무국	사무국 업무보조	2
조찬장		조찬장 자리 안내	1
행사장		출입, 포트라인 안내 및 관리	3
		기념촬영석 안내, 무선 마이크 운영	2
오찬장		오찬장 안내, 명패/좌석/무대 확인	1
수송	셔틀버스	호텔-행사장 탑승 안내	1
호텔		라마다 숙박 관련 서비스, 비표 지급, 수송	2
총인원			28

(3) 자원봉사자

구분	장소	업무 내용	인원
공항 안내/영접	인천공항	안내 데스크	2
		Gate 영접	6
	김포공항	안내 데스크	1
		Gate 영접	1
참가자 등록	등록 부스 (국내/해외)	등록업무 및 언어 지원	5
		안내 및 등록 kit 배부	2
안내 데스크		참가자 안내(문의사항 응대)	2
Press 등록	국내	등록, 응대 지원, Press kit 배부	4
	해외	등록, 응대 지원, Press kit 배부	3
부대시설	Press룸	Press룸 운영관리	2
	VIP룸	VIP룸 영접	1
	사무국	사무국 보조업무	4
	전시장	전시장 관리 및 안내	2
	조직위	수행원 응대 및 운영	1
조찬장		조찬장 자리 안내	4
행사장		출입, 포트라인 안내 및 관리	4
		기념촬영석 안내, 무선 마이크 운영	3
오찬장		오찬장 안내, 명패/좌석/무대 확인	4
의전	해외VIP	동선 파악, 근접지원, 행사장 안내	6
수송	셔틀버스	호텔-행사장 탑승 안내	2
	만찬장 이동	탑승안내 및 승하차 서비스	1
사진 촬영	행사장	행사 참가자 사진 촬영	2
	리셉션	리셉션 참가자 사진 촬영	1
	산업체견학	산업체견학, 문화탐방 사진 촬영	2
출입관리	2층 행사장	출입허가증 확인, 출입통제	6
	1층 이하	행사장 안내 및 출입통제	4
리셉션	등록	등록업무, 등록 kit 지급	3
	서비스	회의장 관리	1
	사회	리셉션 사회	1
의료	행사장	응급구조 의료 지원	5
	산업체 견학	응급구조 의료 지원	3
총인원			88

1-9. 행사 결과 종합 및 시사점 예시

1. 행사 의의

- 정부 차원의 원전 안전정책 의지와 원자력 관련기관의 안전결의
- 확고한 우리 회사의 국내 원자력 사업 리더 의지 표명
- 중앙연구원의 정체성 확립 및 새로운 역할 부각
- 국내 전 원자력 관련기관이 동참한 상호 교류와 화합의 장
- 회사 주요 고위간부들이 참석한 최고, 최대의 행사
- 전 조직원의 일치와 화합으로 성공적인 행사 개최
- 성공 행사로 인한 조직원들의 자부심과 긍지 그리고 자신감 고양
- R&D 일원화 후 최초로 추진된 행사로 통합에 따른 시너지 효과

2. 긍정적인 면

- 행사에 대한 기본 방향과 중요성 인식으로 정부의 요구 충족
- CEO, 본부장, 원장 등 경영 라인의 전폭적인 관심과 지원
- 행사 준비 조직의 조기 발족과 명확한 역할 분담
- 전 구성원의 협력과 단합
- 능력 있는 행사 대행사와 인쇄 기획사 선정, 활용
- 효과적이고 의미 있는 행사 콘셉트와 구성
- 회사의 주요 고위간부들의 관심 유도
- 연구원 조직원의 자부심과 긍지 고취
- 3대 대형 행사의 조화
- 자체 합창단(Clean Voice)의 열정적인 동참
- 치밀한 폭염과 안전대비 (TFS 텐트, 대형 선풍기, 발전차 등)
- 유관기관 고위급 인사 다수 참석으로 회사와 연구원 위상 제고
- 방송, 신문 등 다양한 언론을 통한 홍보 성공
- 행사 전담인력 지정 운영
- 보유 인력자원의 효율적 활용
- 좁은 공간을 활용한 우수 원자력 기술 전시장 조성

○ 행사 성격을 고려한 우수한 선서자 선임(안전 결의, 비전 달성)

○ 적절한 행사 환경 조성(배너, 현수막, 입간판 등)

3. 미흡한 면

○ 의사결정 지연과 잦은 의사결정 변경

○ 본사와 중앙연구원의 역할 설정 모호

○ 준비 조직의 자율권 부족 및 상명하달 식 조직문화

○ 예산부족 및 상근 전담인력 부족

○ 유관기관 및 조직원에 대한 배려 부족(참석 인원 동원 등)

○ 무분별한 변경 요청과 변경 시 창구 일원화 부족

○ 행사 대행사 선정 지연

○ 행사 대행사의 계약적 과도한 업무지시

1-10. 행사 결과 보고서 목차 예시

I. 행사 개요

1. 공식 명칭　　　　2. 공식 표식
3. 행사 개요　　　　4. 행사 배경
5. 행사 추진기구

II. 참가자

1. 초청 대상자 선정　　2. 최종 참가자

III. 워킹그룹 운영 및 합의 도출

1. 워킹그룹 운영　　2. 공동 합의문 도출

IV. 공식 행사

1. 네트워크 조찬　　2. 개회식
3. 포토세션　　　　4. 워킹그룹 토의
5. 오찬 및 오찬공연　6. 패널 토의
7. 공동 합의문 채택　8. 폐회
9. 총리 주재 만찬

V. 부대 행사

1. 환영 리셉션　　　2. 키멤버 사전회의(업무 만찬)
3. 산업체 견학　　　4. 배우자 프로그램
5. 한수원-엑셀론 사(社) MOU 체결

VI. 참가자 편의

1. 주요 인사 영접　　2. 공항 영접
3. 숙박　　　　　　4. 수송
5. 좌석 배치(메인 행사장, 오찬장, 만찬장)
6. 경호/통제　　　　7. 메디컬 센터

8. 기념품   9. 꽃 배달 서비스

VII. 홍보

1. 사이버 홍보   2. 행사 홍보   3. 언론 홍보

VIII. 프레스 관리

1. KBS 중계   2. Press Center 운영   3. 기자회견

IX. 특별 프로그램

1. 오프닝 영상 제작   2. 전시장 운영
3. KBS 특별 프로그램

X. 인력 운영

1. 준비 사무국(행사 주관사, 행사 대행사)
2. 진행요원   3. 자원봉사자

XI. 행사 예산

1. 소요예산   2. 예산조달   3. 비용정산

XII. 주요성과 및 향후계획

1. 주요성과   2. 유공자 감사패·공로패 제공
3. 향후 계획

1-11. 행사 백서 목차 예시

행사 기간 중 주요 화보

제1장 추진배경 및 체계

1. 추진배경 및 목적

    1) 핵 안보의 중요성과 핵안보정상회의

    2) 원자력 안전과 핵 안보

    3) 원자력 인더스트리 서밋(NIS) 역할

2. 추진 체계

    1) 체계 구축　2) 구성 및 역할　3) 준비 사무국

제2장 행사 개요 및 사전준비

1. 행사 개요

    1) 주제, 일시/장소　2) 참가자, 내외신 기자　3) 행사 프로그램

2. 행사 추진 계획 수립(현안 분석, 종합 계획 수립)

3. 국내 자문위원회

4. 조직위원회 및 실무위원회

5. 초청 대상자 선정

    1) 선정절차 및 기준

    2) 1차 해외초청 대상 기관 선정

    3) 최종 해외 초청 대상자 목록

6. 공식 명칭 및 CI

7. 행사 홈페이지

8. 행사 슬로건 공모

9. D-100일 사전 워크숍 개최

10. 자원봉사자 모집

11. 행사장 구축

    1) 행사장 구성 및 배치   2) 회의장 배치

    3) 무대 구성   4) 리허설

    5) TV 생중계 준비   6) 행사장 좌석 배치

제3장 국제자문위원회 및 워킹그룹 운영

1. 국제자문위원회 및 워킹그룹 구성

2. 워킹그룹 배경 및 논의 의제 선정

3. 워킹그룹 운영 및 공동 합의문 작성

제4장 공식 행사

1. 네트워킹 조찬

2. 개회식(오프닝 동영상, 개회사, 환영사, 축사, 기조연설)

3. 포토세션

4. 워킹그룹 토의

5. 오찬 및 오찬공연

6. 패널 토의

7. 공동 합의문 채택 및 폐회

8. 총리 주재 만찬

9. 산업체 견학

제5장 부대 행사

1. 키멤버 환영 리셉션 및 사전회의

2. 전시장 운영

    1) 전시 계획   2) 전시 모형 및 콘텐츠 사전준비

    3) 전시장 구성   4) 전시 콘텐츠 검토 TF 구성, 운영

    5) 전시장 콘셉트 구성

3. 배우자 프로그램

4. 한수원-엑셀론 MOU 체결

제6장 분야별 운영 내용

1. 초청(초청장 발송, 사전 참가 안내서 발송)

2. 참가자 등록(온라인 시스템/등록 서식, 현장등록 운영)

3. 영접(공항/호텔 영접, 행사장 영접)

4. 숙박(운영 개요, 공식 호텔 지정)

5. 수송(행사장 셔틀 차량, 만찬 수송 차량, 수송 관련 사인물)

6. 경호/보안/메디컬 센터

    1) 경호 및 보안 체계

    2) 경호 Zone 운영 및 출입통제

    3) 출입승인증 및 출입비표 운영

    4) 메디컬 센터 운영

7. 식음료

    1) 특이 식단자 파악 및 대응

    2) 프레스센터 기자단 오찬

    3) 진행요원 및 자원봉사자 식음료

8. 기념품(공식 주 기념품, 추가 기념품, 기타)

9. 인력운영(준비 사무국, 행사 진행인력, 자원봉사자)

10. 인쇄 및 제작물

제7장 홍보 및 프레스 관리

1. 사이버 홍보(뉴스레터, SNS 홍보, 신문기고)

2. KBS 특별 프로그램 운영 및 생중계

3. 프레스센터 운영(사전등록, 기자회견, 개별 인터뷰)

4. 행사 사후조치(감사 서한 발송, 홈페이지 운영, 감사패 증정)

제8장 주요 성과

1. 행사 의의

    1) 세계 최대 규모 원자력 산업계 행사

    2) 한국 원자력의 우수성을 알리는 기회

    3) 국내외 원자력 계 협력 체계 구축과 글로벌 리더십 발휘

2. 행사 참가자 평가

3. 행사 전반에 대한 언론평가

4. 준비 사무국 자체평가

붙임

1. 기조연설문 및 세션 주요 내용
2. 국내외 참석자 명단
3. 국제자문위원회 및 워킹그룹 명단
4. 참석 내외신 기자 명단
5. NIS 준비 사무국 명단

2018. 3. 13 현재

업무명	기한(D-)	세부 업무									비고
		1W	2W	3W	4W	~	17W	18W	19W	20W	
0. 기본 계획 수립											
1. 행사 접담조직 구성 - 전담인력 인사발령 - 전담조직 사무실 확보 - 사무 인프라 구축	- 20W - 19W - 19W										상근/비상근 구분 발령
2. 개최일자 및 장소 확정 - 개최일자 확정 - 개최장소 확정											
3. 행사 세부 계획 수립 - 세부 계획 확정 - 예산확보	- 18W - 18W										
4. 행사 대행사 (PCO) 선정 - 행사 용역서 작성 - 입찰공고 - PCO 선정 및 계약											
5. 행사 프로그램 확정 - 메인 행사 계획 - 부대 행사 계획 - 배우자 프로그램 운영 계획											

업무명	기간	세부업무									비고
		1W	2W	3W	4W	~	17W	18W	19W	20W	
6. 초청/참가 대상자 확정 - 초청인사 - 초청귀빈 - 일반 참석 대상자											
7. 홍보계획 수립 - 홍보 전략 - 홈페이지 - 슬로건/개최 프레이즈 - 언론기고 - 뉴스레터 발송 - 온라인 홍보 - 프레스센터 운영 - 출입기자 선정 및 섭외											
8. 행사장/회의실 확보 - 메인 행사장 - 부대 행사장 - 회의실 - 회견장, 접견장 등											
9. 호텔 확보 - 투숙 호텔 선정 및 블록 - 호텔 블록 해제											

업무명	기한	세부 업무									비고
		1W	2W	3W	4W	~	17W	18W	19W	20W	
10. 인사 운영 계획 수립 - 자원봉사자 - 내부 파견 지원 인력 - PCO 지원 인력 - 진행 인력(사회자, 통역사) - 임시 인력 등											
11. 제작물, 인쇄물 - 초청장 - 제작물(행사 용품) - 기타 인쇄물 - 참가자 지급품 - 행사 기념품											
12. 연회 및 공연 - 연회장 확보 - 메뉴 선정 - 공연기획 - 공연팀 섭외 및 확정											
13. 영접 및 의전 - 영접 및 의전 계획 수립 - 영접 및 의전자 선정 - 좌석 배치(안) 작성											

업무명	기한	세부 업무									비고
		1W	2W	3W	4W	~	17W	18W	19W	20W	
14. 초청 및 참가자 등록 - 초청장 1차 발송 - 초청장 2차 발송 - 참가자 온라인 등록 - 참가자 현장등록											
15. 비상 계획 수립 - 기상악화 등 비상 계획 - 비상 의료 대비 계획 - 경호 계획											
16. 행사장 구축 - 메인 행사장 - 부대 행사장(전시장 등) - 연회장											
17. 연설문 작성 및 확보 - 자체인사 연설문 - 초청인사 연설문 - 기타 연설문 - 건배사 문안											
18. 제작물(홍보물 설치 - 옥외 홍보물(현수막 등) - 옥내 홍보물 - 입간판, 포디움, 접수대 - 경호 라인 등											

업무명	기한	세부 업무									비고
		1W	2W	3W	4W	~	17W	18W	19W	20W	
19. 진행요원 교육 - 내부 직원 및 PCO 직원 - 진행요원(사회자, 통역) - 지원봉사자 및 임시인력											
20. 시나리오 작성 - 메인 행사 시나리오 - 부대 행사 시나리오 - VIP 동선 및 역할											
21. 점검 및 리허설 - Check List 작성 - 준비 사무국 자체점검 - 조직위원장 점검 - 도상 리허설 - 드라이(Dry) 리허설 - 드레스(Dress) 리허설											
22. 환송 - 환송 계획 수립 - 대상별 환송자 선정											내부 귀빈 포함

1-13. 행사 진행요원 운영 계획 사례

분야	주요업무	근무일시		근무장소	진행요원		
					운영요원	자원봉사	PCO
행사장 내부정리	명패, 접의지 및 메모 패드 세팅	22일	17:00~	행사장	1	2	1
	종합통제 및 좌석 관리				1	3	2
	통역부수 관리	23일	07:00~				
	근속업무 지원						
	발표자료 교정실 관리						
	단상 물컵 세팅 및 교체	23일	08:30~				
	단상 명패 세팅 및 교체	23일	10:30~				
	무대 메인 연단 이동	23일	합의문 채택				
	포토세션 무대 로고판 이동	23일	기조연설 후				
	포토세션 참가자 위치안내						
	Q&A 무선 마이크 전달	23일	워킹그룹				
	참가자 사진엽서 배포	23일	폐회 후				

분야	주요 업무	근무 일시		근무 장소	진행요원		
					운영요원	지원봉사	PCO
의전	VIP 호텔 영접	20일	도착 전	호텔		1	1
	워킹그룹 발표자 기자회견장 안내	23일	13:35	행사장		1	
	WANO 소속 참석자 호텔 영접	22일	도착 전	호텔		1	
	워킹그룹 발표자 기자회견 안내	23일	13:35	행사장			1
	NEI 소속 참가자 호텔 영접	21일	도착 전	호텔		1	
	CNNC사장과 조직위원장 미팅 동행	22일	10:30	행사장		1	
	워킹그룹 발표자 기자회견장으로 안내	23일	13:35	행사장		1	1
출입 관리	WNA 소속 참가자 호텔 영접	22일	도착 전	호텔		1	1
	행사장 안내, 출입허가증 확인, 무단출입자 제지	23일	07:00~18:00	행사장	6	6	1
	행사장 안내, 출입허가증 미소지자 출입통제	23일	07:00~18:00	행사장 1층		4	1
	촬영 리셉션 등록	22일	17:30~20:00	연회장	1	4	2
등록 데스크	해외 참가자 등록 (PASS 식별확인, 명찰발급)				2	2	2
	국내 참가자 등록 (PASS 식별확인, 명찰발급)	23일	07:00~10:00	행사장 입구	2	2	2
	동반자 현장 등록 (현장등록 및 명찰발급)				2	2	2
안내 데스크	KIT 배부 (프로그램북, 발표자료)				2	2	2
	참가자 문의사항 대응 및 편의 제공	23일	07:00~18:00	행사장	1	2	1
	셔틀버스 운행안내, Tour 프로그램 안내						

분야	주요업무	근무일시		근무 장소	진행요원		
					운영요원	자원봉사	PCO
호텔 안내 데스크	참가자 문의사항 대응 및 편의 제공 / 셔틀버스 운행안내, Tour 프로그램 안내	23일	07:00~18:00	호텔	1	2	1
출입국 영접	영접 총괄 및 유관기관 협조			인천공항 / 김포공항			
	주요 VIP 6인 CIQ 영접						
	입국자 사진 촬영						
	안내 데스크 (행사 및 리무진 버스 안내)						
	환영 홀 피켓 영접 및 데스크 안내						
	수하물 운반지원 및 버스 탑승 안내						
전시	행사장 안전 유지	23일	07:00~16:30	전시장	1	1	1
	구역별 전시물 설명					15	3
오찬 및 공연	이전	23일	11:30~14:00	오찬장	2		1
	도우미				2		
	운영 및 안내				2	2	2
	시스템						5
프레스센터	기자회견장 안내 및 편의 제공	23일	11:30~12:00	Press룸	1	2	1
	프레스 오찬 안내	23일	11:30~14:00	오찬장	1	2	1
의무실	응급환자 발생 시 응급처치	23일	07:00~16:30	의무실	1	2	2

분야	주요 업무	근무 일시		근무 장소	진행요원 운영요원	진행요원 지원봉사	PCO
사무국	행사 전반 운영관리 및 지원, 물자 및 설치물 관리 등	22일	09:00~	행사장	2	4	1
		23일	07:00~17:00				
조직위원 대기실	수행원 응대 및 운영	23일	07:00~17:00	대기실	2	2	

1-14. 행사 세부 항목별 추진일정 예시

구분	이행항목	세부내용	담당부서	담당자	기한	비고
1. 성과 및 계획 보고	1.1 보고 장소 결정	BP 보고와 연계한 장소 결정	준비팀		11.30	
	1.2 연구원 현황	조직, 인원, 투자 등				
	1.3 2010 주요 성과	운영, R&D, 기술지원 성과	경영기획팀		12.31	
	1.4 2011 주요 계획	KEPRI Way 설정 분야별 성과목표				
	1.5 발표자료 작성	60분 내외 분량			1.10	현황 추적
	1.6 리허설	-			1.14	준비팀 참여
2. BP 작성 및 보고	2.1 발표장소, 방법	성과보고와 연계한 장소 결정			11.30	
	2.2 발표 대상 선정	포상심의 결과 반영(5~6건)	준비팀		12.02	심의(11.30)
	2.3 발표서식 작성	발표서식, 발표 방법, 분량 등			12.31	
	2.4 발표자료 초안	발표자료, 유형 성과물 등	선정부서	PL	1.10	현황 추적
	2.5 리허설	-	준비팀		1.14	
3. 전시 보고	3.1 1차 대상 선정	2010 완료과제, 도전과제 등	준비팀		12.27	
	3.2 현황표 작성	대상과제/우수기술 지원 현황표	준비팀		12.27	
	3.3 전시 대상 선정	연구부서별 자율선정	연구부서		12.31	
	3.4 그룹사 전시 대상	그룹사 전시 대상 선정	그룹사		12.31	본사 협조
	3.5 전시 업체 선정	전시 부스, 배너, 포스터, 현수막			12.31	
	3.6 포스터/유형물 전시	전시 부스, 포스터 전시 방법 등	준비팀		1.10	
	3.7 외부 전시물	현수막, 배너, 입간판, LED 등			1.10	

구분	이행항목	세부내용	담당부서	담당자	기한	비고
4. 포상	4.1 포상대상자 결정	R&D공로상, 산학연협동상			11.30	
	4.2 등의 BP 포상	상품권 지급			1.10	
	4.3 포상자 통보	포상대상 부서 통보	준비팀		12.02	기술기획처
	4.4 기념품	기념품 지급대상 결정			12.31	
		기념품 구매			1.10	
5. 행정 투어	5.1 투어코스	투어코스 선정			11.30	홍보파트
	5.2 투어 대상자	투어 대상자 선정	준비팀		1.10	
	5.3 투어 진행	방법, 안내자, 설명자, 이동 등			1.10	
6. 만찬/한미음행사	6.1 행사 콘셉트	행사 콘셉트, 참석 대상, 행사 장소	IT운영팀		11.26	
	6.2 세부 행사 계획	세부 행사 계획 수립			12.13	
	6.3 대행사 선정	대행사 선정, 메뉴, 서빙 방법	준비팀		12.31	
	6.4 행사 진행	행사 진행자 선정, 방법			1.05	
	6.5 친조 출연자 섭외	내부직원, 직원 자녀, 외부인사			1.05	
7. 외부인사 초청	7.1 초청강사 섭외	MOT 분야 글로벌 인사			12.31	
	7.2 초청 대상자 선정	한전과 그룹사 대상	준비팀		12.31	기술기획처
	7.3 초청장 인쇄	초청장 문안 작성 및 인쇄			1.04	

구분	이행항목	세부내용	담당부서	담당자	기한	비고
8. 행사 진행 및 이전	8.1 종합행사 계획	종합 계획 수립 및 담당자 선정	준비팀		12. 24	
	8.2 성과 보고회 시호자	회의실/강당 진행자 선정	준비팀		12. 24	
	8.3 VIP 이전	이전 담당자, 의전 계획	경영지원팀		1. 10	
	8.4 외부 처·실장 이전	이전 담당자, 의전 계획	연구정책팀		1. 10	
	8.5 원내 직원 안내	안내 담당, 안내 계획	연구운영팀		1. 10	
	8.6 차량접시	주차장 확보, 귀빈 좌석표 등	IPM팀		1. 10	

1-15. 행사 시나리오 사례

시간	항목	내용	무대	음향	조명	담당자
14:45 ~14:58	식전	○ 안녕하십니까? 오늘 진행을 맡은 ○○○입니다. ○ 우선, 오늘 행사에 대해 간략하게 말씀드리겠습니다. ~ ○ 행사 중 협조사항을 말씀드리겠습니다. ~				홍길동
14:58 ~14:59	VIP 도착안내	○ 잠시 후, 지식경제부 ○○ 차관님 일행이 도착할 예정 ~ ※ 차관 일행 행사장으로 이동 연락 (a) ※ 사회자에게 차관 일행 도착신호 (b)				강감찬
14:59 ~15:00	차관 입장 및 개회안내	○ 지식경제부 ○○ 차관님과 ○○ 사장님께서 입장하십니다. 큰 박수로 환영해주시기 바랍니다. (VIP 착석 확인 후) ○ 꿈이 시작되고 미래가 완성되는 곳, 중앙연구원에 오신 여러분을 환영합니다. ~				
15:00 ~15:05	국민의례	○ 그럼 식순에 따라 국민의례가 있으니 모든 분들은 ~ ○ 일동 국기에 대한 경례 ※ 국기에 경례 효과 노출과, 맹세문 등 음향 송출 ○ 다음은 애국가 제창입니다. 애국가는 1절만 부르겠습니다. ○ 다음은 순국선열과 호국영령과 순직 직원에 대한 묵념이 있겠습니다.		경례 음악 애국가 묵념 음악		고규려
15:05 ~15:10	내빈소개	○ 다음은 행사에 참석해주신 내외빈을 소개하겠습니다. 내외빈 소개 시 큰 박수로 환영 해주시기 바랍니다. ※ 화면에 소개 내빈 모습 노출				

시간	항목	내용	무대	음향	조명	담당자
15:10 ~ 15:15	개회사	○ 다음은 행사 주관 기관인 ○○사 ○○ 사장님께서 개회사를 ※ 개회사가 연단에 있는지 사전확인 ※ 도우미(A)가 좌측연단으로 인내-개회사-도우미(A) 안내로 좌석에 착석 ※ 도우미(B)가 개회사를 회수하고 격려사를 연단에 올려놓음				홍길동
15:15 ~ 15:20	격려사					강감찬
15:20 ~ 15:30	안전강화 경과보고		보고자료			
15:30 ~ 15:45	안전비전 선포		동영상 비행체	에어샷		고구려
15:45 ~ 16:00	안전 결의 다짐대회		결의 다짐 선언문	음악		
16:00 ~ 16:05	R&D 통합보고		보고자료			
16:05 ~ 16:20	개원 및 비전선포		LED화면 현수막 에어샷	음악 축포	○	

시간	항목	내용	무대	음향	조명	담당자
16:05 ~16:20	개회 및 비전선포	○ 이것으로 중앙연구원 개원식을 모두 마치고 짧은 퍼포먼스가 있겠습니다. ○ 사전에 안내를 받으신 주요 내빈께서는 축하공연이 끝나는 대로 현판식장으로 이동해주시기 바랍니다. ○ 현판식에 참여하지 않는 분들은 댄스 불같하다라고 20분 정도 현장의 중계방송을 지켜봐주시기 바랍니다. ※ 댄스도 포맨 공연: 희망의 노래 ※ 현판식과 기념식수 행사 생중계 ※ 원장이 주요 귀빈들 현판식장으로 안내	공연		○	
16:20 ~16:25	폐회	○ 이것으로 원전안전 결의대회 및 중앙연구원 개원식을 모두 마치겠습니다. 17시부터는 이웃 대강당에서 OO 교수님을 모시고 ~라는 주제로 한 특강이 있으니 많이 참석해주시기 바랍니다.				강감찬

1-16. 행사 분야별 진행요원 역할 및 시나리오 예시

【해외 귀빈 영접】

□ 기본 방향: 해외 참가자 직책과 신분에 상응하는 적절한 예우로 입국 편의 도모 및 환영 분위기 조성

일시	장소	역할 및 시나리오	담당자	책임자
3/20 14:30~17:30	인천공항 (16:35, KE094)	○ 공항 인솔 담당자 사전연락, 비상연락망 배부 등 ○ 방문증 작성, 임시 출입증 수령 ○ 영접관, 의전 전문관 브릿지 영접 ○ 준비 사무국과 호텔 영접 담당자에게 연락	영접관 의전전문관	
3/20 17:30~19:00	호텔 영접	○ 비상연락망, 꽃다발 준비 확인 ○ 차량 도착 시 영접 및 본인 소개 ○ 객실 안내 및 행사 안내	자원봉사자	
3/21 14:00~16:20	인천공항 (15:20, UA893)		영접관 의전전문관	
3/21 17:00~18:30	호텔 영접		자원봉사자	
3/21 15:00~17:30	인천공항			
~				

【귀빈 의전】

□ 기본 방향: 주요 귀빈들에게 합리적 동선 확보와 의전으로 불편사항 최소화, 1:1 의전으로 만족도 제고

일시	장소	역할 및 시나리오	담당자	책임자
3/22 16:40~16:50	-	○ 이동(집무실→리셉션장) - 대상: CEO, ○ 장소, 동선, 현장대기 확인		
16:50~17:00	아이리스 앞	○ 환영인사 - 주관사 - 국내 관련기관		
17:00~17:40	아이리스	○ 리셉션		

일시	장소	역할 및 시나리오	담당자	책임자
17:40~17:55	아젤리아	○ 엑셀론 사와 MOU 체결		
18:00~19:50	트리스탈 제이드	○ 주요 기관장 만찬		
~				

【진행요원 점검】

□ 기본 방향: 행사 진행요원 별 담당 분야 지정 및 명확한 역할분담으로 원활한 행사 진행

일시	장소	역할 및 시나리오	담당자	책임자
3/19 3/21 3/22 3/23	– – 유선 행사장	○ 사회자(○○○ 아나운서) - 메인MC 재확인 및 사니리오 전달 - 사회자 수정 시나리오 입수 - 행사 진행 시나리오 유선 리허설 - 현장 리허설		
		○ 통역자		
		○ 오찬 공연팀		
		○ 회의 시스템 운영팀		
		○ 진행요원(사무국/행사 대행사)		
		○ 진행요원(자원봉사자/행사도우미)		
		○ 호텔 관계자		

【리셉션 및 업무만찬】, 【CEO 현장점검】, 【네트워킹 조찬】, 【등록】, 【사진 촬영】, 【부대시설 운영】, 【오찬 연회】, 【전시장 운영】, 【수송】, 【경호/통제】, 【메인행사】, 【프레스센터 운영】, 【행사장 현장 확인】, 【기자회견 시나리오】, 【총리주재 만찬】, 【배우자 프로그램】, 【산업체 견학】 등도 상기와 유사

1-17. 행사 ID카드 카테고리 구분 및 명찰 형태 사례

구분	대상	하단 바 색상	목줄 색상	출입 가능 지역	기재사항	비고
PARTICIPANTS	국·내외 참가자 (일반)	Blue	Blue	Red Zone	이름, 직함, 소속	등록코드 발급자
	국·내외 참가자 (만찬 참석자)	Blue	Blue	Red Zone		
ORGANIZING OFFICE	조직위원회 (주관사), PCO	Brown	Blue	Red Zone	이름, 소속	
STAFF	진행요원, 자원봉사자, 협력업체	Green	Blue	Red Zone	STAFF	경찰 포함
PRESS	Pool 기자단	Orange	Blue	Red Zone	이름, 소속	
	사진 기자	Orange	Blue	Red Zone		근접 10명 완장 지급
	펜 기자	Orange	Yellow	Yellow Zone		
ACCOMPANYING PERSON	참가자의 동반자	Yellow	Yellow	Yellow Zone	이름, 소속	Tech Tour 신청자 포함
SECURITY	경호 인력 (경찰, 자체 인력)	Black	Yellow	Yellow Zone	SECURITY	

〈 출입승인증 〉

〈 참석자 및 진행요원 명찰 〉

부록 2

국제 행사 일반

2-1. 국제 행사

2-2. 국제 회의

2-3. 국제협력 양해각서(MOU) 등

2-4. 외국인 초대(응대) 예절

2-1. 국제 행사

가. 국제 행사 개념

국제 행사는 일반적으로 외국인 10명 이상이 4시간 이상 참석하는 행사를 말한다. 국제 행사는 보통 국제 회의를 일컫는데, 스포츠 대회, 문화예술 행사 등도 국제 행사 범주에 포함하고 있다.

최근 들어 정부, 지방자치단체, 기업 등에서 다양한 국제 행사를 적극적으로 유치하고 있다. 국제 행사의 파급효과가 매우 크기 때문에 국제 행사 유치와 개최에 한국관광공사와 지자체에서 적극 지원하고 있다.

국제 행사 개최로 인한 파급효과는 ① 관광수입 증대, 관련업계의 일자리 창출, 지방정부의 세수 증대 ② 독특한 지역문화의 창출에 따른 지역의 이미지 개선 ③ 주관 기관 및 제품과 기술 홍보 ④ 국제도시로의 발전 가능성, ⑤ 지역주민들의 응집력, 추진력 등 자치단체 전체의 역량 강화 등을 꼽을 수 있다. 다만 면밀한 검토가 부족한 국제 행사의 경우 부실한 운영과 세금의 낭비를 초래할 수 있고, 일회성 행사로 전락하거나 기관장의 전시 행정으로 끝날 수도 있다.

나. 종류

1) 국제 회의

국제 행사의 주류를 이루는 국제 회의는 다음과 같다.

○ 광범위한 또는 특정 문제에 대한 일반 토의를 위한 토론장(Forum)으로서의 역할을 하는 회의
○ 각국 정부 또는 국제 기구에 대한 비구속적 권고를 행하는 회의
○ 각국 정부에 구속력 있는 결정을 행하는 회의
○ 정부 간 기구의 사무국 또는 각국 정부의 재정적 지원을 받고 있는 사업 계획에 대하여 지도 또는 지시의 결정을 내리는 회의
○ 조약문 또는 기타 정식 국제 문서 작성, 채택을 위한 회의
○ 국제적 사업에 대한 자발적 분담금 보증회의

2) 기타 국제 행사

기타 국제 행사는 학술연구 대회, 스포츠 대회, 문화예술 행사가 있는데, 학술 대회는 각 전문

분야의 학문적 연구결과를 발표, 토론하는 국제 대회, 세미나, 심포지엄 등을 말하며, 스포츠 대회는 대한체육회 소속 각 경기 연맹이나 협회에서 개최하는 국제 경기 대회이고, 문화예술 행사는 국제기구 공인 전시회, 신제품 개발 전시 및 홍보를 위한 국제 행사를 말한다.

다. 국제 행사 단계

1) 유치 단계

○ 유치 가능 행사 발굴 및 제안

○ 유치 제안서 및 프리젠테이션 관련물 제작

○ 유치 관련 행사 기획 및 진행

○ 현장 실사단 대응

2) 행사 기획 단계

○ 기초예산 수립 및 후원 등 예산확보 방안 수립, 수익관리

○ 개최 장소 비교, 제안 및 선정

○ 준비조직 구성(안) 관련 인사 섭외

○ 주제 및 프로그램 개발, 콘텐츠 기획 및 주요 연사 제안·섭외

○ 전시, 연회, 문화 행사, 이벤트, 산업시찰, 관광 등 부대 행사 프로그램 기획

○ 본부 사무국과의 커뮤니케이션 및 협상 진행

○ 참가자 DB 구축 및 초청, 유치 및 마케팅 활동 일체

○ 후원사 발굴 및 유치 활동 지원

○ 국내외 홍보 및 마케팅 기획 및 관련물 제작 등

3) 행사 준비 및 개최 단계

○ 등록·숙박·영접·의전 등 운영

○ 개최지 환경조성 및 관리

○ 각 행사장 실내외 환경조성 및 시스템 설치 및 운영

○ 각종 인쇄·제작물 제작 및 관리

○ 자원봉사자, 운영요원 선발 및 운영 등 인적자원 및 소요물자 일체 조달 및 관리

○ 시위, 전염병 등 비상사태 대응 방안 수립 등

4) 행사 사후 단계

○ 정산 및 결과 보고서 작성 및 배포

○ 참가자 만족도 조사 및 참가자 사후관리

○ 개회 효과 분석 등

라. 국제 행사 준비사항

○ 세부일정 확정 및 내빈 등 주요 인사 관련자료 입수

○ 세부 계획서 작성

 - 호텔 및 식당, 회의장 등 예약 확인

 - 공항, 역 등 도착 및 출발 지점에서는 내빈보다는 한 단계 낮은 직위자가, 기관장은 집무
   실 내외에서 영접 또는 환송하는 것이 원칙. 다만 내빈의 직위 및 방문 목적에 따라 기관
   장이 직접 공항, 역 등에서 영접하는 경우도 있음

 - 행사 참여 운전자에게 행사 일정, 계획 등 필요한 사항을 미리 알림

 - 방문자 개개인(수행원 포함)에게 그 지역의 지도, 행사 일정, 숙소배치, 관련자 전화번호가
   포함된 일정표 배부

 - 내빈의 수행원에게도 같은 건물에 숙소를 제공하고, 그렇지 못한 경우는 인근 지역에 숙
   소를 정한 후 교통편 마련

 - 방문, 예방, 식사에 충분한 시간 배정

 - 필요 시 내빈 배우자의 일정에 대해서 별도의 계획 작성

 - 고적답사, 현장시찰 등 야외 일정 계획 시 날씨에 유의하여 미리 우산을 준비하거나, 행사
   진행이 곤란할 경우를 대비한 예비 일정 마련

○ 행사 물품: 국기, 차량기 등 각종 자료수집

○ 차량: 차량 점검, 운전자 교육, 차량 표시, 차량 배치(예비차량 포함) 등

○ 숙소: 방 배치, 직통 전화번호, 필요 시 꽃, 과일 바구니 준비

○ 선물: 증정 대상 및 품목 결정

○ 리셉션: 진행절차 및 대기실, 음향, 주차장, 초청장 등

○ 오·만찬: 장소 예약, 절차, 초청장 발송 및 참석자 확인, 주차장, 안내원 배치, 메뉴, 연설문,

통역, 복장, 음악, 명패, 좌석 배치 등

※ 외빈의 종교 등을 고려하여 메뉴 선정

○ 공항 영접 및 환송

- 출영 인사 결정 및 외빈 도착(출발) 일시 안내

- 군악대, 꽃다발 증정 등 환영 행사 준비(필요 시)

- 출입국 수속 시 통관 편의 협조 요청(공항 출입국관리사무소 및 공항 세관)

○ 면담장 영접

- 방문 인사의 직급을 고려하여 팀장 등 적절한 직급자가 현관에서 영접

- 방문단 도착 10분 전에 미리 연락하도록 협조 요청하여 적절한 시점에 영접 가능하도록 준비

○ 자리 배치

- 참석 인원이 5~7명인 경우 원형으로, 9~10명인 경우 장방형으로, 12명 이상인 경우에는 U형으로 좌석 배치

- 외국인이 많이 참석하는 경우, 국제 회의일 때는 국명 또는 성명의 영어 알파벳 순으로 배치

- 상대 측을 상석으로 배치

※ 편의상 통역을 호스트나 주빈 바로 옆자리에 배치하기도 함

○ 명패

- 명패 앞뒤를 다른 언어로 제작하여 상호 호칭 시 편리 도모

- 착석 시 보는 사람의 시선을 고려하여 명패 배치

○ 선물 증정

- 선물은 면담 종료 시점에 자연스럽게 교환

- 대부분의 방문자가 선물을 준비하므로 적정한 수준의 선물을 사전에 준비(인솔, 통역자 및 대사관과 예방자의 선물 준비 여부 등 사전협의)

마. 국제 행사 심사 기준(예시)

1) 필요성 기준

○ 행사 목적의 공익성 및 실현 가능성

① 행사 개최 목적이 국익·공익에 얼마나 도움이 되는지

② 행사의 프로그램을 통해서 개최 목적을 달성할 수 있는지

③ 국제 행사를 개최해야만 행사 목적을 달성할 수 있는지

④ 위원회가 과거 동일·유사한 행사에 대하여 심의한 결과가 있는지

○ 행사 주관기관, 개최지 등 선정의 적정성

⑤ 행사 주관 기관이 당해 행사와 역사적, 문화적, 지리적 연계를 가지고 있고, 행사 개최 장소에의 접근성이 확보되었는지

⑥ 행사 주관 기관이 과거부터 국내 행사로서 당해 동종 행사를 개최하여 소기의 성과를 거두었는지

⑦ 행사 주관 기관이 당해 행사를 주관해야 하는 이유는 무엇인지

⑧ 당해 행사의 과거 실적 및 향후 정기적인 행사로의 전환 계획이 있는지

⑨ 행사 주관 기관이 규정위반 등으로 현재 지원 대상에서 배제되고 있는지

⑩ 국제 행사의 명칭이 국제박람회기구(BIE) 협약에 위반되지 않는지

○ 당해 국제 행사의 시의성 및 지역주민 여론

⑪ 행사 계획 제출 시점을 기준으로 최근 2년 이내 국내 및 중국, 일본 등 인근 국가에서 유사 목적으로 가진 유사 프로그램의 행사를 개최한 적이 없는지

⑫ 당해 행사 미 개최 시 동종 유사 행사를 개최해야 할 시급성이 있는지

⑬ 유사한 행사가 동일 또는 유사 시기에 개최되어 중복되지 않는지

⑭ 유사하거나 관련 있는 행사와 통합하여 개최하는 것이 더욱 효과적인지 아닌지

⑮ 지역주민 및 당해 행사 이해관계 집단(학계, 체육계 등)이 행사 개최를 얼마나 희망하고 있는지

2) 적정성 기준

○ 유치 계획의 타당성 및 실현 가능성

① 외국인 유치 계획이 구체적인 근거 하에서 수립되었는지

② 예상되는 외국인 참석자의 구체적인 내역이 제시되어 있는지

③ 행사 예상 참석자(공식 초청자, 관람객 등 포함)의 5% 이상 외국인 유치가 가능한지

④ 해외 홍보 대책이 적정하게 수립되었는지

○ 당해 국제 행사 규모의 적정성 및 경제성

⑤ 행사의 규모 범위가 행사 개최 목적에 비추어 적정한지

⑥ 행사와 연관된 직접비용으로서 최소한으로 편성되었는지

⑦ 투입 비용에 상응한 효과가 발생하는지

○ 소요경비 책정의 적정성

⑧ 경비지출 항목, 규모 등 지출 계획이 행사 목적 달성에 맞춰 적정하게 편성되었는지

⑨ 유사 행사에 대한 국고 지원 규모와 형평성은 유지되는지

⑩ 초청경비, 연회비 등 섭외성 경비가 과다 책정된 건 아닌지

○ 재원 조달 계획의 적정성

⑪ 행사 비용의 규모가 행사 주관기관의 투자 사업비 규모에 비하여 적정한 수준으로 편성되었는지

⑫ 국고 지원 외에 자체예산, 수익금 등으로 충당할 수 있는 최대치는 반영되었는지

⑬ 국비 지원이 불가피한 사유가 무엇인지

⑭ 향후 예상되는 행사 수익금의 활용 방안은 무엇인지

⑮ 행사 수익금으로 국고 지원을 대체할 수 없는지

○ 기존 시설물 및 잔존 시설물 활용도

⑯ 기존 시설물을 최대한 활용하는지

⑰ 신규 시설물의 건설이 반드시 필요한지

⑱ 잔존 시설물 활용 계획이 구체적으로 적정하게 수립되었는지

⑲ 잔존 시설물을 활용할 경우 향후 수익성이 있는지

바. 성공적 국제 행사를 위한 요소

1) 주제 설정

○ 주관 기관의 장점, 단점, 기회 요소, 위협 요소 등을 감안한 분석

○ 유사 행사의 경쟁력 개최를 피하고, 해당 기관과 주민이 절박하게 희구되는 바와 지역의 특성이 반영된 주제

2) 행사 전개방법 결정

○ 행사를 통해 얻으려는 목적이 무엇이냐에 따라 전시회, 박람회, 음악회, 강연회, 거리축제, 스포츠 행사 등의 형식을 결정

3) 스태프(Staff)의 구성

○ 분야별 적정 인원을 합리적 근거에 의해 산출해놓고, 각 요원 선발 시 적절한 인사인지 신중을 기함

○ 일반 업무를 담당하는 직원들의 파견보다는, 분야별 전문가들의 영입이 필요

4) 개최 시기와 장소 결정

○ 연례행사의 경우 매년 같은 기간을 정하여 지속적으로 홍보

○ 대중교통 수단 등 교통 접근성을 고려하여 행사장과 주차장이 용이하게 연결되도록 장소 선정

5) 운영 계획

○ 설치물, 인재파견, 인쇄물 제작, 조명, 영상, 음향, 특수효과, 안전관리 등의 분야에서 솜씨와 신용도를 인정받은 행사 대행사(PCO) 선정

○ 행사장 전체를 계획하고 이끌어갈 연출자와 출연진 선정

○ 무대장치, 홍보자료, 안내서, 안내 표시물 등 각종 제작물을 발주하고 물량과 공급 스케줄, 비용 등을 점검

○ 실행팀을 구성하여 각 역할의 필요 시점과 기간 등에 관해 면밀한 계획으로 인건비 부담 감소

○ 안전사고 대비

○ 도우미(진행요원, 자원봉사자 등) 교육

사. 국제 행사 유치 시 고려사항

○ 국제협약 또는 국제기구 회원국 간의 전례적인 국제 행사로서, 우리에게 개최 의무가 있는 행사는 국제협약, 국제관계규정 등의 범위 내에서 개최

○ 지역 간 공동이익 추구 또는 현안과제 해결을 우한 국제 협력회의 각 전문분야의 학술연구 대회는 지역적인 실익과 부수 효과, 초청 대상국 및 초청 대상 인사의 전문지식, 기술, 정보 수준 등을 면밀히 검토한 후 지역적 또는 기관의 이익을 고려하여 유치

○ 스포츠, 문화예술 행사 등 주로 국제 친선도모를 목적으로 한 국제 행사는 국제 관례 또는 상호주의 원칙에 따라 국가 간 우호관계를 해치지 않는 범위 내에서 유치

○ 관광, 전시회 등 수익성 행사는 면밀한 비용효과 분석을 통하여 충분히 경제적 가치가 있다

고 판단될 경우에 유치

○ 국내 개최 국제 행사에 참가하는 모든 외국 인사에 대한 경비부담은 국제협약, 국제관계규
정, 국제관례, 상호주의 원칙 등을 적용하되, 이와 같은 규정 및 원칙이 없는 경우에는 원칙
적으로 참가자로부터 회비 등을 납부받음으로써 참가 외국 인사의 항공료, 체제비 등을 우
리 측에서 부담하는 일이 없도록 하며, 국가적으로 특별한 목적이나 이익이 있는 경우에는
사안별로 예외를 인정한다. 초청 인사를 위한 연회는 생략하거나 1회로 제한하고, 선물이나
기념품 제공은 원칙적으로 금지한다.

2-2. 국제 회의

※ 「국제 회의 개최 지침서(서울컨벤션서비스)」 준용

가. 회의 성격별 분류

1) 회의 성격별 분류

○ 컨벤션(Convention): 회의 분야에서 가장 일반적으로 사용하는 용어 정보전달을 주목적으로 하는 정기 집회에 많이 사용

○ 컨퍼런스(Conference): 컨벤션과 같은 의미. 유럽에서는 Congress가 보다 일반적으로 사용.

○ 포럼(Forum): 한 가지 주제에 대해 상반된 견해를 가진 동일 분야의 전문가들이 청중 앞에서 벌이는 공개 토론회. 청중이 질의에 참여, 사회자가 의견 종합

○ 심포지엄(Symposium): 제시 안건에 대해 전문가들이 청중 앞에서 벌이는 공개 토론회. 포럼에 비해 다소의 형식을 갖추며 청중의 질의 기회가 적음

○ Panel discussion: 2~8명의 연사가 사회자의 주도 하에 서로 다른 분야에서의 전문가적 견해를 발표하는 공개 토론회. 청중도 개인 의견 발표 가능

○ 세미나(Seminar): 주로 교육 목적을 띤 회의로서 참가자 중 한 사람의 주도 하에 특정 분야에 대한 각자의 지식이나 경험을 발표 토의하는 회의

○ 워크숍(Workshop): 총회의 일부로 조직되는 훈련 목적의 회의. 특정 문제나 과제에 관한 새로운 지식, 기술, 통찰 방법 등을 서로 교환

2) 회의 유형별 분류

○ 총회(General Session): 총회는 참가자 전원이 참석하는 회의이다. 개회식이나 폐회식에서 사용되며, 구성원 모두가 관심 있는 발표 때에도 사용된다.

○ 분과회의(Breakout Session): 총회보다는 작은 그룹을 위한 회의이다. 그리고 좀 더 전문화된 발표 때도 사용된다. 대부분의 대규모 행사는 총회와 분과회의를 복합하여 사용한다.

<u>나. 국제 회의 분류</u>

1) 분류의 기준

- ○ 회의 조직의 주체(Who are organizing the meeting?)
- ○ 회의 참가자의 직급(Who are participating in the meeting?)
- ○ 회의의 목적(What are the major objectives of the meeting?)
- ○ 회의의 소집 간격 및 크기(How open is the meeting held what is its size?)

2) 주체에 따른 분류

- ○ 정부 회의(Government Meeting) 예) UN
- ○ 반관반민 회의(Quasi-Government Meeting) 예) ISO
- ○ 비정부 간 회의(Non-Government Meeting) 예) YMCA

3) 참가자 직급에 따른 분류

- ○ 정상 회의(Summit Meeting)
- ○ 각료 회의(Ministerial Meeting)
- ○ 고급간부 회의(Senior Officials Meeting)
- ○ 실무자 회의(Expert or Working Group Meeting)

4) 목적에 따른 분류

- ○ 토론 회의(Deliberative Meeting)
- ○ 입법 회의(Legislative Meeting)
- ○ 비공식 회의(Informal Meeting)

5) 소집 간격 및 크기에 따른 분류

- ○ 빈도: 정기 회의, 특별 회의, 연례 회의, 속개 회의, 분과 회의
- ○ 크기: 대중 회의, 이사회 회의, 위원회 회의

다. 국제 회의 기획 요소

- 왜 회의를 개최하려고 하는가?
- 그 회의에서 무엇을 성취하고자 하나?
- 주제(Theme)는 무엇으로 할 것인가?
- 어떤 분야의 어떤 주제를 다룰 것인가?
- 회의는 어떻게 구성할 것인가?
- 누가 참가할 것인가?
- 언제 개최할 것인가?
- 회의 기간을 얼마나 할 것인가?
- 회의 장소는 어디로 할 것인가?
- 회의 비용은 얼마나 소요될 것이며, 어떻게 확보할 것인가?

라. 단계별 추진 업무(Meeting Planner 입장에서)

1) 회의기획 단계

- 사무국 구성 및 Staff 배치
- 회의 개최 계획서 작성
- 세부 추진 계획서 작성
- 소요예산 편성
- 회의 주요 Program 결정
- 예상 참가자 Data 관리
- 회의장 및 숙박호텔 선정
- 초청연사 섭외 및 연제 구성

2) 회의준비 단계

- 포스터 및 1차 안내서 제작, 발송
- 각 분과별 업무 매뉴얼 작성
- 회의 일정 및 세부 프로그램 구성
- 초청연사 및 연제 확정
- 회의 2차 안내서 제작, 발송(각종 양식 포함)
- 후원기관 및 서비스 업체 선정

○ 각종 사교 행사 장소선정 및 여흥 프로그램 기획

○ 사전등록자 데이터 관리

○ Abstract 접수 및 분류

○ 예비 프로그램 작성

○ 회의장 배치안 확정

○ 분과별 세부 업무 추진

3) 준비완료 단계

○ 최종 프로그램 확정 및 제작

○ 사전등록 및 호텔 예약 마감

○ 등록 확인서 발송

○ 회의장 제반 시설 점검

○ 각종 사교 행사장 점검

○ 회의 소요물품 제작

○ 행사 진행요원 확보

○ 사전등록자 데이터 관리

○ 유관기관 업무협조 확정

○ 각종 인쇄물 및 제작물 제작 완료

○ 언론 홍보

4) 현장진행 및 사후처리 단계

○ 최종 리허설

○ 사무국 이전

○ 기자회견

○ 회의 진행 및 운영

○ 재무결산

○ 회의 결과 보고서 제작

○ 회의 참가자 감사편지 발송

○ 총 평가회 개최

마. 회의 목표 설정

목표는 최종적인 도착지 혹은 나아갈 방향을 제시해주는 행동이라고 정의할 수 있다. 따라서 목표는 행사의 위치 선정에서부터 프로그램을 짜기까지, 전반적으로 행사가 나아갈 방향을 제시한다고 할 수 있다.

목표는 프로그램을 기획하는 데 기본이 되는 요소이다. 그렇기 때문에 이를 효과적이고 명확하게 제시해줄 수 있는 참가자에 대한 정보를 수집하는 것이 중요하다. 어떤 사람들이 참가할 것인가, 그리고 참가자에 대한 자료를 분석하는 것이 목표를 잡는 데 우선적으로 해야 할 일이다. '이 회의의 결과로 무엇을 성취해야 할 것인가?'를 항상 물어보도록 하라.

1) 자료의 분석

과거에 참가했던 참가자들이나 예상되는 참가자들에 대한 통계(demographic), 또는 기타 정보를 수집하는 것이 회의 목표를 설정하는 데 중요하다. 회의 기획가는 참가자들이 회의에 왜 참가하는지 하는 이유와 참가가 예상되는 단체나 기업, 협회에 대한 분석이 필요하다. 이런 조직체들의 '핵심 사항'을 놓치지 않아야 회원들의 전문적인 욕구를 만족시킬 수 있다.

자료의 분석은 회의 목표에 접근할 수 있는 1차적인 방법을 알려준다. 자료 분석을 할 때 반드시 파악해야 할 사항은 다음과 같다.

○ 회의 참가자의 참가 동기가 자율적인가, 아니면 강제적인가?
○ 누가 회의 참가비용을 부담하는가?
○ 참가자들의 전문화를 위해 평생교육(continuing education)은 필요한가?
○ 교류의 기회가 얼마나 중요한가?
○ 기타 참석자 통계(Demographic Data)

2) 자료 수집

회의에 참가할 예상 참가자들과 개별적으로 인터뷰하는 것은 정보를 제공받을 수 있는 가장 좋은 수단이다. 무작위로 선출한 표본 집단과의 인터뷰를 통해 어떻게 회의를 운영해야 할지를 결정할 수 있다.

무작위로 선택된 표본은 회의 기획가가 내놓은 새로운 프로그램의 적절성을 평가할 수 있고, 과거 회의의 성공 여부를 측정할 수 있는 기준이 될 수 있으며, 과거에 진행되어온 회의가 시대에 부응해왔는지를 재평가할 수 있다.

참가자에 대한 정보를 수집하고 분석하는 것은 중요하며, 일회성으로 끝나서는 안 된다. 참가자들이 원하는 사항이 무엇인지를 알아내는 작업은 지속적으로 이루어져야 하고, 각각의 작업은 정해진 계획에 의해 이루어져야 한다.

일단 참가자에 대한 모든 정보가 파악되면, 회의의 목표를 설정할 수 있다. 명확한 회의 목표는 의사결정의 기초가 된다. 비록 기획 초기 단계에서 자료조사를 하고 회의 목표를 결정하는 데 시간과 노력이 많이 들었지만, 회의 날짜가 가까워짐에 따라 설정된 목표에 의해 오히려 기획 시간을 많이 단축시켜준다는 것을 알 수 있게 된다.

3) 회의 목표

프로그램을 기획하는 데 가장 기본이 되는 목표는 그것을 설정할 때 명확한 문장으로 나타낼 수 있도록 신중을 기해야 한다. PLAN이라는 약어는 회의의 목표가 잘 설정되었는지 평가할 수 있는 기준이 된다.

○ Possible(가능성)

○ Listed in Writing(문장성)

○ Assessable(평가성)

○ Numerical(수치성)

목표가 가능성이 있어야 한다는 항목은 좀 이상할 것이다. 그러나 많은 회의 기획가들이 목표를 너무 낙관적으로 설정하는 경우가 많다. 예를 들면, 예상 참가자 수를 지나치게 많이 설정하기도 한다. 이것은 발표 기법을 선택하고 기타 회의 기능을 기획하는 데 영향을 줄 수 있다.

목표가 문장성을 갖추어야 한다는 것은 단순히 문장화한다는 의미로 여겨질 수 있다. 그러나 회의 기획가가 그들의 목표를 말로 설명하라고 했을 때, 모호하고 형식적인 말로-예를 들면 "우리는 회의를 성공적으로 치를 것입니다", 혹은 "우리는 무엇인가를 배우고자 합니다"라는-넘어가는 경우가 보통이다. 목표가 문장성을 갖출 때 비로소 형식적이고 설득력이 있게 된다.

목표가 접근성을 가지려면 측정 가능해야 한다. 즉 다시 말해 결과를 평가할 수 있는 어떤 방법이 있어야 한다. 앞의 문장은 정확히 말하면 접근성이 떨어지는 문장이다. '어떤'이라는 애매한 말에 대해 설명이 없기 때문이다. 따라서 목표가 접근성이 있으려면, 측정할 수 있는 수치적인 표현으로 나타내야 한다. 'good'이라고 표현한다면, 그것은 "회의 평가의 80%가 'good'과 'excellent'일 때를 말한다" 하는 기준이 있어야 한다는 것이다. 이와 같은 PLAN 방법을 사용한다면, 목표가 더 효과적으로 표현될 수 있다. 이 방법은 어떤 분야의 전문 영역이든, 개인적인 활동이든, 혹은 어떤 형태의 회의 운영에 대해서도 목표를 설정하고자 할 수 있다.

결론적으로, 회의 목표는 회의 전체의 방향을 결정한다. 만일 회의 기획가가 회의 목표를 세우지 않았다면, 회의의 운영 책임이 있는 위원회나 개인이 그 필요성에 대해 강조해야 한다. 만일 회의 기획에 관여된 단체가 회의의 목표에 의견을 달리하면, 자원봉사자나 직원들이 하나로 통합하지 못하게 된다. 회의 기획가가 회의 목표를 만들기 위한 정보의 수집에 시간을 들인다면, 성공적인 회의를 이루기 위해 첫 번째 발을 내딛는 것이다.

바. 회의 프로그램 착안 사항

○ 본 회의/학술 회의

○ 관련 회의

○ 이사회

○ 임시/특별 회의

○ 원탁 회의

○ 보고

○ 교육

○ 전시회

○ 사교 행사

○ 시찰, 관광여행

○ 동반자 프로그램

사. 국제 회의 준비 체크리스트

시기	업무명	착안 사항
개최지 결정 직후	- 조직위원회 구성	- 임무 및 본부와 회의 개최 계약 - 회의 전반에 대한 준비 - 분과위원회 구성
3년 전	- 개최 일자 및 장소 확정 - 필요계약 체결	- 국제기구의 담당자 현지답사 - 객실 블록 및 요금 협상 - 회의실 가계약
2년 진	- 홍보 계획 수립 - 객실, 회의설 계약 - 소요예산 책정	- 1차 홍보물 제작, 배포
1년 전	- 회의 프로그램 확정 - 초청장, DM 발송 - 최종 예산 확정 - 수송, 관광 등 계약 - 관련 매체 광고 - 대행업체(PCO) 계약 - 스폰서 확보	- 기조연설, 주제발표자 확정 - 회의 참가 등록서 포함 - 2차 홍보물 제작, 배포
6개월 전	- 최종 프로그램 배포 - 최종 현장답사 - 최종 예산보고, 승인 - 부대 행사 계획 확정 - 주요 인사 확인	- 등록서 포함 - 수송, 관광, 사교 행사 등 - 기조연설, 주제발표자 등 점검, 계약 등
5개월 전	- 회의장 사용 계획 확정 - 등록 접수 - 객실 블록 해제	- 등록확인서 송부
3개월 전	- 인력사용 계획 확정 - 행사용품, 원고 인쇄 - 기념품 제작 - 시뮬레이션 실시 - 행사 매뉴얼 배포 - 등록확인서 송부	
1개월 전	- 초청인사 항공권 송부 - 현장 스텝 등 교육 - 객실 블록 최종 해제	- 본부 사무국 요원 포함 - 임시 고용원 업무분장 및 계약
1~2주 전	- 행사용품 제작, 입고 - 최종계획 및 계약	- 참석자 명부, 등록 서류, 현수막 등 - 종사원 업무분장 및 현장 교육

아. 국제 회의 진행규칙과 토론 예법

1) 의사 진행규칙의 기본

- 한 개 의제씩 토론
- 참석자는 한사람씩 발언
- 동일한 제안에 대해서 반복 토론 불허
- 의사결정 정족수 필요
- 불참한 사람의 권리도 보호
- 사안의 중요도에 따라 의결 정족수가 다름

  ※ 다수결(majority vote), 3분의 2 찬성(two-third vote) 및 합의제(consensus) 등

- 침묵은 동의의 표시
- 모든 회의 참가자는 동등
- 제안의 우선순위 존재

2) 의사 진행규칙 필요성

- 회의 진행의 정확성
- 시간절약
- 질서유지
- 일관성 유지
- 공정한 회의 운영

3) 토론 예법

- 토론 의제에 집중
- 참석자의 선의, 동기 비판 자제
- 모든 발언은 의장을 통해 수행
- 상대방 또는 다른 참석자의 이름을 직접 거명 자제
- 의장(사회자)의 중립 보장

4) 회의 참가자의 권리

- 회의 참석
- 제안제출 및 토론참여
- 투표

○ 의장 등 집행부 진출

○ 집행부 지명

5) 회의 참가자의 의무

○ 회의규칙 복종

○ 회의체, 협의체의 목적 달성 공헌

○ 회의 참석

○ 회의규칙의 집행

○ 부여된 의무 이행

자. 국제 회의 주요 표현

○ 기권(Abstain): 특정 의제에 대한 의사결정을 내리는 투표 시, 찬반 어느 편에도 참여하지 않고 중립을 지키겠다는 표현

○ 산회(Adjourn): 회의 도중 별도의 협상이나 휴식을 위해 회의를 잠시 중단하는 표현

○ 의제(Agenda): 회의에서 다루고자 하는 세부 안건 또는 순서

○ 수정(Amend): 제안의 내용에 대해 단어를 추가하거나 삭제, 대체함으로써 변화를 가하는 표현

○ 개회(Call to Order): 회의의 공식 개시

○ 의장(Chair): 회의 진행을 총괄하는 책임자로서, 흔히 President라고도 표현

○ 전원 합의(Consensus): 특정 제안에 대해 반대가 없고 참석자 전원이 찬성하는 합의, 침묵할 경우에도 전원 합의가 이루어진 것으로 간주

○ 발언권(Floor): 의장의 허가를 받아 발언할 수 있는 권리

○ 과반수(Majority): 회의 참석자 총수의 절반이 넘는 숫자로서, 회의 의사결정은 과반수 투표가 기본원칙

○ 의사록(Minutes): 회의의 토의 내용, 결정사항을 기록한 문서

○ 제안(Motion): 회의 시 특정 의제에 대한 결정을 내리기 위해 참석자들로부터 제기되는 문안(Proposal) 또는 언급

○ 투표 회부(Put the vote): 특정 의제에 대한 토의 후 결정을 내리기 위해 투표의 개시를 알리는 선언

○ 정족수(Quorum): 회의의 성립 및 의결 조건을 충족시키는 참석자 수

○ 의사진행 규칙(Rules of Order): 국제 회의 진행에 필요한 규칙, 의장선출 방식, 제안제출 방법, 투표 절차 등의 규정

○ 재청(Second): 회의 시 제안의 제출에 대한 동의 표현

차. 국제 회의 시 주요 단계별 인쇄물

홍보 인쇄물과 다른 회의 선전용 자료의 제작을 위한 비용은 주요 예산 항목 중 하나이므로, 가능한 한 이 분야의 전문용어나 기술적인 부분에 관해 많이 배워두는 것이 유리하다. 행사에 필요한 모든 인쇄 작업을 미리 결정해둘 필요가 있다.

1) Call for Paper

조직위원회 조직 및 사무국 설치 후 즉시 예상 참가자들에게 Call for Participation 또는 Call for Paper를 발송한다. 보통 Call for Paper는 회의 목적, 주제, 일시, 장소, 조직위원 명단, 연락처 등 최소한의 정보를 담고 있으며, Return Slip이 있어 참가 여부, 논문발표 여부를 명시하여 사무국 앞으로 회신할 수 있도록 되어 있다.

2) 1st Announcement / Circular

Call for Participation 또는 Call for Paper에 대한 회신 상황을 보고 적당한 시기에 1st Announcement를 발송한다. 이 Announcement에는 조직위원장의 massage를 담고, 대체적인 회의 구성에 관한 정보를 제시한다. 여기에는 Keynote Speaker, Invited Speaker, 개략적인 Program 및 한국에 대한 소개, 또는 회의장의 장점 등을 수록하고 등록 양식, 호텔예약 양식 등을 동봉한다.

3) Guideline for Abstract 또는 Full Manuscript / Authors Kit

논문 작성 지침서는 1st Announcement와 동시 또는 그 후에 발송한다. 이 Guideline 또는 Authors Kit는 Abstract 또는 Full Manuscript 작성에 필요한 자세한 지침과 양식을 동봉하여 발송한다.

이 양식(Form)은 Camera-Ready Form이라 하여, 접수한 그대로 인쇄한다. 이때 논문의 Original Copy 및 Diskette을 요구하는 것이 관례이다. 또한 논문을 지정된 서식으로 작성된 이메일로도 접수한다.

4) 2nd Circular or Announcement

- Invitation by President

- Committee, Board Member & Congress Secretariat

- General Information
  - Theme of Congress
  - Date
  - Venue
  - Organizer
  - Sponsor

- Tentative Congress Schedule
  - Keynote Speaker
  - Invited Speaker

- Registration Fee

- Accommodation at Hotels and Cost

- Social Program

- Accompanying Persons Program

- Tour Program

- Exhibition

- Travel, Climate, Visa and Exchange Rate

- Call for Paper with Guidelines for Paper Submission

5) 3rd Announcement / Preliminary Program Book

- ○ Invitation by President

- ○ Committee, Board Member & Congress Secretariat

- ○ Congress Information

- ○ Tentative Congress Schedule
  - Keynote Speaker, Plenary Session Speaker
  - Invited Speaker with Topics

- ○ Registration Fee

- ○ Accommodation at Hotels and Cost

- ○ Social Program

- ○ Accommodation Persons Program

- ○ Tour Program

- ○ Exhibition

- ○ Travel, Climate, Visa and Exchange Rate

- ○ Guidelines for Paper Submission (3rd)

- ○ Transportation

- ○ Map of Venue

6) Final Program

- ○ Welcome Massage by President

- ○ Committee, Board Member & Congress Secretariat

- ○ Congress Information

- ○ Floor Plan

- ○ Congress Schedule
  - Keynote Speaker

　　　　- Plenary Session Speaker

　　　　- Invited Speaker with Topics and Session Room

　　　　- Scientific Session with Topics and Session Room

　　○ Social Program

　　○ Accommodation Persons Program

　　○ Tour Program

　　○ Map of Venue

　　○ General Information (Meals, Bank & Postal Services etc.)

7) Abstract Book

모든 회의에서 개최 전에 인쇄하여 등록 시 배포하며, 회의에 따라서는 Full Paper를 수록한 Proceedings도 회의 개시 전에 작성되는 예가 있고, 회의 종료 후에 Proceedings를 인쇄하여 발송하는 경우도 있다. 최근에는 이를 CD-ROM으로 제작하는 경우도 있다.

8) 기타 인쇄물

　　○ 포스터 및 각종 Sign물
　　○ 편지지, 봉투
　　○ 초청장 및 각종 쿠폰
　　○ 명찰(Name Tag)
　　○ 감사장, 참가증, 메모지 등

카. 국제 회의 홍보

회의의 성공과 실패는 대부분 기획의 질에 기인한다. 하지만 일단 회의가 조직된 후에 홍보는 회의의 중요한 요소가 된다. 홍보를 성공적으로 하기 위해서 회의 기획자는 목표로 삼는 참가자를 확인하고, 그들로 하여금 회의에 참여하도록 유도해야만 한다. 잠재적인 기업, 협회, 전시자들을 포함해서 누가 회의에 참가할지를 결정하고, 그들에게 직접 회의에 관련된 정보를 전달할 홍보 프로그램을 진행하라.

1) 홍보 방법

홍보는 시장 내에서 프로그램의 인지를 이끌어내고 참가자의 목적에 다가가기 위한 회의 목적을 달성하는 과정의 한 측면이다. 잠재 참가자 창출을 목적으로 삼는 홍보 전략에는 DM 발송, 기사나 광고, 인터넷에 띄운 정보, 판촉물 등이 있다.

아래에 홍보에 있어 몇 가지 참고로 삼을 사항들이 있다.

① 전문인들을 위한 시장을 목표로 하라.

한 가지 특정 분야에 의존하여 홍보할 목록의 범위를 작성하는 것은 한계가 있을 것이다. 전 차회의 참가자, 관련 저널 구독자, 그리고 회원들을 고려한 목록 작성이 최고의 방법이다.

② 텔레 마케팅

표본이 되는 참가자에게 초점을 맞추고 텔레 마케팅을 하는 것도 하나의 방법이다. 텔레 마케팅의 장점은 저렴한 비용과 홍보 대상자의 반응을 바로 알 수 있다는 점에 있다.

③ 팸플릿

팸플릿 작성 시 표지는 관심을 끌고 흥미를 유발시켜야 한다. 프로그램의 날짜와 주제가 잠 재 참가자들의 욕구와 부합된다면, 그들의 관심을 끌 수 있다. 팸플릿 등의 홍보 인쇄물 제작 시 고려할 사항은 다음과 같다.

- 표지 디자인과 내용이 매우 중요
- 내용을 설명할 수 있는 사진을 선택
- 사진아래에는 항상 설명을 덧붙일 것
- 상투적인 내용은 삼가라
- 중요한 점을 강조
- 진실을 말하라
- 내용을 전달할 때는 봉투를 사용
- 독자가 참가할 수 있는 기회를 줄 것
- 신뢰성을 뒷받침할 수 있는 증언들을 이용

④ 연사 선정

제공되는 프로그램에 관한 신뢰는 얼마나 훌륭한 연사가 참가하느냐에 달려 있다고 해도 과언이 아니다. 따라서 참가자 증대 측면에서 연사 선정은 신중히 고려되어야 한다.

⑤ 제목 및 내용 작성

- 행사 명칭이 중요하다. 가능하다면, 분명한 이익을 알려줄 수 있는 표제를 설정하라. 예) '어디에서 받는 혜택이 무엇이냐면~'
- 부제목을 중요하게 이용하라. 특히 이는 해마다 같은 이름으로 행해지는 연례행사나 회의를 홍보할 때 아주 요긴하게 이용된다.
- 정보를 짧게 요약하되 회의의 목적을 나타내라.
- 행사에서 가장 혜택을 입을 사람이 가진 일의 역할과 경험 수준을 설명함으로써 누가 참가해야만 하는지를 제시하라.
- 연사의 자질에 관한 정보를 제공하라. 연사를 청중에게 소개하고 연사가 언급할 것을 실어라.
- 과거 회의 참가자들의 실제 증언 내용을 사용하고, 특히 그들이 행사를 참여함으로써 얻을 수 있었던 이점을 인용하라.
- 현재형과 2인칭을 사용하라. 예를 들어, '당신은 ~에서 ~혜택을 받을 것이다'와 같은 예문을 사용하라.

2) The brochure or Direct Mail

많은 회의 기획가는 홍보 작업을 하는 데 있어 DM 발송에 중요한 비중을 둔다. DM은 팸플릿이나 편지 같은 인쇄물을 예상 참가자들에게 직접 발송하는 것이다. DM 작업 시에는 전체적인 구성, 표지, 내용, 발송 시기 등을 고려해야 한다.

3) Design

인쇄물들은 역동성 있는 짧은 문장들로 쓰이는 것이 좋고, 참가자들과 연사가 받을 혜택을 강조해야 한다. 시각적인 관심을 더하기 위해 그림과 사진, 눈에 띄는 색깔을 사용한다. 4도 인쇄가 바람직하지만, 비용이 너무 많이 들 수도 있다.

너무 많은 글자 수와 화려한 장식적인 요소, 친숙하지 않은 용어의 사용은 주의를 분산시키고 팸플릿의 내용을 읽기 어렵게 만든다. 대개 2~3종류의 글자 크기(font) 변화가 바람직하다.

5) 내용

청중의 참여를 적극 유도하기 위해 세부사항을 포함한 완벽한 정보를 제공해야 한다. 내용은 청중들에게 회의의 가치를 확신시키고 즉각적인 반응이 나오도록 해야 한다.

2-3. 국제협력 양해각서(MOU) 등

가. 정의

○ MOU(Memorandum of Understanding, 양해각서)는 당사국 사이의 외교교섭 결과 서로 양해된 내용을 확인·기록하기 위해 정식 계약 체결에 앞서 행하는 문서로 된 합의이다(『두산백과』). 현재는 국가, 국가 기관, 일반 기관, 일반 기업 사이에서도 체결하고 있다. 기업 간 정식 계약 체결 전 쌍방의 의견을 미리 조율·확인하는 상징적 차원

○ An MoU records international "commitments", but in a form and with wording which expresses an intention that it is not to be binding as a matter of international law. An MoU is used where it is considered preferable to avoid the formalities of a treaty - for example, where there are detailed provisions which change frequently or the matters dealt with are essentially of a technical or administrative character ; in matters of defence or technology where there is a need for such documents to be classified or where a treaty requires subsidiary documents to fill out the details. Like a treaty, an MoU can have a variety of names and can also be either in the form of an exchange of nots or a single document. However, the formalities which surround treaty-making do not apply to it and it is not usually published. Confusingly some treaties are called memoranda of understanding. (영국 외무성)

<MOU의 주요 특성>

Commitments	약속
Expresses an intention that it is not to be binding	법적 구속력 대신 의지 표현
Avoiding formalities of a treaty	조약 및 계약의 복잡함을 피함
May change frequently	내용의 변화가 많을 수 있음
Often deal with technical or administrative characters	업무 협약 혹은 기술적인 것에 국한한 문서일 수도 있음
Sometimes used for classified documents	기밀조약에도 쓰임

Or as a subsidiary to the treaty/contract	조약의 후속 조치를 위해 쓰기도 함
Can have various names	MOU 대신 여러 이름이 있음
Usually not published	보통은 공개·발표되지 않았으나, 요즘은 다름
Sometimes treaties/contracts use the name	조약 및 계약의 제목으로 쓰일 수 있음

나. MOU(양해각서)의 효력

○ Good faith(선의), trust(신뢰) 기반

○ MOU 서명이 많아지는 상황에서 단순히 MOU라고 해서 법적 구속력이 없다고 생각하면 위험

○ 합의 내용의 구체성, 표현의 구속력 여부 등 개별적 판단 필요
  - MOU지만 조항 내용에 권리, 의무라는 명칭을 사용했고, 손해배상 책임을 규정하고 있으면 법적 구속력 배제 조항도 없다면 계약의 성격
  - 영·미 법상의 MOU에는 반드시 법적 구속력 배제 조항(Non Legal binding Clause)이 삽입

다. MOU의 장단점

○ 장점
  - 정식 계약·조약 체결을 준비하는 가운데 협의 사항을 확인하는 수순으로 유용함
  - 싸고 빠르다. 보통 법적 자문이 덜 필요
  - 관계를 구체적인 서면으로 남길 수 있음
  - 연구기관, 공공기관, 기업 등과의 금전·재무·계약 관계가 아닌 협력 관계가 주 목적인 상황에도 유용하게 쓰임
  - 변화하는 상황 가운데 대처할 수 있는 융통성이 있음

○ 단점
  - 법적 구속력 부재(Generally)
  - 단순 정치용으로 전락 가능
  - 단순 홍보용으로 전락 가능

라. MOU와 조약/계약(Treaty/Contract)의 차이

○ 신사협정(gentleman's Agreements)

   - 정치적 합의로 국제 법정 의무를 설정하지 않지만, 도덕적인 구속력을 가짐

       예) 1942년 대서양 헌장, 1945년 얄타, 포츠담 결정

○ 조약/계약(Treaty/Contract)

   - 법적인 권리·의무 관계 창출 -헌법 제5조 1항

       예) 1954년 한미 상호방위조약

○ 신사협정 → 양해각서(MOU) → 조약/계약

○ 내용의 차이

구분	조약/계약(Treaty/Contract)	양해각서(MOU)
법적 구속력 (legally Binding)	Yes, Always	Generally no with exceptions
서명자(Signatories)	국가 수장 혹은 위임자(Head of state)	기관장 혹은 부서장(Decision maker)
용어(Terminology)	법적 언어(Legal terms)	Non-legal
위반 시 불이익(Penalty)	보상, 손해배상, 민형사상 책임	신뢰, 도덕성 손실(Generally none)
길이(Length)	Often long, covering all possible points	Often short -even a page
내용(Contents)	시간, 기한, 의무, 사법권 등 포함 (More detailed)	Simpler

○ 용어의 차이

Treaty	MOU
Treaty, Convention, agreement, Protocol	MOU, Arrangement
Articles/clause	Paragraph
Agree/Undertake	Jointly Decide
Have agreed as follows	Have reached the following understanding
Shall	Will
Being equally authoritative	Having equal validity

Treaty	MOU
Be entitled to/have the right to	May/enjoy
Bound to be (or by)	Covered by
Conditions	Provisions
Continue in force	Continue to have effect
Done	Signed
Enter into force	Come into operation
Obligation	Commitments
Parties	Participants
Preamble	Introduction
Rights	Benefits
Have the right	Be permitted to
Shall/undertake to	Will
Terms	Provisions
Undertake	Carry out

○ 조약의 주요 명칭

- 조약: 가장 격식을 따지는 것으로 정치적, 외교적 기본 관계나 지위에 관한 실질적인 합의를 기록 (예: 한·과테말라 범죄인 인도조약)

- 규약, 헌장, 규정: 주로 국제기구를 구성하거나 특정 제도를 규율하는 국제적 합의에 사용 (예: UN 헌장, 국제연맹규약)

- 협정: 비정치적인 전문적·기술적 사항에 관한 입법적 성격의 합의에 사용 (예: 한·요르단 이중과세방지협약)

- 의정서: 기본적인 문서에 대한 개정, 또는 보충적인 성격을 띠는 조약에 사용

- 교환각서: 조약의 서명 절차를 체결 주체 간의 각서 교환으로 간소화함으로써, 기술적 성격의 합의에 있어 폭주하는 행정 수요에 부응하기 위해 사용 (예: 한·칠레 사증면제 교환각서)

- 양해각서: 이미 합의된 사항 또는 조약 본문에 사용된 용어의 개념을 명확히 하기 위해 당사자 간 외교 교섭의 결과 상호 양해된 사항을 확인 기록하는 경우에 사용

- 약정: 모(母) 조약을 시행하는 성격의 기관 간 약정

- 계획서: 모(母) 조약의 근거가 없는 기관 간 약정

- 의향서: 이후에 체결할 합의서의 예비적 문서

마. MOU의 기본 내용

○ 서문(Intro)

○ 목적(Purpose)

○ 상호 신의(Mutual faith)

○ 합의 이행(Mutual agreement execution)

○ 기타 사항(Other facts)

○ 보관 방법(Final worlds and methods of MOU keeping)

○ 날짜(Date)

○ 서명(Signature)

※ 민감한 MOU에는 반드시 법적 구속력 배제조항이 삽입되어야 함(상대방이 MOU 내용을 지키지 않더라도 법적으로 소송을 제기하거나 손해배상 청구를 하지 않겠다는 뜻)

2-4. 외국인 초대(응대) 예절

가. 초대하는 사람의 예절

○ 목적과 장소, 시간을 분명히 한다.

○ 모임의 성격에 다라 초대 대상을 정한다.

○ 초대할 날짜는 1~2주 정도의 여유를 두고 미리 연락한다.

○ 초대 방법은 초대장 발송이 가장 좋다.
  - 격의 없는 상대에게나 비공식 파티에는 전화나 팩스도 무방

○ 초대할 장소를 미리 예약한다.
  - 편의상 집이 아닌 음식점이나 고급 호텔로 하는 경우에 미리 예약

○ 좌석 배치에 결례가 없도록 한다.
  - 공식 서열과 관례상 서열을 감안하여 신중하게 좌석 배치
  - 공식적인 정찬의 경우에는 참석사 지위와 연령 고려
  - 비공식적인 정찬의 경우는 주빈의 자리만 정하고, 그 외는 자유로이 앉도록 한다.
  - 벽난로가 없는 경우 출입구에서 먼 쪽이 상석이다.

○ 참석자의 연령, 성별, 계절 등을 고려하여 메뉴를 선정한다,

○ 정식 초대장은 3인칭으로 쓰며, 파티의 종류, 일시 및 요일, 장소, 복장 및 참석 여부를 기입한다.

○ 정중한 초대장은 백지에 필기하는 것이 원칙이고, 복장은 카드 우측 하단에 기입하고 그 밑에 장소를 쓴다.

○ 사적이고 간략한 연회에는 날짜, 시간, 연회의 종류만 적은 약식 초대장을 활용한다.

나. 초대받은 사람의 예절

○ 참석 여부를 미리 알린다. 참석하지 못할 경우 카드나 엽서, 전화로 초대에 대한 감사의 뜻을 전한다.

○ 참석하는 것이 예의이다.

○ 단정한 옷차림으로 참석한다. 초대의 성격과 내용에 맞게 입는다.

○ 방문 시간을 정확히 지킨다.

○ 행사 진행 중 자리를 뜨지 않는다.

○ 사례나 부조는 분수에 맞게 한다.

○ 초대에 대한 감사의 인사를 한다.

○ 퇴장은 종료보다 늦어서는 안 된다.

   - 주빈이 돌아갈 때까지 머물러야 하고

   - 자기가 주빈일 때는 너무 오래 머물러 있어서는 안 된다.

   - 시간이 정해져 있지 않으면 다른 사람들이 자리를 뜨기 시작할 때 같이 일어선다.

○ 선물의 선택

   - 서양에서는 보통 선물을 가지고 가지 않는다.

   - 작은 초콜릿이나 화분 정도를 선물한다.

   - 지나친 선물은 상대방을 당황하게 한다.

   - 개인적 친분이나 사회적 관계 또는 자기의 경제력을 고려한다.

   - 상대를 잘 모를 때는 소모품이나 지방 특산물을 선택한다.

   - 꽃은 일반적으로 경조사 선물에 쓰인다.

   - 노란 국화나 흰 국화는 피한다.

   - 동양은 4송이, 서양은 13송이를 피한다.

   - 프랑스에서는 카네이션을 삼간다.

   - 독일에서는 장미를 함부로 선물하지 않는다.

다. 선물 주고받는 예절

○ 선물을 든 채 다른 집에 들르지 않는다.

○ 축하나 송별, 환영 시에는 당일이나 며칠 전에 전달이 효과적이다.

○ 그 집에 들어가 인사를 하면서 내놓는다.

○ 선물을 받았을 때 바닥이 아닌 곳에 올려놓는다.

○ 여러 사람 중에 선물을 준비하지 못한 사람이 있으므로, 너무 오랫동안 말하지 않는다.

○ 카드나 편지를 먼저 읽는다.

○ 선물한 사람의 성명, 금액, 품목을 적었다가, 상대의 경조사에 답례한다.

○ 유학이나 업무 차 오랫동안 머물다 귀국할 경우, 카드나 작은 선물을 보내주는 것은 한국인의 이미지 제고와 사교에 아주 좋다.

부록 3

MICE 산업 현황

3-1. MICE 산업

3-2. (사)한국MICE협회

3-3. (사)한국PCO협회

3-4. 지역 컨벤션 뷰로(CVB)

3-1. MICE 산업

MICE는 회의(Meetings), 포상 관광(Incentives), 컨벤션(Conventions), 이벤트와 전시(Events & Exhibitions)의 머리글자를 딴 것이다. 국제 회의를 뜻하는 컨벤션은 회의나 포상 관광, 각종 전시·박람회 등 복합적인 산업의 의미로서 '비즈니스 관광(BT)'이라고도 한다. 한국관광공사에 따르면, MICE 참가자들의 1인당 평균 소비액은 일반 관광객의 3.1배, 체류 기간은 1.4배에 달한다. MICE 산업 자체에서 발생하는 부가가치도 크지만, 행사를 주최하는 단체·기획사·숙박업체·음식점 등 다양한 산업과 전후방으로 연계되어 발생하는 부가가치가 더 크기 때문이다.

이에 MICE 산업은 '황금알을 낳는 거위', '굴뚝 없는 황금시장'으로 불리며, 새로운 산업 군으로 떠오르고 있다. 가시적 경제효과 외에도 성공적인 국제 회의 개최를 통해 인프라 구축, 국가 이미지 제고, 정치적 위상 증대, 사회·문화 교류 등의 긍정적 효과가 발생한다. 싱가포르와 홍콩은 오래 전부터 각종 국제 회의와 기업 인센티브 여행, 컨벤션과 국제 전시회를 합해 하나의 산업으로 육성해왔다.

우리나라는 UIA(국제협회연합)가 전 세계 158개국을 대상으로 집계한 2016년 국제 회의 개최 순위에서 사상 첫 세계 1위(997건)에 올랐다. 지난 2006년(185건, 16위) 이후 매년 꾸준한 증가세를 보이고 있다.

<한국 MICE 산업 비전체계>

<2016년 국가/도시별 국제 회의 개최 순위>

□ 국제협회연합(UIA) 기준

순위	국가	건수	도시	건수
1	**한국**	**997**	브뤼셀	906
2	벨기에	953	싱가포르	888
3	싱가포르	888	**서울**	**526**
4	미국	702	파리	342
5	프랑스	523	비엔나	304
6	(5위) 일본	523	도쿄	225
7	스페인	423	방콕	211
8	오스트리아	404	베를린	197
9	독일	390	바르셀로나	182
10	네덜란드	332	제네바	162

□ 국제컨벤션협회(ICCA) 기준

순위	국가	건수	도시	건수
1	미국	934	파리	196
2	독일	689	비엔나	186
3	영국	582	바르셀로나	181
4	프랑스	545	베를린	176
5	스페인	533	런던	153
6	이탈리아	468	싱가포르	151
7	중국	410	암스테르담	144
7	일본	410	마드리드	144
9	네덜란드	368	리스본	138
13	**한국**	**332**	**(10위) 서울**	**137**

3-2. (사)한국MICE협회

사단법인 '한국MICE협회'는 관광진흥법 제45조에 의해 설립되었다. 문화체육관광부 산하 국제회의 민간 전담 단체로서, 국내 MICE 산업을 구성하고 있는 기업, 정부기관, 학계 등에게 정부예산을 통해 MICE 업계에 필요한 다양한 사업을 지원하고 있다.

본 협회는 국내 MICE 산업의 진흥과 회원사의 권익과 복리 증진을 추구하고, 나아가 MICE 산업의 육성을 통하여 사회적 공익 실현과 국가 경제발전에 이바지함을 목적으로 설립되었다. 2003년 6월 창립총회를 개최하고 동년 8월에 '(사)한국컨벤션이벤트산업협회'를 설립했으며, 2008년 12월 '(사)한국컨벤션산업협회'로 1차 명칭이 개정되고, 2010년 4월 현재 '(사)한국MICE협회'로 개칭되었다. 2018년 1월 현재, 회원사는 262개사이다.

(사)한국MICE협회 사업 방향

분야	사업 방향
교육	① 업계 교육지원 및 인력 양성 ② MICE 아카데미 운영 ③ MICE 채용 홈페이지 운영
네트워킹	① MICE 산업발전 전략 수립 ② MICE 산업 프로모션 ③ 글로벌 네트워크 구축
연구	① MICE 연구사업 진행 ② 컨벤션 분야 국가직무능력표준(NCS) 추진 ③ The MICE 계간지 발간

3-3. (사)한국PCO협회

PCO(Professional Convention Organizer)는 국제 회의 기획사로서, 국제 회의 유치, 계획, 준비, 운영에 이르기까지 전 분야에 걸쳐 종합적인 업무를 수행하는 전문 조직체이다. 독립된 회의 컨설턴트 사로서의 역할을 수행한다.

(사)한국PCO협회는 2007년 1월 문화체육관광부장관의 설립 승인을 받아 출범했다. (사)한국 PCO협회는 회원사 권익보호, 회원사 간의 상호 정보교류 및 교육 홍보를 통합 국내 MICE 산업의 발전을 목적으로 설립되었다.

협회의 주요 사업은 ① 교육사업, ② 컨벤션 산업 비즈니스 환경개선, ③ 업계의 권익보호를 위한 각종 건의 및 요청사항 의견 개진, ④ 관련기관, 단체와의 네트워킹 기회 부여 등이며, PCO(국제 회의 기획사)의 수행업무(행사 주최 기관 업무지원) 범위는 ① 회의 ② 통·번역 ③ 이벤트 ④ 장소(VENUE) ⑤ 렌탈·A/V 시스템 ⑥ 홈페이지 ⑦ 등록 ⑧ 관광·숙박·수송 ⑨ 홍보 ⑩ 전시·연회 행사 ⑪ 영접·의전 등 행사 전 분야이다.

MICE 산업에서 PCO의 역할은 ① 주최 기관에게 다양한 개최 지원 서비스 제공 ② MICE 산업 내 관련 산업과의 상호 협력 및 교류 ③ 참자가 지원 서비스 ④ 국제 회의의 새로운 트렌드와 이슈 선도 ⑤ 국제적 협력 네트워크 구축 등이다.

3-4. 지역 컨벤션 뷰로(CVB)

서울을 비롯한 대부분의 지역은 MICE 유치를 위해 별도의 기관을 설립하여 운영하고 있다. 국제 회의, 컨벤션, 포상관광 등을 지역에서 개최하면, 지역 경기 활성화는 물론 홍보 효과를 기대할 수 있기 때문이다.

지역별로 차이는 있지만 행사 개최 시 행사장 지원, 기념품 지원, 행사 지원, 특화 관광 지원 등 다양한 지원을 하고 있으므로, 행사 주관기관에서는 행사 계획 시 개최 예상 지역 지방자치단체의 지원 범위를 확인하고 지역 컨벤션 뷰로(CVB)와 협의하는 것도 필요하다.

〈지역 컨벤션 뷰로(CVB) 현황〉

지역	기관명	지역	기관명
서울	서울관광마케팅	광주	광주 관광 컨벤션 뷰로
인천	인천관광공사	부산	부산관광공사
경기	경기 컨벤션 뷰로	경남	경남 컨벤션 뷰로
강원	강원 컨벤션 뷰로	경주	경주 켄벤션 뷰로
대전	대전 마케팅 공사	제주	Jeju CVB
대구	대구 컨벤션 관광 뷰로	고양	GOYANG CVB

⟨업무 단계별 PCO 역할⟩

단계	PCO 역할
1. 유치 단계	- 유치 가능 행사 발굴 및 제안 - 유치 제안서 작성 PT - 현장 실사단 대응 - 유치 관련 행사 기획 및 진행 - 유치 홍보 활동 지원 - 유치 백서 작성
2. 기획 단계	- 예산 수립 - 행사 제반 프로그램 기획 - 홍보 마케팅 기획 - 추진 일정에 따른 예산 집행
3. 준비 단계	- 회의 주제 선정 및 연사 섭외와 관리 - 논문점수 및 프로그램북 제작 - 회의장 사용 계획 - 회의 기기 등 전문 물자와 전문 인력 확보 - 안전·보안·비상·보험·통관·운송·물류 계획 수립 - 등록 시스템 구축 및 등록 점수 - 참자가 유치와 커뮤니케이션 - 필요 객실 확보 및 예약 접수 - 안내·홍보·제작물 기획 - 공식 웹사이트, SNS 홍보 - 공식/사교/부대 행사 기획 및 준비 - 전시 기획 및 스폰서 유치 관리
4. 운영 단계	- 회의장 조성 및 운영 - 현장 등록 운영 - 개·폐회식, 연회 행사 운영 - 안내·제작물 설치 - 수송 및 영접, 관광 프로그램 운영 - 문화체험 프로그램 운영 - 전시 운영 - 현장 미디어센터 운영
5. 정리단계	- 행사 비 정산 - 결과 보고서 작성 - 참자가 만족도 조사 및 사후관리 - 평가회 개최 - 행사 개최 성과 반영 및 Follow-up

국제 회의 파트너 PCO 선택하기
① 개최 예정인 회의의 개요와 기본 계획 정리
② 제안요청서(RFP ; Request for Proposal) 작성
③ PCO 대상 제안요청서(RFP) 배포
④ 제안서·인찰서 접수
⑤ 필요시 제안 설명 (Presentation 실시)
⑥ PCO 평가 후 우선협상 대상자 선정
⑦ PCO 예산, 계약, 회의 준비 과정에 대한 협의 진행 　　※ PCO 표준 요율 　　- 대행비: 기획·인건비 + 전체 행사 예산의 9~10% 　　- 일반 관리비: 전체 행사 예산의 3~5%
⑧ PCO 계약 체결
⑨ 준비 사무국 업무 개시

우리나라는 국제 회의산업육성에관한법률 시행령 제2조에 따라 국제 회의 지원 사업을 수행하고 있다. 정부를 대신하여 한국관광공사(컨벤션팀)는 국제 회의 유치 지원, 해외 홍보 지원, 개최 지원, 참석자 기념품 지급, 광광 지원, 산업체 견학 등 다양한 분야에서 지원 활동을 하고 있다. 그러므로 국제 행사를 기획하는 기관은 한국관광공사와 사전에 협의하여 협조 받기를 추천한다.